协同视角下产业扶贫治理
机制与效果研究

拜 茹 著

中国财经出版传媒集团
中国财政经济出版社
·北京·

图书在版编目（CIP）数据

协同视角下产业扶贫治理机制与效果研究 / 拜茹著.
北京：中国财政经济出版社，2025.6. -- ISBN 978 - 7 - 5223 - 3614 - 5

Ⅰ. F126

中国国家版本馆 CIP 数据核字第 20254ZE234 号

责任编辑：孙　琛　　　　　责任校对：胡永立
封面设计：王　颖　　　　　责任印制：党　辉

协同视角下产业扶贫治理机制与效果研究
XIETONG SHIJIAOXIA CHANYE FUPIN ZHILI JIZHI YU XIAOGUO YANJIU

中国财政经济出版社 出版

URL：http://www.cfeph.cn
E - mail：cfeph@ cfeph.cn

（版权所有　翻印必究）

社址：北京市海淀区阜成路甲 28 号　邮政编码：100142
营销中心电话：010 - 88191522
天猫网店：中国财政经济出版社旗舰店
网址：https://zgczjjcbs.tmall.com
涿州汇美亿浓印刷有限公司印刷　各地新华书店经销
成品尺寸：170mm×240mm　16 开　17.5 印张　268 000 字
2025 年 6 月第 1 版　2025 年 6 月河北第 1 次印刷
定价：76.00 元
ISBN 978 - 7 - 5223 - 3614 - 5
（图书出现印装问题，本社负责调换，电话：010 - 88190548）
本社图书质量投诉电话：010 - 88190744
打击盗版举报热线：010 - 88191661　QQ：2242791300

前　言

改革开放40多年来，中国的反贫困实践取得了举世瞩目的伟大成就，特别是自2012年党的十八大以来，国家多措并举，通过大力实施"六个精准"扶贫策略、"五个一批"脱贫攻坚举措、"十大扶贫工程"和"中央统筹、省负总责、市县抓落实"以及"五级书记"一起抓扶贫工作的脱贫攻坚协作机制，充分调动全社会力量广泛参与反贫困工作实践，到2020年已经顺利实现全国832个"贫困县"全部摘掉贫困的帽子，12.8万个"贫困村"全部走出贫困的泥淖，历史性地解决了全国的绝对贫困问题，开启了全国各族人民携手迈向"共同富裕"的新时代和新征程。但是，值得注意的是，绝对贫困问题的历史性消除，并不意味着中国不再有贫困问题，而是反贫困工作的重点将从过去的绝对贫困问题转向相对贫困问题。在这种背景下，深入总结中国反贫困工作的经验与做法，对于新时期巩固脱贫攻坚成果、防止已脱贫人口返贫以及推动共同富裕目标的顺利实现等，都具有重大现实意义。

党的二十大报告明确指出，要"发展乡村特色产业，拓宽农民增收致富渠道。巩固拓展脱贫攻坚成果，增强脱贫地区和脱贫群众内生发展动力"。从理论上看，产业扶贫是国家贫困治理的重要举措，是实现稳定脱贫的根本之策，产业扶贫不仅是国家对于贫困群体的资源再分配的过程，同时也因为其经济属性，需要市场力量有效参与方能发挥作用，而且贫困农户以及其他社会主体的参与也深刻影响着产业扶贫绩效。从实践上看，产业扶贫在反贫困治理实践中，由于单一化的政府治理以及治理主体协作不足等问题，导致了农村产业扶贫依然存在着扶贫受益群体异化、产业持续发展动力不足等迫切需要解决的问题，这些问题极大地制约着产业扶贫的贫困治理效果。

通过梳理已有的文献发现，既有的研究焦点主要集中于对协同治理一般理论的讨论，以及产业扶贫过程中的具体治理问题的研究，因此成果多关注某一主体的行动逻辑或某两个主体之间的关系问题，并未形成整体性的协同模式。

而政府、企业和社会力量三方的通力协作,既是产业有序发展的关键,也是产业发展成果合理共享的目标;并在实践中发现三方参与主体之间存在的命令与服从、竞争与博弈、利益冲突与矛盾等问题,严重制约了产业扶贫的实践效果。因此,深入分析不同主体之间的协同困境,探究解决协同困境的合作机制,对提升产业扶贫发展成效、有效解决贫困问题,有着重大的现实意义。

从理论上来看,产业扶贫治理的复杂性使得科层制、市场制等传统治理方式遭遇前所未有的挑战,协同治理逐渐成为公共事务治理的关键形式。然而,协同治理在实践领域蓬勃发展的同时,其理论研究却呈现出相对的滞后性。在中国特色的贫困治理体系中,产业扶贫作为脱贫的重要方式已取得了有目共睹的成就,然而产业扶贫治理仍面临着难以消解的张力,突出表现为多主体的非均衡关系。因此,基于协同治理的既有理论模型,结合典型案例,构建"结构—过程—环境"三维协同治理分析框架,对于丰富和发展我国的产业扶贫治理以及协同治理理论具有积极意义。

本书通过对我国中西部国家级贫困县 L 县产业扶贫实践的深入调查和来自全国东中西部地区的调查数据,采用案例、访谈、结构式问卷访问、因子分析和计量模型等多种研究方法,基于"结构—过程—环境"理论框架,深入分析产业扶贫中政府、企业和社会力量的协同困境及其制约机制。在结构维度,分别讨论了政府内部、政府与企业、政府与社会、企业与社会以及政府农民五对关系结构,并从政府内部协同,到政企、政社、企社、政民之间的协同等多个方面深入阐述协同治理机制,结构维度的五个层面并不是简单的并列关系,而是因循产业扶贫实践而展开的逻辑递进。且对应的每一具体结构层面,又分别从理念、组织、制度和技术四个层面,详细阐释不同主体在产业扶贫中的协同环境、协同过程与协同治理绩效,并在此基础上总结了政企社多元主体协同的基本逻辑。

具体而言,政府内部协同层面,在压力型体制下,产业扶贫中政府内部遵循"支配与服从"的政策执行逻辑,由于上下级部门之间或者同级部门之间的目标差异,以及产业政策的区域性制度环境差异,容易导致政策目标冲突和执行过程随意化与碎片化。因此,政府内部突破常规性压力型体制的"支配—服从"模式需要克服部门之间的治理碎片化问题。

政企协同层面,产业扶贫中政府的主导地位与企业的被动参与,政府通过权力压力与政策优惠将企业引入产业扶贫并承担社会责任,这与企业的利益原则相冲突，这导致了产业扶贫在政策取消后的不可持续性。因此，要从理念层面构建政企风险共担和利益分享机制，从组织要素方面构建信息沟通和责任分明机制，从制度层面推进普惠式金融体系，从技术层面构建技术支撑机制。

政社协同层面，政府行政主导的治理逻辑与基层社会自治逻辑之间的矛盾，政府传统的对社会的单线控制思维导致产业扶贫中农民群众的话语权和主体地位一直不够明显，存在参与不足的难题。因此，要从理念层面构建产业扶贫中的目标共识，形成彼此的信任与合作，从组织上促进贫困户自主发展能力培育，从制度层面提供政策激励，从技术层面构建有效沟通和信息互补机制。

企社协同层面，市场利益对社会道德的背离以及市场和社会主体在竞争上的分频性使得二者协同合作存在困难。要突破产业扶贫的社会公益性与市场利益性之间的张力，关键在于实现市场与社会主体的合理分工，在创新激励方式和联结形式的基础上实现有效的联动。所以，要从理念层面形成共建共享、合作共赢的认识，从组织层面优化利益分配，在制度方面促进政策目标刚性与执行弹性的统一，从技术层面构建信息对接与技能培训机制。

政企社协同层面，产业扶贫需要政府、企业和社会各自发挥自身的优势，形成合力，实现长效扶贫的目标。政府在产业扶贫中要发挥主导性，通过中国政治制度的优势，提升扶贫效率；政府、企业和社会作为不同的参与主体，三种类型的组织具有不同的特点，通过组织功能契合才能协同三者之间的关系。在产业扶贫中，通过过程的协调，实现三者利益的均衡；产业扶贫的过程性，要求主体之间的适应是具有过程性的，这是一个适应的过程，也是一个互动的过程。在现实中我们需要从理念、组织、制度和技术四个方面对三者之间的协调关系进行分析。从理念上，要对三者之间的角色和利益关系进行剖析，组织上要对扶贫中三者之间的作用和功能进行明晰，制度上我们应该从三者之间互动适应的过程对决策机制、执行机制和监督机制等配套制度予以完善；在技术上，要充分利用现代信息技术，打造信息平台，评估和激励机制，规范约束主体行为，促进产业扶贫的持续开展。

政民协同方面，在产业扶贫中，政府与农民的合作与协同，关键在于农民的产业扶贫参与方式。农民组织化是农民参与产业扶贫的一个重要形式，也是被实践证明行之有效的方式。文章基于农民组织化的角度，利用来自全国东中西部地区的调查数据，实证分析了农民组织化的反贫困效应，也是农民参与产业扶贫的一种重要方式。实证研究结果表明，虽然当前中国农民的组织化程度不高，但是农民的组织化具有显著的反贫困效应，而且农民的组织化程度呈现出一种结构性差异和结构性的反贫困效应。政治方面的组织化、经济方面的组织化和经济方面的组织化程度不及表现出差异性，也带来不同的反贫困效应。本部分研究的重要启示在于，要重视农民的组织化问题及其反贫困效应，特别是在市场经济深入发展和乡村振兴与脱贫攻坚有效衔接的大背景下更应该如此。

产业扶贫的土地参与问题，"土地是财富之母，劳动是财富之父"。这句话充分说明，土地是财富的重要源泉，大力推进产业扶贫离不开土地资源的有效参与。同时，对于农民而言，土地不仅是农民最重要的生产资料，也是推动农村地区产业扶贫的资源载体。土地利用效率的提高，不仅关系到农村经济的健康发展和数亿农民的基本生存问题，也关系到产业扶贫的实践效果和乡村振兴战略的实施进程。充分利用产业扶贫中的土地资源，需要把农村土地的分散经营模式，转换到规模经营的模式中来。本部分站在整合土地资源的角度，分析了适度规模经营的实现路径及其反贫困效应。理论与经验研究均表明，基于土地流转的农村土地规模经营，具有显著的反贫困效应，同时，土地流转的类型（流入与流出）、土地流转的内容（旱田与水田）以及土地流转的规模等，都具有显著的反贫困效应。本部分的政策启示在于，整合农村土地资源，进而提升产业扶贫效应的关键是"稳定土地承包权，盘活土地经营权"，而实现这一目标的路径在于培育现代职业农民，加快土地有偿、有序流转。

基于上述分析，本书得出如下结论：一是非均衡关系是理解产业扶贫困境的重要维度，产业扶贫中，由于政府、企业、社会三大主体不同的行为逻辑会造成三者之间的非均衡关系，这种非均衡关系制约着产业扶贫的治理效果。二是多元协同治理模式是提升产业扶贫效能的可选路径。政府、企业和社会参与产业扶贫实践的过程中，不断寻求合作，推动了各自角色的转变，进而推动了协同环境和过程的转变，形成了治理上的协同。三是要在对当前中国农村产业扶贫内涵深入认识的基础上，提出综合性的应对之策。四是建立在中国扶贫实践上的协同创新理论，要注重对党领导下政府贫困治理有效作用的剖析，这是确立中国协商治理理论的基本出发点。

作者

2025 年 2 月

目录

第1章 导论 1
    1.1 选题缘起和意义 1
    1.2 文献回顾与评述 4
    1.3 研究思路与研究内容 21
    1.4 研究方法与资料来源 28
    1.5 研究的创新点与不足之处 35

第2章 概念界定、理论基础与研究框架构建 37
    2.1 核心概念界定 37
    2.2 协同治理的理论内涵 40
    2.3 多元主体的协同治理 47
    2.4 多主体协同治理分析框架构建 49

第3章 产业扶贫中的政府内部协同：从碎片化到部门整合 54
    3.1 产业扶贫中政府内部协同的理论逻辑 56
    3.2 产业扶贫中政府内部协同治理实践探索 75
    3.3 产业扶贫中的政府内部协同治理优化 82
    3.4 小结 89

第4章 产业扶贫中的政企协同：从目标错位到合作共赢 91
    4.1 产业扶贫中政企协同的演变逻辑 93

4.2　产业扶贫中政企协同的实践探索 …………………… 102

　　4.3　产业扶贫中的政企协同治理优化 …………………… 115

　　4.4　小结 …………………………………………………… 121

第 5 章　产业扶贫中的政社协同：由被动参与到协商共治 ……… 123

　　5.1　产业扶贫中政社协同的运行逻辑 …………………… 124

　　5.2　产业扶贫中政社协同的实践表达 …………………… 127

　　5.3　产业扶贫中的政社协同治理优化 …………………… 139

　　5.4　小结 …………………………………………………… 143

第 6 章　产业扶贫中的企社协同：从自主组合到有效联动 ……… 144

　　6.1　产业扶贫中企社合作的执行逻辑 …………………… 145

　　6.2　产业扶贫中企社协同的实践表达 …………………… 153

　　6.3　产业扶贫中的企社协同治理优化 …………………… 158

　　6.4　小结 …………………………………………………… 165

第 7 章　产业扶贫中的政企社协同：理论逻辑与现实路径 ……… 167

　　7.1　产业扶贫中政企社协同的理论逻辑 ………………… 167

　　7.2　产业扶贫中政企社协同治理优化 …………………… 173

　　7.3　小结 …………………………………………………… 181

第 8 章　产业扶贫中的政民协同：组织化及其反贫困效应 ……… 183

　　8.1　产业扶贫中的新视角：农民组织化 ………………… 183

　　8.2　农民组织化：概念测量与现状分析 ………………… 185

　　8.3　农民组织化的反贫困效应：变量遴选与模型构建 … 189

　　8.4　农民组织化反贫困效应：实证检验与估计结果解释 … 194

　　8.5　小结 …………………………………………………… 197

第 9 章　产业扶贫中的资源整合：土地规模经营及其反贫困 …… 199

　　9.1　产业扶贫中的土地资源：从分散经营到规模经营 … 199

9.2 土地适度规模经营路径：实现前提与研究进展 ………………… 201
9.3 土地规模经营实践抓手：土地流转意愿与研究设计 …………… 205
9.4 农民的土地流转意愿：现状、影响因素与原因 ………………… 210
9.5 土地流转的反贫困效应：土地流出与流入的比较 ……………… 214
9.6 小结 …………………………………………………………………… 216

第10章 产业扶贫中的新使命：乡村振兴与治理模式变革 …… 219

10.1 乡村振兴：产业扶贫的新环境与新使命 ………………………… 219
10.2 基层社会治理逻辑：自律机制与他律机制 ……………………… 221
10.3 乡村振兴中基层社会治理的模式及运行机制 …………………… 225
10.4 多元社会治理模式的失准问题及根源 …………………………… 231
10.5 乡村振兴中社会治理模式的限度及优化 ………………………… 234

第11章 研究结论与进一步讨论 ……………………………………… 238

11.1 基本结论 …………………………………………………………… 238
11.2 研究发现的意义与政策启示 ……………………………………… 244
11.3 进一步的讨论 ……………………………………………………… 246

参考文献 ………………………………………………………………………… 248

附录：调研提纲 ………………………………………………………………… 266

第1章 导 论

1.1 选题缘起和意义

改革开放 40 余年，中国的反贫困实践取得了举世瞩目的伟大成就，特别是党的十八大以来，国家多措并举，通过大力实施"六个精准"[①] 扶贫策略、"五个一批"[②] 脱贫攻坚举措、"十大扶贫工程"[③] 和"中央统筹、省负总责、市县抓落实"[④] 和"五级书记"一起抓扶贫的脱贫攻坚协调机制，广泛动员全社会力量，积极参与到脱贫攻坚工作中，顺利实现了全国 832 个"贫困县"全部摘除贫困县的帽子，12.8 万个"贫困村"全部走出贫困的泥淖，历史性地解决了绝对贫困问题，开启了全国各族人民携手迈向"共同富裕"的新时代和新征程。但是，值得注意的是，绝对贫困问题的历史性解决，并不也绝不意味着中国不再有贫困问题，而是反贫困工作的重点将从过去的绝对贫困问题转向相对贫困问题。在这种背景下，深入总结中国反贫困工作的经验与做法，对于新时期巩固脱贫攻坚成果、防止已脱贫人口返贫以及推动共同富裕目标的顺利实现等，都具有重大现实意义。

产业扶贫不仅是实现精准脱贫的必然举措，也是实现乡村振兴战略的重要内涵，更是贫困地区的贫困农户实现可持续生计的重要依托。提升产业扶贫质量不仅有助于消除贫困地区的绝对贫困和相对贫困问题，而且有益于提升乡村

---

① 即扶持对象精准、项目安排精准、资金使用精准、措施到户精准、因村派人精准、脱贫成效精准。
② 发展生产脱贫一批、易地搬迁脱贫一批、生态补偿脱贫一批、发展教育脱贫一批、社会保障兜底一批。
③ 即干部驻村帮扶、职业教育培训、扶贫小额信贷、易地扶贫搬迁、电商扶贫、旅游扶贫、光伏扶贫、构树扶贫、致富带头人创业培训、龙头企业带动。
④ 中共中央办公厅，国务院办公厅印发. 脱贫攻坚责任制实施办法 [EB/OL]. 中华人民共和国人民政府官网, http://www.gov.cn/xinwen/2016-10/17/content_5120354.htm.

整体的内生发展能力,促进城乡融合发展和乡村振兴战略的顺利实施。中央政府坚持把产业扶贫作为破解农村贫困问题的根本之策,2016年3月《中华人民共和国国民经济和社会发展第十三个五年规划纲要》发布,把发展特色产业扶贫项目列为八个脱贫攻坚重点工程之首,并提出在"十三五"期间要通过产业扶贫的方式,实现3000万以上农村贫困人口全面脱贫的战略目标。2018年《乡村振兴战略规划(2018—2022年)》更进一步将推进东部产业向西部梯度转移,加大产业扶贫工作力度作为乡村振兴的首要任务。2022年,党的二十大报告明确指出,要"发展乡村特色产业,拓宽农民增收致富渠道。巩固拓展脱贫攻坚成果,增强脱贫地区和脱贫群众内生发展动力"。在这一系列政策背景指引下,各级政府深入推进产业扶贫政策和项目的落地实施。

产业扶贫政策的推进不仅有效降低了我国贫困地区的绝对贫困和相对贫困问题,而且为乡村产业振兴战略的顺利实施准备了坚实的基础。统计数据表明,2012—2017年,我国贫困人口下降了6853万人,年均贫困人口减少速度为21%,是2012年前减贫速度的3.6倍。贫困人口减少的速度有不断加快的趋势,2013年贫困人口减少速度为16.7%,2014年的贫困人口的减少速度为14.9%,2015年贫困人口的减少速度为20.6%,2016年贫困人口的减少速度为22.2%,2017年贫困人口的减少速度为29.7%,2018年贫困人口的减少速度为31.1%,2019年贫困人口的减少速度为32.2%[①]。其中的原因有多个方面,而产业扶贫项目的推动是重要因素之一,甚至在一定程度上说,核心原因就在于产业扶贫的"长效性"发挥了重要作用。事实上,我国扶贫事业取得的巨大成就,最主要的途径就是产业扶贫,产业扶贫"造血"功能极大激发了贫困地区和贫困人口的活力,成为他们持久性脱贫的动力源泉。

但是,在看到产业扶贫取得巨大成就的同时,不可否认,目前的产业扶贫模式仍然存在很多问题,集中表现为产业扶贫仍然呈现出明显的政府主导特征,面临着市场联结缺位、贫困农户参与度低的突出问题,这并不契合大扶贫格局的应有之义。在对我国中西部地区的国家级贫困县(L县)产业扶贫的调研中笔者就发现,在产业扶贫过程中,政府、企业、社会(合作社、农民组

---

① 汪三贵,曾小溪.从区域扶贫开发到精准扶贫——改革开放40年中国扶贫政策的演进及脱贫攻坚的难点和对策[J].农业经济问题,2018(8).

织、农户尤其是贫困户）是最为重要的三大主体，政府是政策主体，企业是市场主体，社会是参与主体甚至是直接扶贫对象，政府、市场和社会等多元主体的协同合作是推进产业扶贫顺利实施的关键，但问题的关键在于三大主体之间的关系并非表面呈现出来的那样均衡与和谐，而是充满着分歧和矛盾，甚至是冲突。比如，在实施产业扶贫政策时，政府内部各部门之间既希望相互合作取得政绩，但在具体过程中又相互推诿、"争权夺利"；政府需要企业承担扶贫的社会责任，但这与企业的盈利原则相违背；企业希望政府提供政策优惠以及资金支持，但总是试图逃避扶贫带来的利益损失；而社会则希望更多地参与到产业扶贫的过程中，希望获得更多的知情权和参与权，以及分享产业扶贫带来的成果，但又对政府与企业不信任，在产业扶贫过程中有诸多不配合行为。

由此，产业扶贫中所表现出的政府内部治理碎片化问题，政府与企业的利益博弈与竞争关系导致的扶贫缺乏可持续性，政府与社会的权责模糊性造成的社会参与不足以及企业与社会之间缺乏政府统筹而出现利益冲突等困境，以及这些困境问题所带来的产业扶贫效果弱化甚至产业项目执行中的名实分离情况，为此，学界和政府层面已经做出了一些探索。有学者认为在当前产业扶贫过程中，政府主导的科层逻辑体制下，始终处于被动地位的企业和社会组织，多是机械式地参与到精准扶贫中，而不是整体系统地参与，这导致精准扶贫中出现了悬浮状态，数字化、文本化扶贫，造成真正的贫困治理缺失。扶贫对象错位是压力型体制的运行机制所导致的结果，村庄社会出现"人人争贫困"现象是保障功能扩大所导致的结果，贫困户对基层政府产生抱怨和不信任是因干部帮扶制度的形式化导致[①]。理论上，市场机制的引入可以提高扶贫的精确性和效率，而实际上，由于理论研究和顶层设计的缺乏，使得各地在扶贫实践中出现了市场力量被滥用、误用的现象[②]。而当前，产业扶贫实践中存在着基层政府"强势"扶贫、贫困群体在扶贫中主体地位缺失以及扶贫过程中社会

[①] 袁明宝.压力型体制、生计模式与产业扶贫中的目标失灵——以黔西南L村为例[J].北京工业大学学报（社会科学版），2018（4）.

[②] 宫留记.政府主导下市场化扶贫机制的构建与创新模式研究——基于精准扶贫视角[J].中国软科学，2016（5）.

力量参与不足等结构化治理困境①。可见,既有的研究表明在产业扶贫实践中,政府、企业和社会三大主体的这种非均衡性结构是导致产业精准扶贫工作中出现一定程度上的治理困境的主要症结所在,而主体之间的有机协同,能够有效提升治理效率,提升产业扶贫效果,提高贫困户的稳定脱贫率。在实践层面,我国政府出台的相关产业扶贫的政策文件中,也对上述困境提出了关于协同的要求。2014年1月,中办、国办印发了《关于创新机制扎实推进农村扶贫开发工作的意见》,明确提出动员社会力量,构建政府、市场、社会协同推进的大扶贫开发格局。2018年9月,习近平在十九届中央政治局第八次集体学习时指出,"要处理好增强群众获得感和适应发展阶段的关系、充分发挥市场决定性作用和更好发挥政府作用的关系、顶层设计和基层探索的关系"。

总之,无论是理论层面还是实践层面,都抛出一个亟待深入研究的问题,即如何有效联结多方主体协同参与产业扶贫,进而破解产业扶贫的政府主导困局,充分联动市场和贫困农户自身的力量,实现多方主体的良性互动,实现稳定可持续的脱贫目标。而这一问题也正是本书试图讨论的问题,笔者将尝试通过对我国中西部地区一个国家级贫困县L县的产业扶贫实践的经验探索以及产业扶贫中四方面主体的协同机制以及协同效果的系统研究,为产业扶贫实践的顺利开展以及产业扶贫成效的提升,提供有力的理论指导和经验证据。

1.2 文献回顾与评述

从中国的扶贫模式上看,产业扶贫是中国从过去的"输血式"(被动式)扶贫向"造血式"(主动式)扶贫转型的典型实践,也正因为产业扶贫的积极内涵,所以产业扶贫已经成为政府部门最为乐于接受甚至备受地方政府推崇的反贫困策略。究其原因,一方面是因为产业扶贫不仅能够显著减少贫困问题的发生概率和贫困问题的严重程度,另一方面是因为产业扶贫将对行政部门的行政作为和政绩以及职务晋升都将产生积极的影响。那么,到底什么是产业扶

---

① 周晶晶,朱力. 精准扶贫视野下的农村社会治理研究 [J]. 云南民族大学学报(哲学社会科学版),2018 (5).

贫，产业扶贫的内涵与外延是什么，产业扶贫在中国的发展历程是什么，产业扶贫发展过程中呈现出一种什么样的趋势，产业扶贫模式以及实践效果表现得怎么样，产业扶贫在发展过程中又面临哪些突出的现实困境，等等，这些都是值得深入总结的问题。但是，系统总结国内外关于产业扶贫相关问题的研究进展，必须首先明确界定产业扶贫的内涵。

1.2.1 贫困的内涵与外延

关于贫困内涵的概念界定，较早可以追溯到 20 世纪初期，如朗特里（Rowntree）从绝对贫困的角度界定了什么是贫困，他认为"一定数量的货物和服务对于个人或者家庭的福利是必需的，缺乏获得这些物品和服务的人被认为是穷人"①。Townsend 从相对贫困的角度，对贫困的内涵进行经典定义，他认为贫困是指家庭资源和生活水平低于一般大众，以至于无法参与其所处环境的正常社会生活②。Foster 认为，若是微观个体或家庭的资源达不到基于参照群体的贫困线，就应该被认为处于相对贫困状态③。阿玛蒂亚·森（Sen）认为，贫困是指对人类基本能力和权利的剥夺，而不仅仅是收入低下，贫困是绝对意义上可行能力的缺失，只是在不同的时空环境下所对应的商品或资源是相对的④。向德平和向凯指出，绝对贫困属于生活资料匮乏导致的生存性贫困，侧重于解决基本生存问题和温饱的问题；相对贫困则属于发展性的贫困问题，侧重于提高贫困人口的可持续发展能力⑤。

关于贫困的外延，具体反映在新的贫困问题和概念的提出，例如慢性贫困概念的提出，世界慢性贫困研究中心（Chronic Poverty Research Center, CPRC）

---

① Rowntree S. Poverty：A study of town life. London：Macmillan, 1901.

② Townsend, P. The Development of Research on Poverty. in Department of Health and Social Security. Social Security Research：The Definition and Measurement of Poverty, HMSO, 1979.

③ Foster J E. What is poverty and who are the poor? Redefinition for the United States in the 1990s, The American Economic Review, 1998, 88 (2)：335 - 341.

④ 阿玛蒂亚·森著，王宇，王文玉译. 贫困与饥荒——论权利与剥夺 [M]. 北京：商务印书馆, 2001：311 - 320.

⑤ 向德平, 向凯. 多元与发展：相对贫困的内涵及治理 [J]. 华中科技大学学报（社会科学版）, 2020 (2)：31 - 38.

对慢性贫困（Chronic Poverty）的界定是，生活在贫困线以下"持续 5 年或者 5 年以上的贫困"就是慢性贫困①。Gustafsson 和 Ding 认为，慢性贫困是指贫困持续时间处于 3 年以内的贫困家庭，就是处于慢性贫困的家庭②。Garcia - Diaz 和 Prudencio 认为，慢性贫困不仅包括那些总是生活在贫困线以下的人群，还包括虽然可能在短期内暂时摆脱贫困，但整个生命周期中平均来说仍处于贫困状态的人群，以及那些生活在贫困线附近特别容易陷入贫困而被描述为"波动的贫困"（Fluctuating Poor）的人群③。再如知识贫困，阿玛蒂亚·森认为，贫困是指对人类基本能力和权利的剥夺，而不仅仅是收入低下，并提出了三类贫困的概念，即收入贫困（Income Poverty）、人类贫困（Human Poverty）和知识贫困（Knowledge Poverty）④。

1.2.2 产业扶贫的内涵与外延

什么是产业扶贫，不同的专家学者对这一问题的理解是不同的，在这些观点中，有一些是合理的，有一些观点并不准确。例如蒋永甫等认为，所谓产业扶贫指的是依托贫困地区的自然资源条件、要素资源禀赋以及经济社会发展水平等现实条件，政府通过注入扶贫资金帮助贫困地区的贫困人口发展产业，通过产业发展带动贫困人口脱贫的一种扶贫方式⑤。庞庆明等认为，产业扶贫是指在政府部门的主导下，通过发展特色产业项目、推进产业体系化发展和产业资本持续增值的方式，实现贫困人口顺利脱贫的既定目标⑥。黄承伟等认为，通过产业发展推动精准扶贫是指以贫困地区的资源禀赋为前提、市场需求为导向、产业发展为抓手、外部扶贫力量为依托，通过科学确立产业扶贫项目，有

---

① 罗良文，杨起城. 慢性贫困问题研究新进展 [J]. 经济学动态，2021（10）.
② Gustafsson, Bjorn, and Ding Sai. Temporary and Persistent Poverty among Ethnic Minorities and the Majority in Rural China, Review of Income and Wealth, 2009, 55 (1): 588 - 606.
③ Garcia - Diaz, R. & D. Prudencio, A Shapley decomposition of Multidimensional Chronic Poverty in Agentina, Bulletin of Economic Research, 2017, 69 (1): 23 - 41.
④ 阿玛蒂亚·森著，王宇，王文玉译. 贫困与饥荒——论权利与剥夺 [M]. 北京：商务印书馆，2001：311 - 320.
⑤ 蒋永甫，龚丽华，疏春晓. 产业扶贫：在政府行为与市场逻辑之间 [J]. 贵州社会科学，2018（2）.
⑥ 庞庆明，周方. 产业扶贫时代意义、内在矛盾及其保障体系构建 [J]. 贵州社会科学，2019（1）.

效投入技术、信息、资本、土地、劳动等要素，进行产业培育和发展，从而促进贫困地区经济发展和贫困人口收入增加，实现脱贫致富的过程[①]。许旭红认为，产业扶贫是指以挖掘贫困地区自然资源禀赋为基础，通过产业化的发展模式实现经济收益，从而达到带动贫困人群创收增收并使他们摆脱贫困发展目标的一种扶贫方式[②]。刘尔思认为产业扶贫是指通过投资方式实现对贫困地区资源的开发，以种植业、养殖业、加工业等资源性产品为对象，形成产业链，在开发中转移产品成本的支付方式而形成的对有劳动能力贫困人口的生产性扶贫[③]。

1.2.3 产业扶贫研究演进历程

新世纪以来，我国的产业扶贫研究因其不同发展时期所呈现的要点不同，大致可以区分为四个演进阶段。尤其依据《中国农村扶贫开发纲要（2001—2010）》的实施，这一阶段的学界主要产业扶贫的方针政策，重点探讨了如何具体落实、如何获得资金来源，以及如何发展支柱产业等议题。2000年至2003年被称为我国产业扶贫研究的第一阶段，即属于研究的初创期。比如蒋天文较早地提出政府生态购买概念，并论证其对解决生态环境和人口贫困问题的重要意义[④]。第二阶段可以称之为研究的探索期，时间是从2004年到2007年。政府的扶贫举措主要体现在：其一，推进新农村建设，协调农业龙头企业与当地贫困户建立联系，促进贫困农户更便利地获取市场信息与市场对接，解决小农户与大市场的问题；其二，引导打工就业，通过劳动力培训实现当地富余劳动力的转移；其三，落实易地搬迁扶贫，将生存条件极差的地区贫困人口在政府的帮助下迁移到其他地区发展。在此背景下，学界的研究将产业扶贫的理论和实践研究推向了一个新的高度。第三阶段为研究的爆发期（2008—2013

[①] 黄承伟，邹英，刘杰. 产业精准扶贫：实践困境和深化路径——兼论产业精准扶贫的印江经验[J]. 贵州社会科学，2017（9）.

[②] 许旭红. 我国从产业扶贫到精准产业扶贫的变迁与创新实践[J]. 福建论坛（人文社会科学版），2019（7）.

[③] 刘尔思. 创新产业扶贫机制——产业链建设与贫困地区经济发展研究[M]. 北京：中国财政经济出版社，2007：126-128.

[④] 蒋天文. 政府生态购买：一个解决生态环境的经济方案[J]. 财政研究，2002（9）.

年)。严格来说这个阶段应该有一个转折,即一方面是《中国农村扶贫开发纲要(2001—2010)》的重点推进和落实阶段,另一方面也是扶贫新纲要的颁布展开实施的阶段。但是,这个时间的产业扶贫研究具有一定的共性,表现为研究主题更加多元化,文章发表的量也有很大的增加。总的来看,扶贫工作、扶贫资金、产业化扶贫、移民扶贫、劳动力转移、开发式扶贫等是这个时期的重点议题,不过我们也可以注意到在这一时期,研究的焦点逐步转移到了扶贫模式、雨露计划、智力扶持等方面。第四阶段为研究的深化期(2014—2019年)。这一时期,我国开始提出并实施精准扶贫的反贫困战略,由此围绕产业扶贫的研究成果大量涌现,而且相关理论探讨也日趋成熟。一方面,总结扶贫实践中的经验;另一方面,面对扶贫过程中新的问题和挑战,学界也从不同角度和主题展开理论探索和研究。这一时期比起前三个研究阶段而言,除了重复出现的诸如扶贫工作、扶贫资金、产业化扶贫等研究议题外,还新增加了精准扶贫、扶贫识别、扶贫评估等新的议题,该时期的扶贫开发,一方面更加重视扶贫政策体系的构建,将支农惠农政策、社会保障政策,以及其他各项产业扶贫举措相结合,相互促进;另一方面更加注重贫困对象识别,精准施策,精准帮扶,特别注重连片特困地区的贫困治理等,而且扶贫方式也变得更加多元化,由资金扶贫扩散到科技扶贫、智力扶贫、旅游扶贫等多方面。

1.2.4 产业扶贫研究的困境与趋势

首先,需要厘清产业扶贫与精准扶贫和参与式治理之间的逻辑联系。精准扶贫理念是根据我国现阶段贫困的最新特点,通过有组织的展开,运用科学方法对扶贫对象实施精准识别、精准施策、精准评估、精准管理的新扶贫模式。参与式治理体现了多元主体共同参与的格局,强调了除政府以外包括合作社、企业、社会组织以及贫困户等相关扶贫利益主体,全都参与到产业扶贫的过程中,实现利益相关主体之间的积极互动与协作。因此需要在厘清产业扶贫、精准扶贫、参与式治理三者概念内涵的基础上,将二者进行融合,也就是说产业扶贫要实现多方参与、多元共治的理念,扶贫过程要做到精细和准确,这样才能解决以往扶贫过程中效率低下、扶贫处于"表面化""碎片化"等问题。

其次，要将产业扶贫、精准扶贫与参与式治理内在统一起来，实现主动式、内涵式、可持续的脱贫，形成多方参与、多元共治的治理格局，做到扶贫的精细化，就需要一方面探索新的理论视角，整合新的理论资源，立足管理学的问题意识的研究讨论。另一方面，要尽量杜绝对国外现有反贫困理论的照搬照抄，而应该结合中国产业扶贫的特点和实践探讨出一套符合中国国情特色的产业扶贫理论，为此，深入调研不同区域贫困成因及其治理机制，通过扎实深入的实地调查，充分运用一手资料总结实践经验，与既有的理论传统进行对话，逐渐形成更具本土特色的产业扶贫研究。

最后，扶贫困境的原因与影响因素。一些学者认为，产业扶贫具有典型的运动式扶贫特点，在运动式扶贫过程中，存在扶贫资源瞄准问题和精英捕获问题，导致产业扶贫效果不佳。例如，李小云等认为，扶贫资源瞄准偏离问题长期得不到有效改善，扶贫资源瞄准与资源传递背后的治理与管理机制问题，很容易导致有限扶贫资源的利用与贫困人口的实际需求相脱离，制约产业扶贫效果的提升[①]。左停等揭示了在扶贫实践中的精英捕获问题，即本应该惠及大众的资源被少数群体占有，从而导致在政治和经济上权力较弱的集团的利益受到损害[②]。李博等通过蔬菜大棚等产业扶贫典型案例的研究结果表明：产业扶贫中的中央和地方的"委托—代理"关系中存在双方因利益诉求的差异，出现了打造"戴帽项目"和"亮点工程"进行权力寻租的行为，致使产业扶贫目标靶向出现了偏离[③]。张磊等探讨了影响产业扶贫绩效的各影响因素，他们认为影响产业扶贫的因素包括政策因素、经济因素、技术因素、社会因素以及自然因素等[④]。胡振光等指出，在地方政府主导的产业扶贫实践中，包括龙头企业、农村经济合作组织和贫困农户在内的多元主体难以与地方政府进行平等对话和协商，导致产业扶贫中的主体间地位不平等及互动不足[⑤]。

---

① 李小云，等. 基于扶贫资源瞄准和传递的分析[J]. 吉林大学社会科学学报，2015（4）.
② 左停，杨雨鑫，钟玲. 精准扶贫：技术靶向、理论解析和现实挑战[J]. 贵州社会科学，2015（8）.
③ 李博，左停. 精准扶贫视角下农村产业化扶贫政策执行逻辑的探讨——以Y村大棚蔬菜产业扶贫为例[J]. 西南大学学报（社会科学版），2016（4）.
④ 张磊，等. 农业产业发展扶贫的效益及影响因素分析——以我国彩票公益金整村推进项目为例[J]. 改革与战略，2016（2）.
⑤ 胡振光，向德平. 参与式治理视角下产业扶贫的发展瓶颈及完善路径[J]. 学习与实践，2014（4）.

1.2.5 国内外关于协同治理与减贫的研究状况

1.2.5.1 国外研究状况

贫困问题是一个世界性问题,反贫困问题是全世界各个国家面临的共同任务。早在17世纪初,英国就在全世界颁布了第一部《济贫法》(以下简称"旧济贫法")以政府干预的方式,解决过去由教会主管的贫困治理问题①。国外关于贫困治理的研究起步较早,也取得了较为丰硕的理论研究成果。综合来看,在市场经济国家和福利国家对解决贫困问题的研究主要集中于减贫方式和贫困治理的主体方面。在众多的扶贫模式中,社会福利制度反贫困是西方发达国家较为注重的一个重要方面。

从减贫模式上看,主要集中于财政扶贫、金融扶贫和产业扶贫三种方式。多数学者认为,利用公共财政手段,进行贫困人口的救济、帮扶与增收服务,已经成为各国反贫实践的主要内容并贯穿始终:Ravallion 和 Chen 在 2007 年通过对发展中国家贫困人口的金融可获得性研究发现,这些国家的农业部门,与农民信贷相关的金融机构以及金融服务供给不足,市场机制不健全,贫困阶层能够获得的金融产品不足是导致他们持续贫困的主要原因②;而 Wang 和 Androws 在 2012 年通过研究发现,贫困农户通过订单农业可以实现有效的减贫。这种产业扶贫模式为贫困户提供了资金、技术以及产品的销售等方面的服务,降低了市场交易成本③。

从贫困治理主体上看,西方学者对贫困治理主体的认识有一个不断深化的过程。在早期,西方多数国家的贫困治理更多是依靠市场和社会组织,例如在中世纪以前,教会在贫困治理中发挥着非常重要的作用。后来,随着资本主义

---

① 英国1601年颁布的《旧济贫法》由于对穷人的管理过于苛刻,尽管对缓解穷人的生存危机具有积极意义,但是也常常遭到诟病,1834年英国又对《旧济贫法》进行了修订和完善,出台了《济贫法修正案》(以下简称"新济贫法")。

② Ravallion M, Chen S. China's (uneven) Progress Against Poverty [J]. Journal of Development Economics, 2007 (1).

③ Wang, H. C., Androws, K. The Third Way and the Third World: Poverty Reduction and Social Inclusion in the Rise of Inclusive Liberalism [J], Study of Finance & Economics, 2012 (16).

社会危机的出现，政府逐渐参与扶贫，贫困治理由传统的社会主导模式向政府主导模式转变。1601年英国《济贫法》（旧济贫法）的颁布，是政府正式参与贫困治理的具体体现。现有的理论研究也表明，无论采取哪种贫困治理方式，都需要政府的参与。"无论是民选政府还是集权政府，贫困问题从来都是他们无法回避且决定其执政成败的关键问题"①，所以，解决贫困治理中存在的问题是政府的内在职能，需要充分发挥政府在减贫中的积极作用。由此，2000年以后，安东尼·哈尔等学者认为，国家应该大规模地参与贫困问题的治理。同时，世界银行也谈道，需要发挥政府、企业和民间组织的共同作用，以合作的方式来改善贫困治理的效果，解决世界各国日益突出的贫困问题。而现阶段，利用协商治理理论来解决贫困问题的研究还较为薄弱。

从反贫困的实现路径看，一部分学者从代际关系的角度研究如何反贫困问题，研究的重点在于什么因素影响了代际关系，以及代际关系的反贫困效应。关于代际关系的影响因素，一些学者分析了多个方面的影响因素，例如Albert等的研究结果表明，价值观因素对代际支持有显著的影响②，再如Coble等的研究结果表明，情感因素对代际支持具有显著的积极作用③，又如Lin等的研究结果表明，规范因素对代际支持有显著的影响等④。

综上所述，国外的协商治理理论内容丰富，应用较为广泛，也是本书研究的基础。但同时也应该看到，国外应用协商理论解决贫困问题中，往往依赖于市场，对政府与其他主体之间的关系探讨并不深入。同时，由于中国各级政府在解决贫困问题中的作用与西方国家有着较大差异，因此，亟须在中国的贫困治理实践中发展这一理论。

---

① Alilian H, Kirkpatrick C. Financial Development and Poverty Reduction in Developing Countries [R]. IDPM Working Paper, 2001.

② Albert. I., Ferring. D. & Michels. T. Intergenerational Family Relations in Luxembourg: Family Values and Intergenerational Solidarity in Portuguese Immigrant and Luxembourgish Families [J]. European Psychologist, 2013, 18 (1): 59-69.

③ Helen M. Coble Diana L. Gantt Brent Mallinckrodt. Attachment, Social Competency and the Capacity to Use Social Support. In Handbook of Social Support and the Family, 1996: 141-172.

④ Lin. J. P. & Yi. C. C. Filial Norms and Intergenerational Support to Aging Parents in China and Taiwan [J]. International Journal of Social Welfares, 2011, 20 (s1): S109-S120.

1.2.5.2 国内研究状况

协同治理理论是舶来品,引入国内并引起学界重视也主要是从新公共管理运动兴起以后开始的。但是,时至今日,在借鉴国外关于协商治理理论的科学内涵、实践价值、体制问题、运作机制等诸多方面的理论研究成果的基础上,国内学者使用该理论在多领域开展了广泛的应用研究。同时,结合国内治理的实践状况,深入探讨了多主体协同的理论,并在贫困治理的应用研究方面也取得一定的成果。

(1) 产业扶贫中的主体角色研究。

产业扶贫是协同治理的重要实践,学界对产业扶贫的协同治理也进行了诸多探讨。产业扶贫主体间关系是产业扶贫能否成功的关键,国内学者围绕产业扶贫中政府、企业、社会三大主体的角色及其关系也进行了研究。

主体一:产业扶贫中的政府角色。中国的扶贫之路不同于西方,西方学者偏向将贫困定义为经济发展问题,认为贫困问题将会在经济发展过程中得以解决。从理念层面来看,人们对贫困的认识最初源于现代化理论,消除贫困的关键在于实现现代化,根本路径在于经济发展,基本手段是依靠外部力量的支持。此种理论基本把贫困问题等同于经济问题,认为解决了经济问题,贫困问题自然而然地就解决了,把实现经济增长和提高收入作为基本目标。而中国扶贫理念特别强调国家和政府的作用,中国政府一直以来主导着扶贫的内容和方式,中国的扶贫实践中首要强调的是国家行政力量的主导与政府的作用[①]。在社会主义市场经济背景下,政府应该承担产业扶贫的主导角色,发挥政府行政主导的作用,通过引导、支持企业,实现贫困农户的内生增长。在产业扶贫过程中,处于主导地位的企业,应处理好政府与市场的关系、外来输血与自我造血的关系、产业扶贫主体与客体的关系、政府主导与多元主体参与的关系[②]。相比较其他扶贫方式,政府更加偏好于产业扶贫,但由于政府的主导地位,产业扶贫的过程始终处于政治行为与市场逻辑之间,由于不确定的市场风险存

---

① 许汉泽. 行政主导型扶贫治理研究:以武陵山区茶乡精准扶贫实践为例 [J]. 中国农业大学(社会科学版),2018 (6).
② 张春敏. 产业扶贫中政府角色的政治经济学分析 [J]. 云南社会科学,2017 (6).

在，政府考虑到资金安全与管理问题，偏向于将产业扶贫资金交由龙头企业来管理和经营，以实现资本化运作。但由于企业行为的市场逻辑，这种方式短期内能帮助农户实现脱贫，但缺乏可持续性，企业退出后容易造成农户返贫现象发生。因此，应通过政府购买服务的方式，引入市场力量、社会因素，构建市场主体、基层治理主体与贫困农户的利益联结机制，发挥产业扶贫的长效功能[1]。有学者通过产业扶贫的三种运作模式（大户+公司、农户合作、干部承揽）的考察发现，中央扶贫政策的设计目的与地方政府政策能力、政策动力、产业发展逻辑和扶贫理念之间的差异导致产业扶贫在具体的实践上被扭曲，最终扶贫效果大打折扣。因此，一方面，中央在政策设计中要更多考虑地方政府的角色，注重培育地方政府的施策能力，提高地方政府的施策动力；另一方面，地方政府要改变大包大揽的扶贫方式，转变扶贫理念，加强多主体之间的协商与合作[2]。压力型体制下，基层政府面临着扶贫考核的短期性与产业扶贫长期性的矛盾张力，因此地方政府往往第一考虑的是目标考核，其次才是农户脱贫，即变通式的政策执行。产业扶贫在政策变通执行的情况下，呈现出阶段性的特征，即初期由于政府投资、市场环境能够迅速受益，但随着政府、企业的退出，产业扶贫的不可持续性就凸显出来[3]。

主体二：产业扶贫中的企业角色。改革开放以来，我国贫困治理大致经历了三个阶段：体制改革推动扶贫阶段、大规模的农村开发式扶贫阶段、"开发式扶贫"和"保护式扶贫"共同发挥作用的新阶段。第一个阶段，从贫困治理的方式来看，主要是通过政府放松甚至解除各种约束和管制，给农村社会创造财富足够的制度空间。第二个阶段，一方面农村社会不断扩大创造财富的空间，尤其发展了人口流动创造的财富空间；另一方面是政府开始通过设立财政专项、划定国家级贫困县等财政和行政治理手段来直接干预贫困治理。第三个阶段的扶贫治理，国家采用的扶贫治理手段更趋复杂多样。因此，企业在扶贫

---

[1] 蒋永甫，龚丽华，疏春晓.产业扶贫：在政府行为与市场逻辑之间[J].贵州社会科学，2018（2）.

[2] 梁晨.产业扶贫项目的运作机制与地方政府的角色[J].北京工业大学学报（社会科学版），2015（5）.

[3] 袁明宝.压力型体制，生计模式与产业扶贫中的目标失灵——以黔西南L村为例[J].北京工业大学学报（社会科学版），2018（4）.

中有着极其重要作用①。企业参与扶贫工作，不仅能从中获得企业效益，而且能够发挥社会责任，有学者从资源依赖理论出发，研究了某公司2016—2017年参与产业扶贫的典型案例，指出企业加大产业扶贫的投入会提高财务绩效，在排除了内生性问题后效果仍然显著；并且，在市场化程度较低的地区，产业精准扶贫投入对企业绩效的影响效果更好；进一步研究发现，产业精准扶贫投入水平和企业价值之间也同样呈现出类似的关系②。有学者通过研究提出产业链嵌入式扶贫，即将贫困人口固定到扶贫企业主导的产业链条之中，并通过促成产业要素的集成和产业价值的大幅增长而促进贫困人口增收，这种扶贫模式兼顾了企业、贫困户及其他新型经营主体的多方利益，是企业主动参与扶贫的一个有效选择。产业链嵌入式扶贫不仅需要激发动员乡村发展的内部活力，来解决贫困户因激励不够、能力不足而出现农户参与不足的问题，还需要依靠外部龙头企业的市场力量，破解产业扶贫带动贫困户不够、扶贫效果不可持续性的问题③。

主体三：产业扶贫中的社会角色。产业扶贫中除了政府、企业之外，还存在着一股重要的力量——社会，这里的社会力量既包括农民组织，又包括农户本身尤其是贫困户，以及其他第三方组织。社会力量不仅拥有大量的资源、信息与技术，而且具有整合力量的功能，在产业扶贫中发挥着重要的社会作用。但在产业扶贫中，社会主体与政府、企业也存在着诸多矛盾与冲突。村庄调研发现，产业扶贫中，基层村庄精英存在主动侵占扶贫资源和被动获得扶贫项目两种精英俘获方式，精英俘获造成了产业扶贫内卷化现象，这已经严重影响到了农户脱贫。在乡村社会急剧变迁背景下，村庄社会结构阶层分化、村庄治理结构悬浮、村庄权力结构精英垄断等因素是精英俘获扶贫资源的社会基础。因此，在产业扶贫过程中，重视与乡村社会的沟通与互动，将乡村社会政治、经济、文化变迁等因素考虑进扶贫和研究工作中④。有学者将脱贫目标下的政府

---

① 李小云. 我国农村扶贫战略实施的治理问题 [J]. 贵州社会科学，2013 (7).
② 张玉明，邢超. 企业参与产业精准扶贫投入绩效转化效果及机制分析——来自中国A股市场的经验证据 [J]. 商业研究，2019 (5).
③ 郭晓鸣，廖祖君，张耀文. 产业链嵌入式扶贫：企业参与扶贫的一个选择——来自铁骑力士集团"1+8"扶贫实践的例证 [J]. 农村经济，2018 (7).
④ 朱战辉. 精英俘获：村庄结构变迁背景下扶贫项目"内卷化"分析——基于黔西南N村产业扶贫的调查研究 [J]. 天津行政学院学报，2017 (9).

干预纳入农户参与产业扶贫项目的行为选择分析框架，研究表明：由于产业扶贫的高风险性降低了贫困户对致富项目的预期评估，而贫困户倾向于选择低风险、低收入的传统经营方式；此外，政府干预也会影响贫困户的选择意愿，政府在进行干预时应特别注意边界问题，因为会使良好的扶贫意愿与农户的行为选择产生偏差[①]。有学者基于某省产业扶贫的实践，对比几种典型模式的扶贫绩效。研究表明：能人＋合作社型产业扶贫资金使用效率最高；资源禀赋型扶贫项目比市场需求型整体扶贫绩效更好；本地投资主体比外地投资主体的扶贫绩效更加稳定和均衡。因此，基层政府要根据资源禀赋、产业基础、人力资本以及自身优势等情况选择优势互补的扶贫模式以提升产业扶贫绩效[②]。

主体四：产业扶贫中的农民角色。农民是产业扶贫的政策目标和对象，在产业扶贫实践中，农民的参与至关重要。产业扶贫中的农民参与有多种方式，而且农民的参与方式与时代背景密切相关，计划经济时期，农民的主要参与方式是单个的农民直接参与，这种参与方式必然带来力量分散、缺乏话语权等；市场经济时代背景下，单个农民在市场竞争中常常处于弱势地位，迫切需要把农民组织起来参与市场竞争和价格谈判。农民的组织化是新的时代背景下，农民参与社会经济发展和基层社会治理的重要方式和手段。陈莉和钟玲以四川省的×合作社为例，从农民合作社的角度分析了农民组织化的扶贫效应，研究结果表明：四川×合作社以发展小农为基础的农业产业，通过社员的凝聚、制度的创建、产业的融合、与贫困的表达，将具有质量优势的贫困小农生计产品进行市场化的产业运作，最终激励了贫困农户的发展能动性，缓解了贫困农户生计的脆弱性，提升了贫困农户的生计资本存量[③]。马泽波以电商扶贫为例，基于对红河哈尼族彝族自治州13个县26个村庄630个农民的调查数据，从农户禀赋和区域环境视角，实证分析农民参与电商扶贫的意愿及其影响因素，研究结果表明：不同禀赋因素对农民参与电商扶贫意愿的影响存在显著差异，受教

---

① 金媛，王世尧．政府脱贫目标与农户行为选择偏差——理论与产业扶贫项目的经验证据［J］．财经研究，2019（6）．

② 陈忠言．产业扶贫典型模式的比较研究——基于云南深度贫困地区产业扶贫的实践［J］．兰州学刊，2019（5）．

③ 陈莉，钟玲．农民合作社参与扶贫的可行路径——以小农为基础的农业产业发展为例［J］．农村经济，2017（5）．

育程度越高的农民参与电商扶贫的意愿越强烈,收入水平越低的农民参与电商扶贫的概率越大,电商物流体系完善的地区农业适度规模经营越普遍,农产品标准化程度高、政府的大力推动等因素有助于激励农民参与[①]。

(2)产业扶贫中多主体协同研究。

《中共中央 国务院关于打赢脱贫攻坚战的决定》提出"广泛地动员全社会力量,合力推进脱贫攻坚"。方劲运用交叉对比的分析方法,从社会互构论的理论视角,来分析贫困治理结构中政府与社会组织之间的相互关系。研究发现,地方政府在乡村贫困治理的具体实践过程中,与社会组织的相互关系并不是静止不变的整体性格局,而是在不同的行动场域下表现出多样性的动态特征,以及连续不断演化的过程特点,呈现出策略性行动强而制度化程度低的现实关系。地方政府与社会组织在贫困治理动态博弈过程中寻求合作的现实性和可能性,其中,地方政府和社会组织的目标是否相同以及二者的利益平衡程度是这种合作博弈的决定性因素。尽管当前行政治理体系仍然具有较强的传统力量,而社会组织发育程度还很低,但在乡村社会中,社会组织不仅获得了发展空间,而且已经发挥了很大的贫困治理作用。尽管如此,在社会转型的关键时期,贫困治理过程中国家仍然处于主要地位,地方政府和社会组织协同治理的过程实质上仍然呈现出政府偏好的特点[②]。刘俊生等则考察了中国扶贫的历史过程,认为中国扶贫内在的演变逻辑是从参与式扶贫到协同式扶贫。

强调扶贫对线参与的参与式扶贫源于西方社会发展理论,但参与式扶贫无法解决实践中扶贫不脱贫的难题,加上其理论上的不足,逐渐被协同式扶贫所取代。协同式扶贫作为一种新的扶贫模式,更加关注多元化的扶贫主体、扶贫主体之间的一致性目标、开放性的扶贫体系以及扶贫主体在扶贫过程中的动态性与合作性。与参与式扶贫相比,协同式扶贫在扶贫的主体、内容与方式等方面都具有天然的优势,如能够精准识别贫困人口、扶贫过程中进行精准管理等。扶贫过程中扶贫信息、扶贫制度、扶贫文化等方面的协同式扶贫的主要内容。吴映雪则从基层贫困治理现代化的视角,考察了精准扶贫多元协同治理的

---

① 马泽波.农户禀赋、区域环境与电商扶贫参与意愿——基于边疆民族地区630个农民的问卷调查[J].中国流通经济,2017(5).

② 方劲.合作博弈:乡村贫困治理中政府与社会组织的互动关系——基于社会互构论的阐释[J].华中农业大学学报(社会科学版),2018(3).

现状、困境与出路，精准扶贫多元协同治理存在的主要问题是扶贫治理中政府强势、社会弱势，而贫困治理发展中又呼吁多中心协同治理，从而所引发了治理主体不平等、治理成效不理想等一系列的现实治理困境。因而结合当前贫困地区经济、社会发展水平，针对治理困境，从基层治理现代化推进的视角提出以下解决困境的突破出路即各治理主体明确职能，构筑基层多元治理体系；强化共建共治共享理念，打造民主协商合作模式；优化扶贫资源配置，保障多元主体治理的独立性[①]。杨文军则考察了政府跨行政区划协同扶贫的实践过程，研究发现这种扶贫方式存在的主要问题是：缺乏利益和信息共享机制，容易产生争议，缺乏制度化机制建设。因此，当前政府跨行政区划协同扶贫需从以下几个方面着手解决此类难题：坚持平等互利的原则、形成优势互补的合作局面、保持循序渐进的工作进度[②]。覃志敏则认为民进组织在我国扶贫开发的贫困治理进程中发挥了重要作用，如给贫困人口提供专业的服务、社会资源整合与补充、微观贫困治理技术的应用等。贫困治理过程中民间组织利用自身优势整合社会资源，并将这些资源与有需要的贫困人口有效衔接。

在当前的大扶贫治理格局中，民间组织整合社会资源不仅在传统社会贫困治理中发挥作用，而且通过政府购买服务、慈善捐助以及市场化方式等在政府和企业中发挥越来越重要的作用[③]。赵晓峰等认为农民合作社具有益贫性的基本特点，因而是精准扶贫与精准脱贫的理想载体。农民合作社传统的产权制度导致农民无股权，一般农户与合作社之间没有公平合理的利益分配机制，这是合作社治理结构不合理的最根本原因。因此，完善合作社治理结构需要在整合贫困农户自有资金的同时，有效对接国家和地方政府的扶贫资源，这样一方面有助于依托合作社推动建立产业扶贫、资产收益扶贫、合作金融扶贫与农业科技扶贫相结合的精准扶贫体制机制，另一方面通过增加贫困农户在合作社中的股权比例的同时，也能激励贫困户更加积极地参与合作社的事务，提升农户自身治理能力的同时，进一步完善合作社的治理结构，其根本目标是推动合作社

---

① 吴映雪. 精准扶贫的多元协同治理：现状、困境与出路——基层治理现代化视角下的考察[J]. 青海社会科学，2018（3）.
② 杨文军. 跨行政区划政府协同扶贫攻坚初探[J]. 国家行政学院学报，2014（2）.
③ 覃志敏. 民间组织参与我国贫困治理的角色及行动策略[J]. 中国农业大学学报（社会科学版），2016（5）.

走上转型升级与可持续发展的道路①。陈成文等则认为贫困治理过程中社会组织在扶贫资源整合与路径选取方面具有自身优势,并在实践中形成了具有代表性的经验模式,如在资源整合方面形成了政府与社会组织合作的模式、社会组织与社会组织合作的模式以及社会组织与企业合作的模式。

在扶贫路径选择方面形成了赋权增能模式、慈善捐助模式以及开发岗位模式。我国在贫困治理过程中可以借鉴经验建立更加完善的社会组织参与精准扶贫的体制机制:如通过建立健全法律法规改善社会组织的制度环境、通过培育慈善文化改善社会组织的制度环境、通过完善购买服务机制建立扶贫政社伙伴关系。其他方面还包括支持服务创新、鼓励发展社会企业、重视人才队伍建设、提升社会组织的专业能力等②。刘风等认为政府与社会组织的相互关系是社会治理领域中的一个重要议题。在贫困治理中,政府与社会组织的相互关系随着经济发展、社会结构的变化而不断变迁,从整体变化结构上,呈现出了从"控制—依附"关系向"合作—自主"关系,再向"对称性互惠"的关系变迁。还分析了不同阶段政府与社会组织之间的关系特点、原因、影响及效果,探讨了政府与社会关系的走向③。杨华锋认为,贫困治理实践中行政权力的集中性与统一性具有潜在的风险。他考察了具有典型代表性的"田东模式"与"郝堂试验"的贫困治理实践,深入分析了社会途径与市场途径在行政权力主导下的行动者构成与合作化过程。在行政主导不可避免的情况下,可以通过"上—下""内—外"的双向沟通机制、"直接—间接"互惠的激励机制及"资本—资产"的互通机制培育贫困治理的内生力量、增加贫困治理的可持续性④。宫留记考察了贫困治理过程中市场机制情况,发现市场机制缺乏顶层设计与理论研究,这导致市场机制在贫困治理实践中出现了市场力量被滥用、误用的现象。

因此,笔者从以下几方面提出了构建市场化扶贫机制的新思路:一是通过

---

① 赵晓峰,邢成举. 农民合作社与精准扶贫协同发展机制构建:理论逻辑与实践路径 [J]. 农业经济问题, 2016 (4).

② 陈成文,陈建平. 社会组织与贫困治理:国外的典型模式及其政策启示 [J]. 山东社会科学, 2018 (3).

③ 刘风,向德平. 贫困治理中政府与社会组织关系的变迁及走向 [J]. 中国农业大学学报(社会科学版), 2017 (5).

④ 杨华锋. 贫困治理行政主导与社会协同的合作之路 [J]. 河南社会科学, 2017 (9).

制定《扶贫法》来厘清政府和市场的权力（利）边界；二是首次对近期的一些新型市场化扶贫模式进行了整理和分析，推行新型市场化扶贫模式①。刘娜等认为在政府与企业协同扶贫的新模式中，有利于形成政府、企业、贫困人口三者有效互动的贫困治理结构，发挥政府和企业的总体优势。此外，协同扶贫模式能促使政府职能转化，提高政府治理能力，进一步优化扶贫治理的结构。激励机制是政府有效促进企业参与扶贫事业的关键因素，政府只要能够建立合理的激励机制，就能够大大提高企业参与扶贫的积极性，并最终能够保障扶贫的可持续性，实现政府、企业、贫困群体的共赢局面②。胡鸣铎认为，经济社会迅速发展下贫困治理结构随之发生变化，政府部门与非政府部门之间的合作是这种变化最主要的内容。在政府与非政府部门合作过程中，能够实现政治资源、经济资源、技术资源以及人力资源的互补与整合。但是在这种合作中，NGO、龙头企业和金融部门仍然处于不利的地位，政府主导下非政府部门参与贫困治理缺乏制度保障以及补偿不足等问题。因此，需要建立"委托—代理"式的政府部门与非政府部门的合作模式，通过引进龙头企业、培育新型社会组织实现社会资源的全方位整合，形成社会扶贫大格局③。

1.2.6 文献述评

通过已有研究可以发现，虽然关于协同治理的理论依据尚未形成共识，甚至还有学者将其与囚徒困境、博弈论以及奥尔森困境联系在一起④，但就本质来讲，协同治理已然取得了基本的一致性，并且积累了大量丰富的研究成果，这为本书的研究提供了重要的理论基础。而作为协同治理理论的重要应用领域，产业扶贫协同治理的相关研究则主要是从产业扶贫涉及的利益主体、不同主体的功能角色定位以及产业扶贫的外部技术环境等方面进行了一些探讨，仍

---

① 宫留记. 政府主导下市场化扶贫机制的构建与创新模式研究——基于精准扶贫视角 [J]. 中国软科学，2016（5）.
② 刘娜，骆欣庆. 政府与企业协同扶贫机制研究 [J]. 经济纵横，2007（9）.
③ 胡鸣铎. 政府部门与非政府部门贫困治理合作机制研究——以社会主义新农村为视角 [J]. 河北经贸大学学报，2013（4）.
④ Robert Axelrod, The Evolution of Cooperation, Basic Books, 1984.

然存在如下一些问题,尚未形成专门的协同分析理论框架。

一是研究产业扶贫中的某一主体,缺乏主体间关系的深入系统研究。政府、企业、社会是产业扶贫中最主要的三个主体,既有研究或关注产业扶贫中的政府角色,或聚焦于产业扶贫中企业的作用,或重视产业扶贫中社会力量的参与,尽管有学者注意到了不同主体之间的关系,但对产业扶贫中三大主体之间的关系研究还很缺乏,尤其是对各主体间如何实现有效协同的研究更是不多见。二是过于强调政府主导作用,而对企业、社会力量的研究不够充分。毋庸置疑,政府在产业扶贫中发挥着主导作用,无论是政策制定、政策执行还是具体的扶贫实践中,政府无处不在。但是,随着现代社会的发展,社会越来越呈现出多元化的特点,政府单一主体的局限性日益凸显,既有研究虽然认识到企业、社会力量的重要性,但相关理论与实证研究仍然不够。三是可操作性不强,协同治理创新更需本土化。政府、企业以及社会主体在产业扶贫中各自遵循不同的行为逻辑,既有研究提出的不同主体之间的合作方式和途径在实践中缺乏可操作性。从相关经验研究成果来看,协同仍然难以有效展开。本质上因为无论是"协同"和"治理",还是"协同治理",它们都起源于西方,其理论基础、理论内涵、价值取向都是植根于西方的理论谱系和实践基础。作为一种舶来品,其在我国的研究和应用需要进行本土化改造。在我国特殊的话语空间中,理应将我国特有的政治背景、经济水平、文化传统和社会发展融入具体的协同治理研究之中,以使其理论能够与我国实际情况有效衔接,从而能够推动我国社会实践的开展①。四是目前的研究,仍然表现出对产业扶贫的协同治理实践探索,理论回应不足,尚未形成系统的协同理论分析框架。在没有相对成熟的扶贫模式可供参考和借鉴的情况下,我国产业扶贫从实践探索中取得了巨大的成就,积累了丰富的实践经验;由此,也使得既有研究更加关注经验研究,而缺乏系统的理论总结,碎片化特点比较突出,尤其是围绕产业扶贫的协同治理方面的总体性框架更是讨论阙如。

总的来说,据已有的研究,本书认为产业扶贫中凸显的协同治理困境焦点在于破除政府主导的扶贫模式,实现各利益相关主体的协同治理格局,不仅是产业扶贫所固有的多利益主体性质的内在要求,也是贫困治理实现可持续、内

---

① 鹿斌,周定财. 国内协同治理问题研究述评与展望 [J]. 行政管理,2014 (1).

生性的必然选择。本书尝试通过对L县在产业扶贫的实践中，为什么不同主体愿意参与产业扶贫的协同推进行动、协同治理结构怎么构建、协同治理过程如何开展等问题的讨论，以构建产业扶贫过程中的协同治理机制，为破解产业扶贫治理困境提供新的视角和理论指导。

1.3 研究思路与研究内容

1.3.1 研究思路

产业扶贫过程中，由于政府、企业和社会三大主体之间的非均衡性造成治理碎片化、脱贫不可持续性、参与不足以及利益冲突等治理困境，而这种主体间的非均衡性集中表现为治理结构中的政府单方面主导治理模式，企业和社会参与不足，更多地表现为一种依附性状态。从协同治理的理论视角看，实现政府、企业、社会三大主体之间的协同是破解产业扶贫困境、促使政府主导型扶贫走向多元协同型治理模式的关键选择。本书依据协同治理理论的研究视角，深入探讨了政府内部、政府与企业、政府与社会组织之间的协同困境及其协同治理的经验探索，从环境和过程两个维度具体揭示了各主体间协同达成的可能，在此基础上，尝试构建三大主体在产业扶贫过程中的协同治理机制。具体研究思路是：首先，对协同治理理论的既有研究进行整理和分析，结合我国贫困治理的实际，构建本书的理论工具和分析框架，即协同的环境—结构—过程三维框架；其次，对选取的调研样本进行深入的实地访谈和文献法收集资料，其中包括建档立卡户数据和统计年鉴数据，对搜集的资料进行具体深入的分析；再次，运用理论工具和分析框架，结合调研所搜集到的资料，对政府、企业、社会组织的扶贫现状、存在的问题、运行机制进行深入分析和探讨，从而概括出各主体间的协同状态是如何通过环境和过程的诸多要素实现调整的，并基于此，进行协同机制的总结；最后，在理论分析和实地调研的基础上，尝试从协同的理念、制度、组织、技术四个要素层面构建政府、企业、社会组织三大主体在产业扶贫过程中的整体协同治理模式，破解当前扶贫实践中的治理困境。根据该思路，可以形成如下基本框架（见图1-1）。

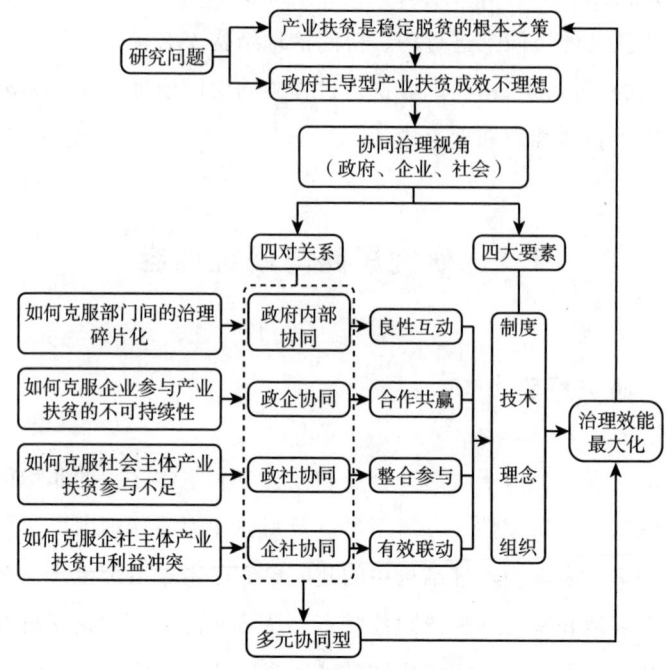

图 1-1 产业扶贫协同治理基本思路

1.3.2 研究内容

根据上述研究思路，本书主要包含了以下方面的研究内容：首先，就政府内部协同情况进行了探讨，具体阐述了政府内部各部门围绕产业扶贫的行为逻辑及其治理困境，紧接着通过实际案例探索，总结了政府各部门、层级间协同合作的可能逻辑与思路；其次，分别分析了政府与企业、政府与社会、社会与企业之间的两两协同问题，对其协同的基本困境、协同的实践可能以及路径进行了细致的讨论；再次，在上述分析的基础上，进一步结合两两协同的基本要素，具体分析了政府、企业、社会三者协同的基本逻辑；最后，给出结论和讨论。

1.3.2.1 政府与企业的协同治理研究

（1）理论分析。尽管普遍认为市场经济改革在中国奇迹创造的过程中发挥了巨大的作用，但不可否认，中国政府仍然是这场伟大改革的主导者，政府与企业在公共事务中的地位仍然是非均衡性的，无论是委托—代理理论还是寻租理论，抑或是从博弈理论的视角来看，政府与企业之间更多地被认为是一种竞争关系，而非良性合作关系。随着现代开放多元社会的发展，公共事务对政府的治理能力以及企业的社会责任提出了更高的要求，企业在协同治理中发挥的作用理应受到重视。因此，政府与企业从非均衡的竞争博弈关系走向合作共享的协同治理关系既是产业扶贫的现实需求，也是政府行政理论和公共管理理论的应有之义。（2）案例考察。从政府和企业的职能看，政府属于行政部门，掌握着大量的政治资源，而企业属于经济部门，占有丰富的市场资本。政治资源与市场资本的协同往往通过产业项目的方式实现，即企业通过产业项目的方式参与精准扶贫政策的执行过程。产业扶贫项目的落地，单有政府资源的输入是不够的，需要企业主体的有效参与，使得产业能够有机对接市场，在市场中获取可持续的发展。本部分通过正反案例（成功与失败案例的比较分析）的地方性"典型"产业项目的营造考察政府与企业在产业扶贫政策执行过程中的关系模式及其变化，以及不同关系模式下所产生的政策效果。（3）优化路径。在产业扶贫政策执行过程中，政府掌握着大量政策资源，如扶贫资金、政策支持、项目审批等，而企业占有大量的市场资本，如市场信息、市场渠道、技术支撑等，但二者地位非均衡性以及利益目标的差异性导致二者属于利益博弈的竞争关系，而非良性的合作共享关系。基于精准扶贫政策执行的理论分析与正反案例考察，尝试构建政府的普惠性金融服务政策平台，以及政府与企业的信息共享机制、资源整合机制以及利益共享机制，即政府能够在提供政策平台的同时，有效引导整合各种产业项目，通过合理的利益分配机制以及政策激励，将企业引入进来，同时在围绕扶贫的责任承担方面达成合作并做好监管；而企业则能够转变观念，从利益竞争者转变为利益共享者。

1.3.2.2 政府与社会的协同治理研究

（1）理论分析。在产业扶贫政策推进过程中促进政府与多元社会力量的合作是有效保证产业发展取得实效的关键。在农村扶贫产业发展中存在着行政主导的社会治理和基层社会自主治理两种不同的逻辑。两种运行逻辑的协调互动是推进产业扶贫精准化，消解产业扶贫的脆弱性，实现产业振兴目标，提升乡村社会内生发展动力的重要途径。政府与基层社会的治理互动演变历程，也呈现出两种逻辑逐渐协同的趋势：对农村社会的单线控制思维曾经一直占据政府行动的核心位置，这也导致在农村经济社会发展中农民群众的话语权和主体地位一直不够明显。在革命战争年代，中国共产党通过将民间组织吸纳进党的基层组织从而实现了对社会力量的整合。个体的民众被吸纳进党的组织体系中。新中国成立后，中国共产党依靠"支部下乡"的方式，逐步在全社会建立了自己的基层组织体系，将民众牢牢团结在党的组织周围，党的战略需求取代了民众的个体需求。农村税费改革免除了农民群众沉重的税收负担，农民逐渐从政府的控制下释放出来。与此同时，政府在农村的工作思路由"控制"和"汲取"逐渐转变为"服务"和"输入"，对基层社会的自主能力的培养逐渐进入政府的决策议程中，政府开始寻求与社会力量合作来推进乡村发展。（2）案例考察。受到压力型体制的考核机制以及乡村自主发展能力的双重作用和影响，政府部门在扶贫资源供给层面经常出现扶贫资源流向的非均衡性、政府的选择性治理行动等问题；民众与政府关于政策执行衔接不精准；官员代替农户发展产业而民众积极性无法调动；外部嵌入的政策目标脱离局部地区民众真实需求。（3）优化路径。在产业扶贫中，防止产业发展目标与基层社会需求脱节，促进政府与社会就治理目标达成共识是提升产业可持续发展能力的关键步骤。首先，要在产业扶贫的理念层面促进政府与社会组织就产业扶贫的目标达成共识，尤其是作为农户要转变等靠要的观念，积极参与，共建共享。其次，在组织方面，政府要多管齐下，采取各种奖励和监督措施减少基层政府的选择性治理行动取向，弱化官本位思想以提升民众在产业发展中的主体地位，积极吸纳乡村治理精英进入党组织，提升基层党组织的精英管理能力和社会资源动员能力，强化基层党组织的权威性。再次，在制度层面，面对基层社会的文化特点，充分发掘基层非正式制度的资源，综合统筹正式制度与非正式制度的联结，着力于产业扶贫中农民经营主体的培养层面，需要政府采取措施积极鼓励乡村流出精英返乡创业，培育贫困群体的自主发展意识，着重培育贫困群众的自主发展能力，多管齐下提升贫困群体的文化能力。最后，在信息传递层面，需要政府充分利用互联网技术，消除信息鸿沟，克服公共服务的供给者、生产者和消费者之间的信息不对称，全面获取基层最真实的需求信息，了解各个村庄多样化的需求和民众多元化的偏好。

1.3.2.3 企业与社会协同治理研究

（1）理论分析。产业扶贫的首要特点在于"扶贫"，即扶助贫困群众，增强其脱贫能力，进而实现可持续脱贫的目标，它具有明显的社会公益性。但产业扶贫的要义在于"产业"，而产业是要落脚于市场的。这就意味着，产业发展要遵循市场体系的基本规律。这两者之间存在着内在的张力，也正是这种张力，不仅使得市场与社会有着各自的运转逻辑，而且使得在扶贫实践中，市场型农业经营主体与社会型农业经营主体之间也存在巨大的不信任张力，共识很难达成；再加上国家的脱贫攻坚考核压力，使得大部分地区产业扶贫措施比较重视短平快，而相应地，企业不注重长期投入，农户消极参与，只谋实利，造成了各主体都向政府要资源的治理困局。考虑长期效益、稳定增收不够，很难做到长期有效。（2）案例考察。产业扶贫基地是勾连市场与贫困群众的重要载体，是增强贫困群众脱贫能力的"加油站"和"充气站"，也是推进贫困群众增收的重要助手。打造扶贫产业基地也就成为各地政府在产业扶贫中的重要举措。本章通过两个不同案例的比较分析了自主组合与有效联动两种不同类型的产业扶贫实践，考察了产业扶贫中企业与社会组织如何从自主组合走向有效联动的过程。（3）优化路径。基于上述案例的考察，进一步尝试从理念、组织、制度与技术四个要素方面构建企业与社会组织的协同治理机制：在理念层面，也相应地实现各主体的转变，尤其是在双方合作、市场风险、基层农户权利保护等方面达成共建共享、风险共担、互利共赢的共识。有效沟通、技术层面，强调信息对接与技能培训；组织主体层面，首先搭建双方有效沟通的机制，继而在商讨谈判的基础上建立企业与社会的合理利益分配机制，重视利益配置与需要通过政府或其他社会第三方的监督维系企业社会协同治理的可持续运行；制度主体层面，激活基层社会的文化资源，并协调产业扶贫政策的理念层面要兼顾效率与公平、制度层面要做到目标刚性与执行弹性的有机统一；最终，技术主体层面，通过大数据平台推动企业和农户的信息资源共享，比如农产品价格信息、市场用工信息发布以及找工作的需求信息等，也可以利用数据平台组织在线技能培训等。

1.3.2.4 政府、企业与社会协同治理研究

分析主体间两两协同的目的在于探究多主体协同的基本模式。由于具体实

践过程中，针对具体的产业扶贫实践项目，往往直接体现为两个主体之间的互动，而另一主体处在隐性参与的状态，因此，在分析时逐一讨论了两两主体协同的情况，结合本书的协同分析框架，通过两两协同的经验分析，得到了一定的规律性总结，在政府内部协同、政企协同、政社协同和企社协同的具体分析与文章的结论之间形成一个逻辑过渡。

产业扶贫中的政民协同：农民组织化及其反贫困效应。本部分基于全国10个省份875份农民调查数据，利用因子分析和二元Logistics回归模型，实证分析农民组织化的反贫困效应。首先，对测量农民组织化程度的14个指标进行赋值和赋权；其次，利用因子分析对农民组织化水平以及组织化结构进行测度和分类；最后，利用计量分析模型，对农民组织化的反贫困效应进行实证检验，并根据研究结果和研究发现，从政府与农民如何通过协同提高农民组织化程度的角度，探讨贫困的消减问题。

产业扶贫的新任务：乡村振兴与基层社会治理模式变革。首先，本部分阐述了乡村振兴战略的基本内涵及其与产业扶贫的内在关系，并把乡村振兴战略定性为产业扶贫面临的新任务和新使命；其次，本部分以基层治理秩序结构的"双轨化"为背景，分析了基层社会治理模式的主要类型及其存在的突出问题；最后，以乡村振兴为战略背景，探讨了基层社会治理模式的改革完善问题。

1.3.3　结论与讨论

（1）基本结论。产业扶贫过程中政府、企业、社会和农民四大主体之间存在"主体非均衡性"问题是产业扶贫多主体协同治理的问题意识与逻辑起点。产业扶贫中主要涉及四大主体：政府、企业、社会和农民。在政府主导的科层逻辑下，政府内部存在支配与服从的上下级关系以及部门之间的条块分割关系、在政府与企业之间存在竞争博弈的非均衡性关系、在政府与社会之间存在行政控制的非均衡性关系、企业与社会之间存在利益冲突的非均衡关系，这种主体非均衡性造成产业扶贫存在碎片化治理、不可持续性、参与不足以及利益冲突等问题。为破解这一困境，基于协同结构、过程、环境三大维度构建了产业扶贫多元主体协同治理模式。该模式的形成也对政策实践以及理论研究具有一定的启示意义,要在对当前中国农村产业扶贫内涵深入认识的基础上,提出综合性的应对之策,而且建立在中国扶贫实践基础上的协同创新理论,需要注重对中国共产党领导下政府贫困治理有效作用的剖析,这是确立中国协同治理理论的基本出发点。

从政府与农民合作的角度看,农民组织化取得了一定成效,但农民的组织化总体水平较低;农民组织化有显著的反贫困效应,但这种效应主要来自农民的组织参与广度,而不是组织参与深度;农民组织参与广度对农民贫困的影响,主要来自经济组织参与广度,而不是政治组织和社会组织参与广度。不同性别、年龄、教育年限、健康状况、所在地区以及村民互动情况的农民贫困概率,有显著差异。因此,有效治理农民贫困问题,应大力推进农民的组织化发展,而着力点应该在于各种专业经济组织;农村扶贫的重点人群是女性、30—59岁、健康状况较差、西部地区和互动情况较差地区的农民。

产业扶贫面临新的背景和任务,即乡村振兴战略和基层社会治理模式的变革。依据政府与农村社会多元主体合作的紧密度,基层治理实践可归纳为政府主导的治理模式、弱合作治理模式和协同治理模式。政府主导的治理模式强调以党和政府为核心的外部组织单方面确定基层治理的目标,并依托行政权力以满足基层社会需求。弱合作治理模式强调基层政府以政策和资源下沉为手段,在与乡村治理精英合作中实现资源高效配置。然而,受到乡村社会自主治理能力较弱和政策科层化运行逻辑的影响,上述两种模式都在不同程度上偏离社会需求,导致资源分配不均衡。因此,构建在党的全面领导下,政府与乡村社会多元主体的协商共治的协同治理模式是提升乡村治理精准度、实现乡村振兴战略的可行路径。

(2)进一步的讨论。在实践上,虽然基于L县产业扶贫协调治理的经验研究为其他连片特困地区产业扶贫提供了参考样本,但基于县域环境条件和经济社会发展的多样性和差异性,不同县域的产业发展会因不同的自然环境和社会资本的影响而有所不同,产业扶贫的协同推进仍须因地制宜,在实现多主体价值目标的协同过程中,不断创新和深化产业扶贫本土化的协同模式。另外,产业扶贫的协同治理模式如何与后续展开的乡村振兴伟大战略实践相统一,也是需要进一步探讨的重要问题。在理论上,社会协同治理理念在推动产业扶贫发展的同时,多主体参与也可以为产业发展提供更多的思路、承担更多的责任、发挥更为重要的作用,丰富了产业扶贫的形式和策略。作为一项研究,在理论研究层面上也取得了一定的进展：既有的研究主要从结构—过程维度加以认识，而本书引入了环境维度，并且在各维度的分析要素层面，深化了其构成。结构层面拓展讨论了政府内部的协同问题，在过程维度则总结了理念和组织的相关因素，比如在组织要素方面，具体结构化为资源整合与资源配置、利益联结与利益分配、监督管理与绩效考核三组对应范畴等。但整体上看，本书侧重于对协同组织系统内部结构方面的研究，而结合中国的扶贫实践，从中西理论对比的角度促进中国协同创新理论的系统化仍是需要进一步研究的课题。

1.4 研究方法与资料来源

研究方法是进行学术研究的必然要求，它决定着研究结论的科学性与合理性。本书整体上采用了定性研究方法，在研究的具体方法和技术层面，本书研究主要采用文献法、多案例研究法、访谈法、参与式观察法等研究法。

1.4.1 本书的研究方法

1.4.1.1 文献法

本书主要通过对国内外产业扶贫的相关文献进行深入分析，发现研究产业扶贫中的某一主体，缺乏主体间关系的深入系统研究，尤其是对各主体间如何实现有效协同的研究更是不多见，基于此确定了本书研究的学术意义。而后，对L县产业扶贫的相关政策文件、工作报告、典型案例进行查找、阅读、梳理及比较，以获得本书所需要的相关信息，为研究工作奠定了扎实的基础。

1.4.1.2 多案例研究法

案例研究法旨在把已发生的典型而真实的产业扶贫协同事件（无论是失败的还是成功的），客观地用文字叙述出来，形成可供分析和研究的个案材料，通过对材料的分析而探寻产业扶贫主体协同治理规律的一种方法。本书主要使用了案例分析方法，通过对河南省西部山区的国家级贫困县（L县）的

DG 镇、SH 乡、GDK 镇、ZYG 镇四个乡镇进行为期数月调研，选取了与行文需要密切相关的五个案例，分别对政府内部条块协同、政府与企业的协同治理、政府与行业协会的协同治理以及政府与农户及社会组织的协同治理作了分析，并从中总结提炼有益的协同经验。

1.4.1.3 访谈法

访谈法是本书收集资料最重要的调查方法。访谈法和问卷法相比，不需要事先设计好的问卷，而是根据访谈提纲与访谈对象进行面对面的交谈，而且不需要完全按照访谈提纲来进行，具有较大的灵活性，而且经过深入的访谈，能够获得更加详细和深入的有效信息。访谈法依据不同的标准可以划分为直接访谈（面对面的访谈）和电话访谈（通过电话的方式进行访谈），个别访谈（一对一的访谈）和小组访谈（多个人的小组式访谈），结构式访谈（统一的标准和方法）、半结构式访谈（访谈中可根据实际情况进行适当调整）和无结构式访谈（自由交谈）。

本书的访谈对象主要包括主管领导、扶贫指挥部工作人员以及其他部门参与工作人员，共计访谈 10 人。乡级访谈的访谈对象主要是参与案例村或相关产业扶贫项目工作的执行当地乡政府工作人员，一共访谈 21 人。村级访谈对象包括村组干部、农户、特殊群体等，共计访谈 43 人。另外，研究者还与 XN 集团、YQ/DH 菌业有限公司以及 WYX 公司的管理者及相关工作人员，村民协会及合作社负责人员等进行访谈，共计 22 人。在访谈方式上，研究者以半结构式访谈为主、以无结构式访谈为辅进行研究资料收集，同时在撰写过程中还通过电话、网络等方式对相关访谈对象进行在线回访或补充调查。

1.4.1.4 参与式观察法

在资料收集阶段，笔者通过县、乡级政府部门了解 L 县产业扶贫规划、实践等情况后，在政府相关工作人员的引导下进入县精准扶贫指挥部，并进一步通过驻村以及到项目点体验生活的名义开展与本书主题相关的参与式观察。在实地驻村或进驻项目点调查期间，作者多次获许参加由乡镇包村干部组织的村庄例行会议，并协助撰写会议记录。在参与式观察过程中，笔者主要通过录音笔、数码相机、纸和笔等研究设备收集各式相关研究资料。

1.4.2 本书的研究资料

本书的研究资料和数据来源包括三个方面：一是作为本书核心内容分析依据的重点研究案例（L县），二是数据资料来源（10个省），三是仅仅作为一章内容的典型案例（具体的产业扶贫典型案例）。

1.4.2.1 L县的选择依据

笔者选取了一个位于河南省西部山区的国家级贫困县（L县）作为案例进行研究，具体探讨其产业扶贫实践中的政府内部协同治理过程，以展现该县在实施精准扶贫以及产业扶贫中政府治理所遇到的困境，以及由此触发的协同治理行为选择。另外，选择我国中部省份的一个贫困县作为分析对象，主要有两点原因：一是根据新经济地理理论的解释，贫困作为一种经济现象与三次产业革命引导的区域地理本性有关[1]。贫困的生成与当地的地理环境有关，一般情况下那些区位条件差、自然环境恶劣的地区容易产生贫困问题，另外，经济不发达、基础条件差，甚至前期扶贫政策执行不到位等问题都是造成农村地位贫困的主要因素[2]。L县所处的秦巴山区在地理位置上具有典型的上述特征，这是造成该县贫困发生率较高的重要原因。二是河南是我国中部大省，区位在中国版图上具有典型性，在经济总量和人口数量上都位居全国前列，在精准扶贫政策实施方面更能充分体现中央政策意图和政策目标，L县也是河南省为数不多的国家级贫困县之一，具有典型性特征。

1.4.2.2 L县的基本概况

L县位于河南省西部山区，是划归秦巴山片区的国家扶贫开发工作重点县、河南省"三山一滩"扶贫工作重点县和省领导扶贫帮扶县。该县地处中原经济区、豫晋陕黄河金三角区域协调发展综合试验区，县域面积4004平方

---

[1] 刘清春，王铮. 中国区域经济差异形成的三次地理要素[J]. 地理研究，2009（2）.
[2] 刘彦随，周扬等. 中国农村贫困化地域分异特征及其精准扶贫策略[J]. 中国科学院院刊，2016（3）.

公里，辖9镇10乡，352个行政村，全县户籍人口38.27万人。该县是典型的革命老区县，具有2100多年建县历史。L县地处暖温带与亚热带之间，也是典型的大陆性季风气候。境内河流分属黄河、长江两大水系。该县还是全国重点生态功能保护区，森林覆盖率达到69.34%，生态保护较为完好，原始森林大量存在，荣获2018年的"中国天然氧吧"称号[①]。L县矿产资源较为丰富，已勘探出的矿产达52种，其中金属矿产20种；具有生态多样性、生物资源丰富，其中野生植物有104科602种，有野生动物400余种。L县的地理位置、生态概况、自然资源等情况具有典型的山区特征，这些资源禀赋虽然制约了经济发展，但也是精准规定扶贫政策实施的方向，如果政策适当，这些因素都可以成为产业扶贫开发的资源。事实上，在调研中我们也发现当地的一些特色产业发展，在很大程度上也是依托了这些自然条件下的特有优势。

贫困本质上属于经济问题，与精准扶贫关系密切的在于L县的经济发展状况。截至2017年年底，全县地区生产总值完成91.1亿元，同比增长9.1%；第三产业增加值完成40.3亿元，第三产业的同比增长为12.5%；一般公共预算收入为6.31亿元，同比增长18.1%。另外，据统计该县的城镇居民人均可管理收入已经达到24613.7元，而农村居民人均可管理收入只有8817.7元，两者存在一定差距。在第一产业发展方面，编制产业扶贫规划，大力发展"果、牧、菌、烟、药、菜"等特色优势产业，打造四大产业片区，实施"四个一百"[②] 工程。在第二产业发展方面，实现特色工业重大突破。强化运行协调，扩增量，夯基础，工业发展后劲进一步增强，经济支撑更趋有力。其中，产业集聚区建设稳步推进，全年累计入驻项目51个，规模以上企业24个，完成固定资产投资32.8亿元，实现营业收入58.6亿元，税收1.01亿元，就业4500人。第三产业活力迸发。全力抓好以生态旅游、电子商务为重点的第三产业，培育经济增长点，拓展转型新空间。另外，统计的数据表明该县城乡居民人

---

① "中国天然氧吧"创建示范工作自2016年正式启动，依据科学评价标准，对申报地区进行严格规范的审查评定。"中国天然氧吧"创建示范活动2018年被写入《国务院办公厅关于促进全域旅游发展的指导意见》（国办发〔2018〕15号）中，2022年被写入国务院印发的《气象高质量发展纲要（2022—2035年）》中。

② "四个一百"工程："十三五"末，全县核桃面积超过100万亩、连翘面积超过100万亩、规模以上企业超过100家、旅游年接待量超过100万人次。

均可管理收入是24613.7元和8817.7元，两者之间存在近三倍的差距。在第一产业发展方面，编制产业扶贫规划，大力发展"果、牧、菌、烟、药、菜"等特色优势产业，打造四大产业片区，实施"四个一百"① 工程。在第二产业发展方面，实现特色工业重大突破。强化运行协调，扩增量，夯基础，工业发展后劲进一步增强，经济支撑更趋有力。一是以实施创建"全域旅游示范县"为契机推动全域旅游快速发展，打造一批精品旅游路线和龙头景区建设；二是电子商务突飞猛进，"电子商务进农村综合示范县"建设顺利通过商务部考核，全县电商企业近百家、个人网店千余个，全年交易额超过3亿元，同比增长110%，带动55个贫困村3600余名贫困人口就业增收。这些既是L县全年的经济指标，也是精准扶贫政策发力的物质保障，如果缺失相应的产业支撑，政府主导的精准扶贫工作将面临重重困难。

1.4.2.3 L县的产业扶贫

L县正是在自然资源较为丰富以及三产融合发展较为顺利的条件下，才会在精准扶贫政策执行方面有物质保障，精准扶贫工作才能取得显著成效。作为国家级贫困县，全县坚持把脱贫攻坚作为头等大事、第一民生工程来抓。自实施精准扶贫以来，脱贫人口达到1.09万人，贫困发生率下降到了12.03%。该县在金融扶贫、特色产业发展社会保障等方面都有所成就，尤其是金融扶贫方面已经探索出了符合自身发展的模式，并且效果非常显著，该县总体脱贫攻坚工作取得明显成效。

由于L县位于秦巴山集中连片特困地区，在产业扶贫方面不具有特别突出的条件优势，该县还是河南省的国家级贫困县，贫困发生率居全省之首。为此，L县在上级部门的支持下探索出了金融扶贫的发展模式，以金融服务项目推动相关产业发展进而带动当地脱贫致富。2016年3月，中国人民银行与6部委联合出台了《关于金融助推脱贫攻坚的实施意见》，助推金融扶贫，这也为L县的金融扶贫项目提供了重要的宏观政策依据。L县根据自身特点在河南省金融部门的支持下，探索出了金融扶贫模式（具体参见表1-1）。

---

① "四个一百"工程："十三五"末，全县核桃面积超过100万亩、连翘面积超过100万亩、规模以上企业超过100家、旅游年接待量超过100万人次。

表1-1　　　L县"双四位一体"的金融扶贫"L县模式"

名称	内容一	内容二	内容三	内容四
贷款模式	四方共担	"政银企"互助	"政融保"互惠	"政银保"合作
带贫模式	劳务增收	订单农业	合作经营	产权+劳务

县主管金融扶贫的负责人介绍，银行部门的贷款是在政府的政策授意下实施的，银行作为重要的参与者在实施金融扶贫过程中不能背离部门的营利目标，但是作为产业扶贫措施的金融扶贫模式也肩负着精准扶贫的政治使命，这种目标方面的差异性需要协同机制加以规范。在该县的这种"金融扶贫模式"模式的带动下，县委、县政府依据自身条件、深入调研后形成的科学决策创建了金融扶贫试验区。金融扶贫试验区按照大胆创新、积极探索的规划思路，形成了"政银联动、风险共担、多方参与、合作共赢"的金融扶贫工作机制，建立起与信用评定、金融服务、产业支撑和风险防控等有关的"四大体系"，以此解决金融扶贫中存在的服务保障、信用评定、风险防范、项目选择、成本降低等"五大障碍"，发挥了金融在脱贫攻坚中的聚合效应，通过扶贫贷款带动贫困户发展产业，被定为全国"开发性金融精准扶贫示范点"，全国先后有101批次81个市、县（区）3000余人次到此地交流学习。

在金融扶贫的带动下，全县建设产业支撑体系，着力破解产业项目实施。近年来，该县发挥当地优势培育产业项目，以农副产品深加工等为重点的特色工业，积极培育了以果、牧、菌、药、菜等为重点的绿色农业，以及生态旅游和电子商务为重点的服务业。比如，L县的大众电商创业园汇聚了电商和合作社80多家和1608个，通过电商服务带动全县4000余贫困人员就业，1.5万余贫困户因此受益。据统计，到2018年全县电子商务交易额11.2亿元，网络零售额5.1亿元。以金融扶贫带动的产业发展解决了"贷款难、发展难"的问题。目前，全县农业龙头企业达到44家，合作社达到1349家，家庭农场13家；并建成19个就业培训基地、176个产业扶贫发展基地、1213个产业扶贫设施大棚，通过这些方式带动12985个贫困人口，并实现了户均增收3500余元。

产业扶贫是精准扶贫中的重点环节，产业扶贫的实施成效需要在精准扶贫整体政策下以及相关环节配合下才能实现。因此，精准扶贫的相关内容和措施也成为产业扶贫不可或缺的组成部分。比如，易地扶贫搬迁可以集中一部分土地,集中居住的人口可以为产业发展提供一定的劳动力。该县在2017年实施搬迁了4423户16201人全部分房到户,"十三五"扶贫搬迁工程在2018年上半年将全部具备入住条件。由于产业发展相应的资金投入增加,基础设施和公共服务明显提升。交通、水利、电力、通信、教育、文化、卫生等项目建设加快实施,为脱贫致富奔小康构筑了坚实的支撑。

1.4.2.4 全国的数据来源

调查数据来自2012年全国10个省份所做的"农村劳动与社会保障问题"千户农民问卷调查。调查采取经验分层和系统随机抽样方法收集调查数据。首先,根据不同地区社会经济发展水平,分别在东中西部地区选取代表性省份,其中东部地区三个省(江苏省、浙江省、山东省),中部地区四个省(河南省、湖北省、湖南省、安徽省),西部地区三个省(陕西省、四川省、贵州省);其次,根据该省社会经济发展情况,选取有代表性的县区,每个省选择3个县,每个县选择1个村;最后,根据系统随机抽样原则,选取被调查农户,进行入户结构式问卷访问,入户调查对象选择的依据是年龄距离调查当日最近的成年农民。本次调查共发放问卷1000份,有效回收问卷875份。调查样本基本情况见表1-2。

表1-2　　　　　　　　调查对象的个体特征

项目	类别	频数(个)	百分比(%)	项目	类别	频数(个)	百分比(%)
性别	男	509	58.2	民族	汉族	952	92.9
	女	366	41.8		少数民族	71	7.1
文化程度	没上过学	137	15.7	年龄	18~29岁	107	12.3
	小学	247	28.4		30~44岁	266	30.5
	初中	316	36.3		45~59岁	260	29.8
	高中中专	134	15.4		60~74岁	199	22.7
	大专以上	37	4.2		75岁以上	41	4.7
健康状况	非常健康	302	35.0	婚姻状况	未婚	77	8.9
	比较健康	323	37.4		已婚	708	81.5
	一般	176	20.4		离异	12	1.3
	不太健康	62	7.2		丧偶	72	8.3

1.5 研究的创新点与不足之处

1.5.1 本书研究的创新点

本书研究可能的创新之处在于以下两个方面：一是研究视角的拓展。本书引入协同治理的理论视角，将产业扶贫置入多元主体协同治理系统中。产业扶贫不单纯是一个扶贫的问题，它涉及多元的利益主体，而且它不单纯是一个扶贫目标实现的问题，更重要的是一个社会治理的问题。多元主体协同治理视角的引入打破了政府主导的单一扶贫模式，突破了政府单一力量扶贫的局限性，将产业扶贫研究引向更加深入，有利于构建政府、企业、社会共同扶贫的大扶贫格局。二是分析框架及协同模式的探索。本书在既有研究基础上，结合产业扶贫的特点，突破了以往研究的单一维度和结构—过程二维分析框架，将深刻影响产业扶贫实践的环境维度引入进来，构建一个"结构—过程—环境"的三维分析框架。而且，在具体层面，固有的以政府为主导的贫困治理体系使得政府单一主体很大程度上制约着其他主体的参与和协作，因此本书在结构维度上充分突出了政府内部的协同问题，在政企社三大主体协同的分析之前，将政府内部协同作为结构维度的一个重要方面进行了专门讨论。进一步，本书在上述框架下，结合具体的案例，也尝试提炼出了产业扶贫协同治理的创新模式。

1.5.2 本书的不足之处

本书的不足之处表现在以下三个方面：一是在方法上，受限于经费及调研条件，未能运用问卷调查等量化方法获取更为系统的数据资料，而是通过实地访谈、参与式观察等方法获得资料和数据。二是在内容上，本书侧重乡村产业扶贫中政府、企业、社会主体的协同治理问题，未能更加深入地将产业扶贫与乡村振兴、城乡融合等乡村发展战略衔接起来。2020年，全国全部现行标准下农村贫困人口全部脱贫，确保贫困县全部摘帽，乡村振兴与城乡融合发展将是乡村发展的重点内容,如何将产业作为乡村振兴、城乡融合发展的一个重要抓手将是一个值得深入研究的课题。三是在数据收集和案例选择方面,一方面是本书的数据样本量偏小,只有不到1000份调查数据,另一方面是本书的典型案例选择的代表性还有待进一步完善。

第2章 概念界定、理论基础与研究框架构建

当前我国社会发展矛盾与机遇并存,各种矛盾集中凸显,给社会管理提出了新的挑战。这一点在我国产业扶贫的伟大实践中也凸显出来并制约着其贫困治理效果。协同治理倡导打破部门主义的藩篱、化解部门间的边界隔阂,调动政府、社会、企业、非政府组织、非营利组织等各类利益主体的积极性,实现政府间、部门间、各类组织间的协同合作,这对于我国加强和提高社会管理,创新社会管理模式,推动产业扶贫精准化、可持续化,以及有效对接乡村振兴有着重要启示。而且借鉴西方国家协同治理经验和理论,将有益于解决现阶段层出不穷的公共治理难题,也将对我国公共行政领域的发展做出极大的知识推进。

2.1 核心概念界定

2.1.1 贫困

探讨产业扶贫及其相关问题,必须首先界定什么是贫困。贫困是一个内涵非常丰富、类型非常多元化、外延非常宽泛的概念。从贫困的类型看,贫困包括绝对贫困与相对贫困、单一贫困与多维贫困、收入贫困与支出贫困、主观贫困与客观贫困、生存贫困与发展贫困、物质贫困与精神贫困、知识贫困与文化贫困、权力贫困与能力贫困、暂时性贫困与持久性贫困、长期贫困与慢性贫困、资源贫困与社会关系贫困以及教育贫困、心理贫困、精神贫困、消费贫困、结构性贫困,等等。本书分析的重点在于收入视角下的相对贫困问题。

2.1.2 产业扶贫

产业扶贫是众多扶贫方式中的一种,随着经济社会的发展,产业扶贫越来越成为一种重要的扶贫方式。产业扶贫以市场为导向,利用市场的信息、资金、渠道以及最有效的资源配置方式将市场资源引向贫困地区和贫困人口。产业扶贫通过市场产生的巨大经济效益惠及贫困人口,通过产业集聚不断壮大贫困地区产业发展,为贫困地区的资源开发注入了资金和活力。产业扶贫依据贫困地区的资源、环境、交通对其实行区域化布局,通过工业化生产、专门化服务以及一体化经营等现代先进的运作方式将相关部门、群体聚合在一起,形成一种利益共同体的经营机制。产业扶贫把贫困地区产业的产前、产中、产后各个环节统一为产业链体系,通过产业链建设来推动区域扶贫的方式。

2.1.3 协同治理

协同治理将社会看作由各子系统构成的整个系统,它的子系统包括政府、企业、社会组织、家庭、公民等,社会各子系统之间是协作关系。这种协作关系要能够成立,须基于两个前提,即各个治理主体间的法律地位平等,以及各个治理主体具有机会的平等。政府、市场力量、社会组织和公民要在同一个平台上交流,政府不能随意发布强制命令,各利益方能够自由表达意愿,促进共识形成。这种协作关系要求系统内各个主体间的互动性,包括共享资源、信息和各自优势等,协商议题,分工合作推进方案实施。在协作互动中,信息流动是上下互动的、双向的。在现代社会中,知识和资源被不同组织掌握,这些组织间存在着谈判协商和资源的交换,采取集体行动的组织必须要依靠其他组织才能完成,因此,共同遵守的规则和交换环境十分重要,这些规则需要由各主体共同参与、协商制定。

产业扶多主体的协同治理就是将产业扶贫的各种要素(包括政府、企业、社会组织、公民、信息、流程等)关联起来,使这些要素能够为了完成共同目标任务而进行的协同运作,其目的在于对有限资源的最大化开发利用,实现公共利益的最大化，并消除在协同运作过程中产生的各种壁垒和障碍。对于协同治理来说，其关键在于将社会看作一个整体系统环境，其中有许多子系统（多元主体），通过对该系统中各子系统间的时空或功能结构重组，产生一种具有"竞争—合作—协调"的能力，从而使治理效果远大于子系统（多元主体）所产生的治理效果的简单加总。简单来说，通过合作、协调、竞争、冲突与博弈等机制，在协同治理主体间形成了协同效应，从而达到更佳的治理效果。对协同治理而言，各社会主体协同工作是社会治理的基本模式和状态。借助于电子工具、互联网和软件的发展，协同治理在公共事务中有了真正实现的物质基础。

2.1.4 协同治理的主体：政府、企业与社会

多元治理主体协同的思想源自多中心治理主张。传统管理理论认为，对于公共事务或问题的管理，场的调节作用和政府的干预作用最为基本和重要。不过市场或政府都有可能失灵，那么，这种情况下，是否有其他治理主体能够在公共问题的治理上发挥作用呢？美国学者奥斯特罗姆夫妇针对此问题，提出了多中心治理主张：多中心系统存在于多个层级，每一个层级都有一些自治权。我们可以设想一个区域，存在着对其负责的政府机构，但是也有许多地方自治组织用来管理那个区域的地方资源。多中心治理理论与协同治理理论融合起来，就是多元治理主体协同，即指针对一定的公共问题或事务，政府、市场、社会和公民等多元治理主体参与治理过程。具体来说，这些主导或参与公共事务和公共问题治理的主体有：各类和各层级党政机关，包括立法机关、行政机关、司法机关、中央政府、地方政府等；企业作为治理主体，主要是指各方参与交换的场合，既有有形产品市场，也有无形产品市场。社会主体主要指各种非政府社会组织，主要包括基金会、社会团体和民营非企业组织等。由于实践过程中，上述三类社会组织对产业扶贫的参与有限，又考虑到农户自身事实上处于一定的宗族和模糊性的自组织结构中，如无特别指出，本书所言及的社会主体主要是指产业扶贫的受助对象即农户。

2.2 协同治理的理论内涵

2.2.1 协同治理的理论基础

协同理论是一门新兴的交叉性学科,作为一种具有哲学方法论意义的学科,其不但有了自己的问题域和理论系统,而且在自然科学中已经有了比较成熟的运用。治理理论则是公共管理领域晚近出现的一种学术潮流,是顺应社会发展和时代需求的标准社会科学领域内的理论。协同治理(Synergetic Governance)理论,就是将协同理论的方法论原则引介到治理理论,从而成为治理理论的一个高阶版本。具体来讲,协同治理就是指"在公共生活过程中,政府、非政府组织、企业、公民个人等子系统构成开放的整体系统,货币、法律、知识、伦理等作为控制参量,借助系统中诸要素或子系统间非线性的相互协调、共同作用,调整系统有序、可持续运作所处的战略语境和结构,产生局部或子系统所没有的新能量,实现力量的增值,使整个系统在维持高级序参量的基础上共同治理社会公共事务,最终达到最大限度地维护和增进公共利益之目的"[①]。协同治理体现了工具理性和价值理性的统一,它包括治理权威多样性、社会秩序稳定性、治理主体多元性等诸方面。

协同治理的逻辑前提是治理主体多元化。多元化价值取向是当今社会的主流价值取向,在这种大背景下,"单中心治理"模式弊端凸显,"多中心治理"理念应运而生,在此基础上逐步发展成了治理主体多元化。多元化的治理主体可以是政府、企业、其他社会组织以及公民等多个主体。其法理依据在于,国家的任一合法公民或社会组织,都享有平等权利和均等机会,与专职从事行政活动的公民不应有权利上的差别。治理主体的多元化是协同治理的逻辑前提,由于各种社会组织、企业及公民(或家庭)具有不尽相同的价值判断和利益需求,也拥有各自不同的社会资源,它们间具有竞争和合作两种关系。不过需要注意的是,虽然治理主体是多元的,但并不是解决私人问题,而是为了解决

---

① 郑巧,肖文涛. 协同治理:服务型政府的治道逻辑 [J]. 中国行政管理, 2008 (7).

公共问题，也就是说，公共性是协同治理的基本价值取向。多元主体参与公共事务，其目的在于通过各个等级的整合，将社会系统内不同层次和范围的无序转化为有序，同时提供内部子系统的组织化和有序化，具体来说，就是维护国家层面的和平与繁荣、社会层面的和谐与稳定、公民层面的有序和团结。

协同治理的基本特点是治理权威的多样化和政府的主导性。协同治理也是需要权威的，不过协同治理不再以政府为唯一的权威，这就打破了传统的权力结构。在特定的范围内，协同治理就意味着其他社会主体在一定的社会公共事务治理中也可以具有其权威。因此，协同治理意味着治理权威的多样化。其合理性在于：在各主体间产生矛盾时，各个具有权威的主体间可以通过信息交流、道德规范和法律，彼此自觉地达成妥协，从而使政府的活动获得公民最大限度的支持。不过，治理权威的多样化，并不意味着随意性。协同治理很重视正式性，这种正式性通过议定的规则和制度确定下来，以确保处理公共事务时运作规范、各主体投入程度高以及确定各参与者间的关系和职责。另外，虽然政府不再是唯一权威来源，也不再是唯一的责任主体，但在社会治理中依然处于一定的主导位置，这就是所谓的政府治理主导性。具体地说，政府主导性表现如下：是议程制定的主导者，是责任的主要承担者，将部分公共职权授予非政府组织的授权者，是评价和监管等制度的制定者，结果评估的提供者，特定技术、政策和资金的支持者，统筹考虑各参与方利益诉求基础上的最终决策者等。

协同治理的系统性：系统的动态性、协作性和自组织协调性。现代社会是复杂多样、变动不居的，因此，协同治理是动态的，并没有一成不变的统一运作模式。协同治理的动态性主要体现在协同规则的改动、议题范围的变化、持续时间的不一、组织构架的互动、解决方案的具体性等各方面。这种动态性对各方主体提出来更高的要求，即各责任方要适应不同时空或行动领域间的功能联系，要能够相互依存，要能够主动寻求多元互动，要进行权力运作的协作，要鼓励新的序参量出现，同时，要能够为各自的行为负责，从而使得整个系统不断达到更高级的平衡，实现共同社会愿景。

协同治理将社会看作由各子系统构成的整个系统，它的子系统包括政府、企业、社会组织、家庭、公民等，社会各子系统之间是协作关系。这种协作关系要能够成立，须基于两个前提，即各个治理主体间的法律地位平等，以及各个治理主体具有机会的平等。政府、市场力量、社会组织和公民要在同一个平台上交流，政府不能随意发布强制命令，各利益方能够自由表达意愿，促进共识形成。这种协作关系要求系统内各个主体间的互动性，包括共享资源、信息和各自优势等，协商议题，分工合作，推进方案实施。在协作互动中，信息流动是上下互动的、双向的。在现代社会中，知识和资源被不同组织掌握，这些组织间存在着谈判协商和资源的交换，采取集体行动的组织必须要依靠其他组织才能完成，因此，共同遵守的规则和交换环境十分重要，这些规则需要由各主体共同参与、协商制定。

社会系统及其各个子系统都是自组织系统。由于环境、制度的多样性和复杂性等因素，以及政府自身的局限性，政府能力是有限的，有时候其治理是会失效的，因此，它不可能随意将自己的意志强加于其他行动主体。而其他主体作为也有实现自主的要求，这就是自由，同时也是责任。这是人类社会组织的基本特征。有时候，子系统的自组织体系会要求削弱政府管制、减少控制，甚至要求政府从某些社会领域撤出，这就要求政府与各主体之间进行协调。在协同治理中，各个组织间需要协同，协同治理过程是权力和资源的互动过程，其直接目的就是弥补政府和市场的失灵，实现各种资源的协同增效。

抛开细枝末节，协同治理就是要在开放系统中寻求有效治理结构的过程。"善治视野下，协同治理正是通过主体间资源和要素的良好匹配，达到政治国家与公民社会合作关系的最佳状态，是实现从治理到善治的途径。"[①] 从协同理论的视角来说，协同治理理论作为一个交叉（复合）理论，其本质就是一种研究范式，在协同论的范式中来丰富和发展治理理论，从而达至治理理论的终极价值"善治"。从治理理论的视角来说，协同治理就是强调合作治理的协同性，在一个治理系统中主体是多元的，他们通过协调合作，致力于形成一种"1+1>2"治理协同效应，更好地促进公共利益的实现。

社会的协同治理就是将社会的各种要素（包括政府、社会组织、市场、公民、信息、流程等）关联起来，使这些要素能够为了完成共同目标任务而进行的协同运作，其目的在于对有限资源的最大化开发利用，实现公共利益的最大化，并消除在协同运作过程中产生的各种壁垒和障碍。对于协同治理来

---

① 李辉，任晓春. 善治视野下的协同治理研究 [J]. 科学与管理, 2010 (6).

说，其关键在于将社会看作一个整体系统环境，其中有许多子系统（多元主体），通过对该系统中各子系统间的时空或功能结构重组，产生一种具有"竞争—合作—协调"的能力，从而使治理效果远大于子系统（多元主体）所产生的治理效果的简单加总。简单来说，通过合作、协调、竞争、冲突与博弈等机制，在协同治理主体间形成了协同效应，从而达到更佳的治理效果。对于协同治理而言，各社会主体协同工作是社会治理的基本模式和状态。借助于电子工具、互联网和软件的发展，协同治理在公共事务中有了真正实现的物质基础。在协同治理理论中，需要厘清的一些基本问题包括层级结构、角色分配、流程设计、资源规划等。协同治理中各主体的基本功能有连接、沟通、共享和交互等，这些协同性功能决定了治理的效率。

在协同治理中，最重要的就是要运用协同论的自组织原理，通过建立"竞争—合作—协调"的协同治理机制，把价值链形成过程的各社会主体组成一个紧密的"自组织"体系，共同实现统一目标，是系统利益最大化的治理体系。详细分解协同治理理论的各重要方面，可以从以下几个方面对此概念有一个全面理解：协同治理以系统为研究对象；协同论是协同治理的根本方法论；"竞争—合作—协调"的协同治理机制，使得协同治理区别于传统治理；协同治理不等于独立治理行为的集合，而是多主体的协同行为；由于各个子系统具有不同的具体目标，时空上都是独立的，为了实现共同任务才组成了一个临时性系统；协同治理的目标是合理利用各个子系统的各自优势，最终实现系统整体利益的最大化。

2.2.2 协同治理的研究重心

基于研究者的不同关注，协同治理的研究重心也各有不同。从现有的研究来看，协同治理的研究重心主要集中在三个方面：协同治理的制度设计、协同治理的影响因素、协同治理的商议过程。

一是包容的与程序合法的。研究者们非常注重从制度的视角研究协同治理的实践，并力图从理论上构建协同治理的框架。协同治理的制度设计被界定为，对协作过程的程序合法性至关重要的基本协议和规则[①]。二是影响因素。

---

① 李怿，张仲涛. 城市社区治理主体间协同关系研究综述［J］. 中共乐山市委党校学报，2019（3）.

协同治理是在政治、法律、社会经济和其他各种影响力的多层复杂环境中缘起和发展的。这些外部环境创设了协同治理制度发展的机遇、制约和各种影响因素。不仅是系统环境能形塑整个协同治理制度，协同治理制度同样也通过合作行为影响外部环境。研究者重点研究了影响协同治理制度性质和前景的几个主要因素[1]。三是商议过程。学者们还普遍关注协同治理中参与者的商议过程。协同治理"一般都因工具性目的而发起"，亦即发起协同治理是为了推进那些"仅靠单个组织而无法完成的行为"。商议过程被认为是所有协同治理框架的核心。学者们强调，排除了对利益相关者间真正对话有负面影响的政治偏见后的商议过程，是影响这种参与式民主的关键因素。理想的商议过程是，协同治理体系中的参与者都有平等机会把他们的建议和知识或信息输入集体决策过程中[2]。

在西方政治语境中，协同治理（Collaborative Governance）同新公共管理运动和治理思潮都有一定关系，20世纪90年代后期，英美等主要西方国家的左派执政党推崇更具包容性的治理理念，并推行"第三条道路"。所谓第三条道路，早在20世纪初就有人论及，即认为资本主义和社会主义都不可取，在这两条道路之外还有"第三条道路"。在20世纪末的语境中，"第三条道路"的核心理念包括：以社会民主主义为基础，肯定自由市场，强调地方分权、低税赋和解除管制等政策。具有此倾向的英国首相托尼·布莱尔在本国推行"协同治理"。协同治理作为一种主体行动逻辑或方法论，其前提是"整体性政府"，其包含的内容主要有两个方面：一方面是新公共管理取向的政府管控和对效率的追求；另一方面则是对新公共管理对社会公平的破坏有一定程度的纠正，追求公平与效率的新平衡点，并协调政府、社会和市场间的关系。

不过必须要注意到的是，西方政治语境中的"协同治理"同我国的"协同治理"是有较大差别的。中西关于"协同治理"的差别主要体现在两个方面，一方面是对这个概念的界定十分不同，另一方面是这个理论所要解释和解决的具体问题不同。我国最近几年推进的国家治理体系和治理能力现代化的过

---

[1] 李怿，张仲涛. 城市社区治理主体间协同关系研究综述 [J]. 中共乐山市委党校学报，2019 (3).
[2] 谢小芹，张顺. "社会动员—权力嵌入"：精准扶贫政策执行研究——基于河边村精准扶贫的个案研究 [J]. 公共管理学报，2020 (3).

程中，协同治理已经形成了较为独立的概念范畴体系，其理论内涵就是本书前述分析的。而在英美国家，相关讨论却更加复杂，概念术语也并不是特别统一，对协同治理的研究分散于政治学、经济学、公共管理以及法学等多个学科，且历史脉络复杂，对这个概念的理解也并不一致。

就西方国家的"协同治理"而言，它是当代西式民主社会的产物，它的意识形态底色是自由主义，且与欧洲的人文主义背景、可持续发展概念的产生、企业管理的变革等有着紧密联系，因此我们对西式的协同治理只能借鉴，而不能照搬。这里的深层次原因在于两点：一是我们与西方具有不同的意识形态；二是我国具有自身独特国情。我们的协同治理理论最终要运用于我国具有中国特色社会主义的建设，解决我国自身发展过程中的问题。我国所面临的治理问题既有国内的，也有国际的。就国际问题而言，主要体现在资本逻辑和主权逻辑之间的碰撞。就国内问题而言，主要体现在经济基础与上层建筑间的矛盾呈现出新形式，特别是改革开放以来，较易改革的领域在稳步推进甚或已经完成，较难改革的领域则举步维艰，受机制、体制和既得利益集团的影响，一些社会矛盾固化甚至体系化。同时，我国因为现代化起步晚，市场化、工业化、城市化、信息化基本是同期进行的，这些矛盾在西方发达国家是逐步出现的，在我国则是叠加出现的，加上全球化过程中各国之间的激烈竞争，更是提高了我国国家治理所面临挑战的难度。

我国各种社会矛盾叠加积累，具体表现为发展不平衡和不充分的问题表现更加突出，而治理窗口时间却相对狭窄；同时贫富差距、社会保障不健全、利益固化、消极腐败等社会问题比较突出，特别是与人们的预期差距较大，这就增加了社会矛盾的张力。在国内外局势变化莫测，同时信息又极不对称的情况下，偶发的社会事件更加容易产生波浪效应，极大增加了国家治理的风险、难度和成本。与此同时，我国各级政府还习惯于牢牢把持权力，没有完成形成服务型政府，尚未形成权力让渡、多元协同治理的意识；各级干部多存有本领恐慌、能力不足的状况，不够熟悉解决公共事务的先进理念和方法。此外，当前我国国家治理中主要存在着三个方面的问题：一是治理的分权化，即所谓上面千条线、下面一根针，导致治理过程中摩擦成本、协调成本大增；二是治理的部门化，我国的部门负责制虽然有权责明晰、责任到位的优点，但是对于许多区域性、全局性的问题，需要多部门共管，这时就会造成多头治理、推诿扯皮的现象,导致效率降低;三是治理的碎片化,由于缺乏全局意识,本该整体性解决的问题却分而治之,重过程而不重结果,导致事倍功半。举例来说,生态环境的治理需要多个部门、多个方面的协作配合,这是一个需要系统性解决的全局性问题,但是由于协同治理理念和模式的缺乏,实际上经常是种树的只管种树、治水的只管治水、护田的单纯护田,导致的结果是环境治理声势浩大却收效甚微。

从党的十九大报告中,我们可以看到,我国社会治理顶层框架已经得到界定,即"党委领导、政府负责、社会协同、公众参与、法治保障的社会治理体制"。在我国的社会治理体制中,多元主体涉及党委、政府、社会、公众,且各个主体的地位是得到明确界定的,而基本制度则是党内的民主集中制和广泛的协商民主制,这就是在我国政治语境中研讨协同治理理论的合法性框架。这既符合中国具体国情,又具有显著中国特色。"协同治理"作为"社会治理"理论的高阶版本,其特色和优势正是在于"协同",而我国特有制度形式——协商民主制度恰好为"协同"提供了制度框架,是我国协同治理的政治基础。协商民主正是我国政权机关、政协组织、党派团体、基层组织、社会组织之间进行协商的制度基础,社会系统中各个主体在此制度基础上通过立法协商、行政协商、参政协商、社会协商等,改变政府为唯一权威的治理模式,实现治理权威的多元化。同时,社会各个治理主体以此制度为基础,通过协商、对话、交流,形成协同效应,汇聚力量,找出各方利益的最大公约数,在改革开放上形成聚焦。中国特色的协同治理,将以中国共产党领导的社会主义协商民主为底色,建立社会信任基础,形成政治认同保障,最大限度减少摩擦,取得协同治理合力。

综上所述,当前中国发展有着巨大机遇,同时也面临着巨大挑战。我国的改革进入攻坚时期,各种社会矛盾叠加在一起,十分复杂,具有一定的结构性和制度性特点。对于如何处理这些新形势下的新问题,我国国家治理理念和方法比较滞后,存在着诸如分权化、部门化、碎片化的倾向,导致国家治理效能不足。习近平总书记看到国家治理体系和治理能力的现代化不足,我国迫切需要转变国家治理方式,因此提出将协同治理理念融贯于国家治理顶层设计之中,并贯穿于"四个全面"战略布局的各个层面。"要围绕构建中国特色社会主义管理体系,加快形成党委领导、政府负责、社会协同、公众参与、法治保障的社会管理体制",这是党的十八届三中全会对于中国特色社会主义管理体系的明确部署。

2.3 多元主体的协同治理

中国国家治理现代化的核心要义是始终坚持中国共产党领导下的多元主体协同治理,协同治理是中国特色社会主义民主政治发展的重要内容。在当今中国多元主体协同治理现代化中,要充分认识到其面临的困境,主要表现在:既得利益集团的腐化与堕落、治理主体相互难以达成改革共识、精英群体共谋利己等。而要应对这些所面临的困境,基本的解决路径在于政府、社会、公民的三者之间关系的重构上。范逢春、李晓梅强调协同治理主体的重要作用,基于协同理论的基本原理,构建了农村公共服务体系六大不同环节的"合作""协调""竞争""沟通""制衡"机制,并重新赋予了公共服务治理主体新的角色和任务。党的十六届四中全会首次提出了"建立健全党委领导、政府负责、社会协同、公众参与的社会管理新格局"的科学命题。

从本质上来说,协同治理是要求政府与企业、政府与社会组织不同主体之间,需要通过建立起平等合作的相互对等关系,并通过有效的协商对话,来达到共同治理社会公共事务的目的,从而最大限度地使公共利益得以实现。协同治理的行动者包括公民个体、组织化的群体、社会组织和政府组织等几种[1]。从协同治理的理念出发,在社会治理过程中,政府一方面要发挥其主导作用,另一方面还要注意其他社会的主体在治理过程中的身份和地位得到保护和尊重,在社会自身的运作规律和机制下,综合运用其他一些方法来构建秩序与活力相互统一的多元治理、共建共享的社会建设模式[2]。田玉麒认为,协同治理是处理复杂性公共事务的新范式,是多元主体之间相互协调互动,从而实现公共事务治理的制度安排。其本质属性主要表现在相互联系的三个方面,一是确立了治理主体行动方式背景性约束条件的制度形式;二是协同治理是规范不同

---

[1] 杨华锋. 协同治理的行动者结构及其动力机制[J]. 学海, 2014 (5).
[2] 郁建兴, 任泽涛. 当代中国社会建设中的协同治理——一个分析框架[J]. 学术月刊, 2012 (8).

治理主体之间互动模式的关系结构；三是协同治理是多元化主体之间共同参与治理的开放性决策过程。于江、魏崇辉则从协同治理多元主体视角出发，认为随着社会多元化、多样性的发展，我国现行体制下多元主体协同治理将会发挥更大的作用并具有重要的时代意义。他们认为，时代发展早已超越了传统公共管理的范式，协同治理理论是促使我国国家职能回归的必然要求，协同治理是实现社会主义现代化的应有之义，治理主体多元化集中体现了社会主义制度的优越性。此外，罗志刚[①]从治理主体之间协同的视角出发，发现我国城乡社会治理过程中存在着很多问题，如各主体之间的价值取向存在着偏差、多元主体之间的协同力度不足、制度改革过程中存在相互掣肘以及基层治理路径依赖失灵等一些问题。因此，如何解决这些治理过程中存在的问题，则应结合我国城乡一体化发展之趋势，通过价值取向协同、治理过程协同、治理主体协同、治理要素协同、治理政策协同、治理机制协同、治理方式协同等推进城乡社会治理。蒋敏娟通过分析国外各种协同治理模式典型案例，在此基础上从体制和机制的理论视角，提出了对我国城市群协同治理的一些启示，主要内容包括建立纵向与横向相结合的区域协调管理体制，鼓励多元主体的广泛参与，推动城市群协同治理的立法保障，以及建立合理的利益激励与补偿机制等。叶大凤[②]认为，建立在"公共事务行政化管理"之上的现有政策冲突模式出现了很多难以解决的问题，如管理主体单一、管理部门众多、管理工具缺乏弹性、管理手段落后等。他认为解决此类问题需要构建政府主导、社会参与的协同治理结构，在协同治理结构中，通过利益相关者共同参与集体决策机制，协调不同参与群体的利益需求。张振波[③]认为，传统政府管控型社会管理已经不能适应现代化社会，而协同合作型社会治理不是削弱政府的作用，而是需要通过制度的规约与政府的引导，才能最大限度发挥企业（市场主体）、社会组织（第三方机构）以及大众传媒的社会治理效能。协同治理模式是一种多中心治理体系，其中，均衡的利益分配机制和价值认知的引导机制是微观基础，多元主体的自我管理是协同治理机制长效运作的保障。协同治理的具体模式可以有多种形

---

① 罗志刚. 中国城乡社会协同治理的逻辑进路[J]. 江汉论坛，2018（2）.
② 叶大凤. 协同治理：政策冲突治理模式的新探索[J]. 管理世界，2015（6）.
③ 张振波. 论协同治理的生成逻辑与建构路径[J]. 中国行政管理，2015（1）.

式，如各级政府的纵向合作、公司部门的横向协作，以及网络社会中不同多元主体之间上下、内外的协同管理。为了使协同治理更加有效，有学者提出公共管理者应该关注协同过程这个"黑箱"里面，以更加了解协同治理机制的影响因素[1]。

由此可以发现，协同治理主体的多元性是协同治理理论的主要特征，而目前学界对于协同治理过程中不同主体之间的相互关系的研究，还不够深入和成熟。就本质来讲，协同治理不仅在于主体的多元性，更加重要的是如何构建不同主体之间的协同关系。如有学者就认为协同治理过程中，只有当一个强有力的超越组织的力量要求合作时，通常合作才会实现[2]。协同治理的主体包括领导者和参与者，领导的权威来自权力、资源与合法性三个方面，并作用于参与者、协同过程和协同事项[3]。因此，协同治理的关键问题在于厘清不同主体之间的关系，而非简单的主体之和。在协同治理理论的应用与中国的具体实践中，我们应该更加关注构建协同治理理论的分析框架，更多地去讨论在公共事务的协同治理过程中，不同主体之间的权限边界、资格条件、利益分配以及责任义务等，尤其是协同治理过程中权力关系的法治建设和制度建设方面，从而获得"协同优势"[4]。

2.4 多主体协同治理分析框架构建

产业扶贫是国家贫困治理的重要举措，是实现稳定脱贫的根本之策，其不仅是国家对于贫困群体的资源再分配的过程，同时也因其经济属性，需要市场力量有效参与方能发挥作用，而且贫困农户以及其他社会主体的参与也深刻影响着产业扶贫绩效。本书基于既有研究成果，就如何实现"政府—企业—社

---

[1] Ann Maric Thomson James L. Perry. Collaboration Processes Inside the Black Box [J]. Public Administration Review, 2006 (12).

[2] Welss J A. Pathways to Cooperation among Public Agencies [J]. Journal of Policy Analysis and Management, 1987, 7 (1).

[3] Ansell, Chris, and Alison Gash. Collaborative Governance in Theory and Practice [J]. Journal of Public Administration Research and Theory, 2007 (18).

[4] Huxhamt Chris. Theorizing Collaboration Practice [J]. Public Management Review, 2003 (3).

会"等多元主体的有效协同与有序合作的问题，结合 L 县的产业扶贫协同实践，建立如下理论分析框架，该框架也构成了本书研究架构的逻辑基础。

关于协同分析框架，学者们从多个视角构建了跨部门、跨区域以及多主体集体行动的理论分析框架，比如安塞尔和加什采用"连续近似分析"构建了一个涵盖起始条件、制度设计、领导调解和协作过程四部分在内的理论模型。爱默生等整合外部系统环境、内部协作动态以及协作过程中的行动调适等维度和组件，构建了一个区域间跨境治理的制度安排框架[①]。魏娜等从相关利益群体融入、共同利益促成、领导力共享和协同治理结果四个维度建立了多元主体协同治理的理论分析框架[②]。上述理论分析框架主要涵盖了协同治理的系统环境、制度设计、结构安排、运作过程和具体效果等多维层面，而目前学术界运用较为广泛的"结构—过程"模型，涵盖了协同逻辑的诸多相关因素，尝试从结构和过程维度对相关协同要素进行综合，是一个具有高度概括性的解释性分析框架[③]。该理论模型把协同治理视为是规范治理主体互动模式的关系结构和多元主体共同参与的开放性政策过程[④]。具体而言，受社会网络理论的影响，作为关系结构的协同治理，主要着眼于关系和结构的分析，前者关注行动者的社会性黏着关系，后者强调行动者在社会网络中的位置。一方面，在协同治理过程中，关系与多样化的治理主体相伴而生。从最广泛的角度来看，协同治理的参与主体包括多元化的合作者，如各层级的政府机构、私人部门、非营利组织、公民社会以及社区，甚至公众等。这些主体为了共同的目标协同行动，他们之间必然产生某种关系。因此，芭芭拉·格雷等学者指出，协同治理与组织间关系和组织行为联系紧密。然而，多样化的治理主体拥有不同的认知、偏好与资源。那么，他们之间如何搭配才能取得更好的效果呢？这就涉及第二个方面的内容，即治理主体关系的"结构"方面。相比于传统的治理结构，协同治理的关系结构被总结出多方面的特点，比如从低水平的合作关系向高水平的协同关系演进、从竞争关系向伙伴关系转变、组织内部关系与组织间

[①③] 陆远权，蔡文波. 产业扶贫的多方协同治理研究 [J]. 重庆社会科学，2020 (1).

[②] 魏娜，郭彬彬，张乾瑾. 协同治理视角下基金会开展儿童医疗救助研究——基于 Z 基金会 J 项目的案例分析 [J]. 中国行政管理，2017 (3).

[④] 田玉麒. 制度形式、关系结构与决策过程：协同治理的本质属性论析 [J]. 社会科学战线，2018 (1).

关系都被加以强调,以及从控制—服从式的等级关系向扁平化的关系结构转变等。而作为决策过程的协同治理则强调了协同过程的开放、包容与协商的特点,为此,特别关注理念和协同治理的组织过程。芭芭拉·格雷认为协同治理是"参与者通过从不同视角观察问题的各个侧面,建设性地探索其差异并寻求超越自身视阈局限的解决之道"①。这一论述从功能性角度指出了协同治理作为决策过程的价值所在,即多元化的参与主体有助于从更加整体性的视角看待问题,他们超越自身局限,实现角色的转变,利用各自的优势和资源,建设性地探索公共问题的解决之道。艾瑞克·约翰斯顿则提出了"协同治理是一种集体决策方法,公共部门和非政府利益相关者共同参与共识导向的协商过程,为管理公共资源制定和执行公共政策与程序"②。由此,协同治理作为决策过程的操作方法被充分呈现出来,即以共识为导向,以协商为手段。上述关于协同治理的"结构—过程"分析框架为本书的逻辑框架构建提供了基础。本书基于产业扶贫的政策属性,拟在"结构—过程"框架的基础上探索性地加入协同系统环境的考量③,构建一个"环境—结构—过程"的整体性分析框架(见图2-1)。

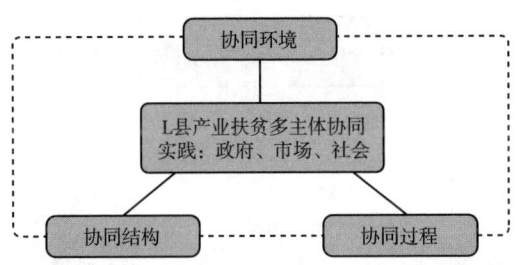

图2-1 产业扶贫协同治理分析理论框架

其中,协同治理结构就是协同行动主体间结成的力量关系,即在协同治理过程中结成的大小不一、强弱不等的结构④。亦指不同主体的聚集形态和角色

---

① Barbara Gray. Collaborating: Finding Common Ground for Multipart Problems [M]. San Francisco: Jossey – Bass, 1989.
② Erik W. Johnston, Darrin Hicks, Ning Nan, Jennifer C. Auer. Managing the Inclusion Process in Collaborative Governance [J]. Journal of Public Administration Research and Theory, 2011 (4).
③ 对环境维度的扩展,受到了陆远权和蔡文波《产业扶贫的多方协同治理研究》一文的启发。
④ 汪锦军. 构建公共服务的协同机制:一个界定性框架 [J]. 中国行政管理, 2012 (1).

定位，它们相互影响而又相互作用，在组织场域中结成某种互动关系，直接影响协同治理的整个过程。从理论上讲，我国一直倡导党委领导、政府负责、社会协同、公众参与、法治保障的社会管理体制。因此，协同结构主要包含三元主体间的互动运作形态，即产业扶贫作为一项国家政策，政府是其必然的主体之一，而既然要发展产业，就离不开作为市场主体的企业，因此企业也是产业扶贫的核心主体之一，产业扶贫的政策归宿在于对贫困群体乃至于基层乡村的脱贫致富与可持续发展，因此，由农户及其组织构成的社会，也是产业扶贫的核心主体之一；关于协同结构的关键主体，本书定位在上述政府、企业、社会三元主体，而它们彼此所构成的关系状态则构成了协同结构维度的基本方面，需要指出的是，本书在三元主体两两组成的关系结构之外，增加了政府内部的协同方面，换言之，协同结构维度由四个方面构成（见图2-2），之所以增加政府内部协同方面，是因为实践表明要实现政府与企业、政府与社会乃至于企业与社会之间的协同，没有政府内部的协调统筹，是很难实现的，政府内部协同是产业扶贫多元主体协同的关键所在。全书的章节安排也是从结构维度的四个方面展开的（见图2-3）。

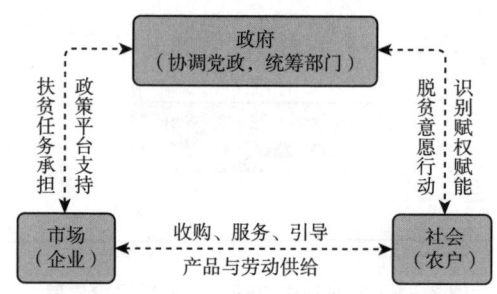

图2-2 多主体协同结构示意图

协同过程即不同协同主体，为了实现协同目标，围绕协同环境和协同结构安排所进行的博弈和互动过程，包括主体联结、协商沟通、资源集聚、利益分配、过程监管等多个方面的具体内容①。其中，不同主体的联结及其协商沟通贯穿于协同环境和协同结构的内容框架之中。因此，对于协同过程的考察分析，主要从不同主体所进行的各种具体的程序性安排着手，具体围绕L县产业

---

① 陆远权，蔡文波. 产业扶贫的多方协同治理研究［J］. 重庆社会科学，2020（1）.

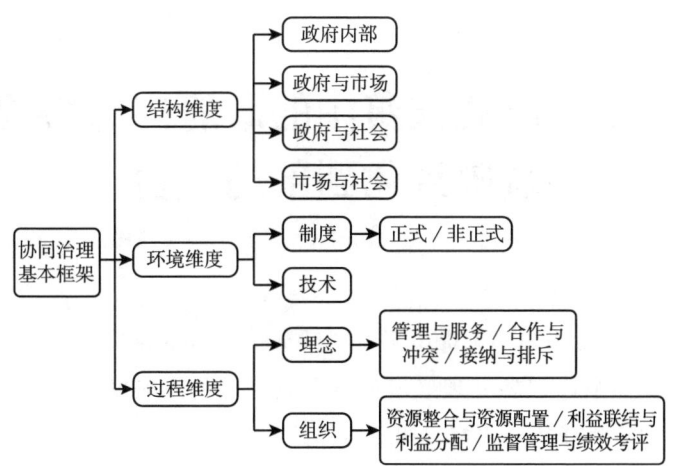

图 2-3 协同治理"结构—环境—过程"分析框架

扶贫的协同实践来看，我们认为主要包括理念和组织两个要素；具体而言，理念要素包括管理与服务、冲突与合作、排斥与接纳三组相对应的方面，即政府的理念是管理取向还是服务取向，企业是争利还是合作共赢，社会是不信任还是主动参与等；而组织要素也包括相对的三个方面：资源整合与资源配置、多元主体间的利益联结与利益分配以及协同过程中的监管与考核。

协同环境是实现协同治理的关键维度，协同环境指在协同场域内所形成的正式制度安排及非正式规则，包括正式的政策设计以及组织场域内所建构的理念、规则或者是认同关系等，它们都是协同治理产生与运作的基础性条件①。综合分析产业扶贫的系统环境要素，是厘清其协同实践逻辑的基础。本书借鉴以往的研究，主要从制度和技术两个因素加以考量。制度因素主要包含正式制度与非正式制度两个方面，一定的政策实施，既定的制度环境会深刻地影响其政策执行效果。技术要素则主要是指现代化的各种技术，包括产业技术、互联网信息技术以及科层组织的数字化治理技术等；而技术要素或推动或阻滞着协同的达成，比如信息共享平台的建设就会受制于具体时空的技术条件，在网络不通的区域基于信息共享的协同，往往是很难实现的。

---

① 杨永伟，陆汉文. 多重制度逻辑与产业扶贫项目的异化——组织场域的视角 [J]. 中国农业大学学报（社会科学版），2018（1）.

第 3 章 产业扶贫中的政府内部协同：从碎片化到部门整合

从 2013 年习近平总书记提出实施"精准扶贫"战略以来，到党的十九大以后，中央仍然强调"要处理好增强群众获得感和适应发展阶段的关系、充分发挥市场决定性作用和更好发挥政府作用的关系、顶层设计和基层探索的关系"。由此可见，政府在扶贫过程中依然处于"强势"的主导性地位，发挥着其他主体不可替代的作用。尽管在产业扶贫中需要政府引导和社会主体的参与，但是其前提依然是政府的主导作用，因此理顺政府内部各个部门以及上下级之间的关系，成为影响产业扶贫成效的关键环节。另外，在我国的政治架构中，党的各级组织始终处于政治领导地位，党组织与政府部门之间的领导关系、协调关系是影响产业扶贫绩效的重要因素，也是值得深入分析的问题。既有的研究表明在产业扶贫实践中，政府遵循科层制的行为逻辑，内部部门实践是管理与服从的关系，不同层级不同职能的部门在权力大小、资源管理以及责任属性之间存在非均衡性结构状态，这些是导致产业精准扶贫工作中出现一定程度上的政府贫困治理困境的主要症结所在，也是无法有效协调与社会等主体关系的影响因素。政府部门之间的有机协同，能够有效提升治理效率，提升产业扶贫效果，提高贫困户的稳定脱贫率。在实践层面，我国政府出台的相关产业扶贫的政策文件中，也对上述困境提出了关于协同的要求。2014 年 1 月，中办、国办印发了《关于创新机制扎实推进农村扶贫开发工作的意见》，明确提出动员社会力量，构建政府、市场、社会协同推进的大扶贫开发格局。

我国在政府主导下的贫困治理和产业扶贫过程中，政府内部的科层制特征表现出的是科层化与逆科层化的双重逻辑，在产业扶贫政策执行过程中会出现政策偏差与不协调的现象。这些问题的出现其原因涉及党政关系和政府内部部门之间，在产业扶贫中构建起"环境—结构—过程"关系，如何在此结构关系中理顺关系形成协同治理效应，关系到产业扶贫的效果与成败。政府在实施

第 3 章 产业扶贫中的政府内部协同：从碎片化到部门整合

产业扶贫中围绕着精准扶贫和精准脱贫的目标，需要多个部门和多重部门的配合实施，然而压力型体制下政府的科层制行为逻辑，在某种程度上使得政策执行无法达到纵向和横向协调，而难以有效实现精准扶贫的政策目标。政府主导型的精准扶贫治理实践过程是农村公共政策中一项复杂的执行过程[①]，公共政策的执行遵循着科层制的规律，在我国的政策实践中表现为"压力型体制"框架内的管理与服从的逻辑。"压力型体制"是荣敬本等学者在研究县乡两级政府关系及体制改革时提出的概念，它比较准确地概括出来，在县、乡两级政府之间为了完成上级的任务指标实现本地经济发展，而实施的一种数字化和任务分解式的管理方式，在此基础上严格采取物质化的绩效考评指标体系。在实践中，上级政府组织为了完成经济赶超发展目标，就遵循科层制逻辑，以上级党委和政府名义，将任务和指标进行量化和细化并层层分解给下级政府或单位，并通过严格的评价体系责令下级政府组织完成既定任务目标。同时，上级政府在设置任务目标时也会加入政治和经济等方面的激励和奖惩机制，这些激励机制中突出的一个特征就是设置了"一票否决"制，采取这种评价方式的目的在于进行强激励，当下级政府的某一项重要工作任务没达标，那么其他的工作绩效也归于"零"，不得给予任何奖励甚至会进行惩罚。因此，下级政府组织就会在这种严格的压力下运行，这种由考核机制演化而来的政府行为机制成了一种行政常态[②]。在我国，"压力型体制"下政府上下级部门之间是科层化的运行机制，产业扶贫政策执行过程存在管理与服从的实践逻辑，这种政策执行方式与产业发展的基本规律之间存在一定张力，从而导致产业扶贫政策执行中出现执行梗阻与执行偏差。产业扶贫政策执行梗阻与偏差原因在于，一是政策执行的机械化[③]，这种机械化主要表现在政策的制定者对地方经济发展的客观情况了解不够充分，存在一定的信息盲区，从而导致制定出的政策不能与地方发展相匹配而难以得到贯彻；二是政策执行目标选择化，在压力性体制下地方执行者为了规避责任往往有选择地执行上级的政策目标，或者将上级目标

---

① 吕方，梅琳. "复杂政策"与国家治理——基于国家连片开发扶贫项目的讨论[J]. 社会学研究，2017（3）.
② 荣敬本，崔之元等. 从压力型体制向民主合作体制的转变——县乡两级政治体制改革[M]. 北京：中央编译出版社，1998.
③ 吴明华，顾建光. 公共政策执行梗阻及其纠正[J]. 理论探讨，2015（5）.

置换成有利于完成的形式；三是政策执行的形式化，这主要是下级政府在执行上级的政策目标时，表现为一种"出工不出力"或"口号化执行"的策略，并没有将政策落地；四是政策执行博弈化，一些下级政府出于地方利益目的在政策执行中与上级讨价还价，在这上下级政府博弈的过程中形成"上有政策、下有对策"的情形，上级政府也难以对下级政府的行为实行有效监管。这些政策执行梗阻或偏差的情况在产业扶贫过程中普遍存在，其原因在于政府在产业扶贫中始终处于主导地位，而政府内部是一种压力型的科层体制，这与产业发展所遵循一定的市场规律存在张力，而政府部门之间无法为达到产业发展的目标进行有效协调，进而影响精准扶贫与产业扶贫的目标。

本章通过典型案例分析，主要针对中部L县的精准扶贫过程中的产业扶贫情况进行实证调查，在搜集相关政策文件资料的同时，注重对县级政府干部、乡村干部以及驻村第一书记和普通村民的访谈。在了解产业扶贫政策执行基础上，试图回答以下问题：在压力型体制下产业扶贫政策执行中各级政府之间的互动关系？在这种关系模式下实现政策绩效存在的困境？通过对压力型体制下政府间的管理服从模式与产业扶贫成效之间的张力分析，结合精准扶贫过程中不同层级的政府间协同治理的实践过程，由此分析如何在政府内部建立起行之有效的协同治理机制来实现达到精准扶贫和产业扶贫的政策效果。

3.1 产业扶贫中政府内部协同的理论逻辑

政府实施的产业扶贫遵循两个逻辑，即政府的行政行为逻辑和市场的资源配置逻辑，因此，当探讨政府内部部门协同治理时，不可避免地要将市场在产业扶贫中的逻辑作为分析背景。本章所讨论的是政府内部部门间的协同治理，这就主要涉及政府权力问题。权力是政治学的核心概念，韦伯对权力的内涵有经典的论述，其认为"权力意味着在一种社会关系里哪怕是遇到反对也能贯彻自己意志的任何机会，不管这种机会是建立在什么基础上"[①]。韦伯的论述意味着权力就是管理与服从的关系，管理服从关系也体现在压力型体制下政府

---

① [德] 马克斯·韦伯. 经济与社会（上卷）[M]. 林荣远, 译. 北京：商务印书馆, 1997.

的产业扶贫中。国家和政府代表着政治权力的行使主体,政府的行为逻辑遵从管理与服从的规律,在运行机制上体现出科层化的制度特征。科层化体制是韦伯提出的概念,它用来表达现代官僚行政特征。建立在理性管理的基础之上的科层制,能够在"非人格化"前提下使政府获得高效运作以达到政府目标。政府内部科层化体制的运行遵循着以下几种原则,即政府上下级和部门之间存在着明确的职责范围,在这种治理结构中上下级政府之间存在明确的权利义务关系,这种关系以强制性手段保证上级下派任务的完成。在科层制体系中存在明显职务等级和上下级监督隶属体系;也有一套以专业化训练过的政府文官现代化管理制度,在官员职责、晋升、考核等方面有固定程序等[①]。韦伯的这种科层体制属于"理想类型",各国在实践中都根据自己的实际都有所改造,我国政府在运作过程中形成的"压力型体制"是长期以来政治活动实践形成的结果。当然,在我国的政治架构中党和政府的关系也是影响政府内部各部门协同治理的重要方面。党委与政府之间的关系,体现在思想领导、政治领导和组织领导三个方面,在具体的产业扶贫过程中转化为中央和地方党组织出台扶贫方面的纲领性政策文件,各级党委与政府人员配置与分工协助的模式,为产业扶贫的顺利开展提供保障。在精准扶贫的实际推进中,党的领导与政府的主导性作用始终是一体存在的,通过政策性和结构性转化两者共同发挥着作用,产业扶贫的效应也在两者之间的互动中呈现不同样态,这也是我们研究政府内部协同治理不可忽视的问题。

精准扶贫作为一项我国实现小康社会的发展战略,体现的是实现共同富裕的社会主义制度优越性价值目标。邓小平在讲社会主义的优势时指出:"社会主义国家有个最大的优越性,就是干一件事情,一下决心,一做出决议,就立即执行,不受牵扯。"[②] 这种优越性转化为政治制度就表现在我国政府运行中的压力型体制渊源。压力型体制有利于中央和上级政策目标的实现,这种体制优势在精准扶贫战略实施中体现尤为明显。精准扶贫政策自 2013 年实施以来,全国的贫困人口大幅下降、减贫成效显著,这主要是政府以及各级地方党政组织遵循压力型体制的特征,中央政府制订全国性的精准扶贫总体规划,省级政

---

① [德] 马克斯·韦伯. 经济与社会(上卷)[M]. 林荣远,译. 北京:商务印书馆,1997.
② 邓小平文选(第3卷)[M]. 北京:人民出版社,1993.

府根据本省实情制定全省的脱贫任务，并将这一目标采取任务数量指标形式分解开来，下派给地方和基层政府去落实，同时为到2020年实现全部脱贫的目标，上级政府也实施了严格的"一票否决"制，如果一个地方的精准扶贫任务未达标则该地区全年成绩都为零。在压力型体制下，各地的精准扶贫任务也被层层分解并下派给地方，这种目标的细化有利于责任落实以及目标的有效完成。然而在实践中，各级政府在实施产业扶贫时存在三重困境，即在制度设置层面、扶贫目标完成方面、基层治理成效方面存在着政策目标偏离的困境。在压力型体制下政府权力"一元化"集中式的运行逻辑，落实产业扶贫规划目标中有优势也有不足，主要体现在市场规律对科层化行政逻辑之间存在制度化落差，如果政府部门之间不能有效协调则影响产业发展进而影响扶贫目标的实现。尤其是当通过实地调研后会发现这种不足在一定程度上广泛存在，并且影响到脱贫效果的持续性，有必要进行深入探讨。

3.1.1　压力与冲突：压力型体制下政府产业扶贫

贫困是人类社会发展的巨大障碍，各国都把减贫作为国家的政策目标之一。从世界范围来看，扶贫主要有两种模式：一种是以政府为主导的贫困治理模式，政府在这种模式中发挥着不可替代的作用并主导着其他参与者，在这一过程中政府通过行政手段到达消除贫困的目的，广大发展中国家多采取这样的模式；另一种是国家通过立法的形式规定贫困治理的主体，主要是将非政府组织（NGO）作为贫困治理的主体并明确其权利义务，这种模式下政府并不直接参与贫困治理，主要以欧美国家为代表。实践中，政府主导的贫困治理可以在短时间内集中解决贫困问题，而非政府组织以市场化形式实施的扶贫则更具效率和专业优势[①]。在贫困治理方面，由于历史传统和社会政策制定等方面的原因，我国长期以来都是以政府主导的方式实现反贫困治理的。新中国成立以来，我国政府就在农村实施不同形式的扶贫开放，大致经历了计划经济时期、

[①] 宫留记. 政府主导下市场化扶贫机制的构建与创新模式研究——基于精准扶贫视角[J]. 中国软科学, 2016 (5).

改革开放时期、经济发展阶段、集中扶贫攻坚阶段、综合扶贫和精准扶贫等阶段[①]。在各个阶段政府都是扶贫开发的主体，开放式的扶贫就必须通过产业扶贫的方式激发贫困地区的内生性因素，维持脱贫的可持续性。政府在产业扶贫中通过政策制定、政策执行等环节推动各地进行大规模的贫困治理活动，推动了农村扶贫逐渐从物质资本"输血"向人力资本"造血"升级。

目前，我国正在实施的大规模的精准扶贫就是一种非常有效的提升贫困地区内生动力的贫困治理模式，关于精准扶贫的指导思想、整体要求和具体措施等，集中体现在2015年中央出台的《关于打赢扶贫攻坚战的决定》和2016年的"十三五"规划这两份文件中。中央政府通过制定纲领性文件，对贫困治理进行整体政策规划，而下级政府通过落实中央的《决定》和《纲要》形成上下级之间的分工合作的贫困治理模式。这种模式是一种典型的依靠科层制实施政府主导下的自上而下的贫困治理模式，它对于在短期内集中资源大范围解决贫困问题较为有效，尤其在产业扶贫方面政府的行政手段能够有效整合各类资源进行扶贫。也就是说，基于"压力型体制"政府在执行产业扶贫政策过程中可以利用整合手段，在调动人、财、物方面发挥资源优势，优化扶贫资源配置、提高扶贫效率，进而在短期内实现精准扶贫和产业扶贫的政策目标。事实上，精准扶贫是政府主导的国家行为，科层制的实施过程是政府执行公共政策过程的必然选择，产业扶贫也不能脱离政府的主导。这一点从我国扶贫开发历程就可以得到相关的佐证，回溯我国农村扶贫治理的历史，可以发现政府主导的扶贫必然选择压力型体制去实施。

3.1.1.1 历史视野中的政府扶贫

关于贫困治理问题，马克思主义经典作家都有富有启发性的论述。马克思从社会冲突论的角度认为，贫困源自由于生产资料占有的不同而形成无产阶级与资产阶级之间的对立，资本家对工人的剥削直接导致了无产阶级的贫困，因此要消灭贫困只有通过革命推翻资产阶级的统治，消灭资本主义私有制，由此

---

① 李鹍，叶兴建. 农村精准扶贫：理论基础与实践情势探析——兼论复合型扶贫治理体系的建构[J]. 福建行政学院学报，2015（2）.

才能从根本上消灭贫困①。中国共产党创立初期对社会贫困的认识也根植于马克思主义贫困传统理论，这一思想在毛泽东早期著名的《兴国调查》等社会调查书籍中有所体现。在1949年新中国成立后，基于对社会主义本质的认识，当然认为社会主义国家不存在贫困问题，在政府文件中并没有专门的扶贫政策，而是将扶贫工作作为一种总体性治理嵌入国家发展战略大局，与政治行动、经济发展和社会保障等政策相结合起来推进。尽管作为国家公共政策的农村扶贫开发是改革开放之后才出现的，但是在中国共产党的社会政策中早有体现，具有历史上的延续性和内在的一致性②。关于贫困治理，始终需要强有力的组织保障，在我国贫困治理的实际中党中央和地方党组织始终担当着非常重要的角色。

贫困问题本质上属于经济范畴的问题，贫困治理也需要依靠进行经济领域的变革来解决。1978年农村开始实施家庭联产承包责任制，农村的生产力激发出来，这充分调动了广大农民的劳动积极性，提高了粮食产量，大大减少了农村的贫困人口数量。政府虽然在改革开放早期没有专门化的扶贫机构与政策，却以农村土地产权制度改革的方式推动了经济增长、降低了减贫。直到1986年国务院成立贫困地区经济开发领导小组（后改为国务院扶贫开发领导小组），国家才由此自上至下设立专门的扶贫机构、安排专项的扶贫资金以及制定专门的扶贫政策，政府在扶贫的过程中开始发挥主导性作用，并在科层制的运作逻辑中将贫困治理制度化，由此开始我国政府进行有计划、有步骤的贫困治理。尤其是在1994年，国家实施"八七扶贫攻坚计划"，政府开始通过集中人力、物力和财力动员社会各界力量，形成全国性的政府科层制主导下的扶贫工作。2000年以后我国的贫困治理可以总结为进入了"综合性治理阶段"，尤其是《中国农村扶贫开发纲要（2001—2010）》首次明确提出了政府在扶贫治理中的主导作用，要求"坚持政府主导、全社会共同参与，各级党委和政府要加强对扶贫开发工作的领导"，在贫困治理中政府扶贫责无旁贷。政府在推动扶贫实施过程中必然遵循科层制的运行逻辑，将扶贫作为政府职能

---

① 山东大学政治经济学系政治经济学教研室资料室合编. 马克思主义关于无产阶级贫困化理论的部分论述［M］. 1979.

② 王爱云. 1978—1985年的农村扶贫开发［J］. 当代中国史研究，2017（3）.

的一环对待。实践中,中央要求坚持省负总责、县抓落实、工作到村、扶贫到户,各级党委和政府都有明确的职责范围,也有上下级的任务分工和监督考核等隶属关系。事实上,全国各地的政府在实施扶贫开发的过程中,根据不同时期的经济社会发展情况,扶贫开发的重点工作还是有所侧重和差异,比如,对集中连片特困地区的政策倾斜,各类的攻坚和综合开发等扶贫方式,都有对科层制突破的运动式治理的特征。

3.1.1.2 政府扶贫中的治理特征

我国经过前几个阶段的扶贫工作,目前的农村贫困人口规模已经发生了很大的变化。从改革开放以来,我国就有7亿贫困人口脱贫,贫困发生率也由1981年的43.1%下降到了2010年的13%左右;到了2013年开始实施精准扶贫政策时的贫困标准测算,当时尚有7000多万人口尚未脱贫。虽然尚有部分群众未脱贫,但改革开放以来我国在扶贫领域取得的成就举世瞩目,这些成就的取得源于政府主导下的开放式扶贫治理政策。政府主导是这一时期扶贫治理政策的主要特征。

政府主导型的各类扶贫实践在我国有其特有的制度渊源。从历史视角看,我国具有相对独特的国家治理体制和治理结构,对于中国的这种历史传统,西方的理论解读有一定启发性。比如,美国历史社会学家查尔斯·蒂利认为我国历史上的治理实行的是文官治理制度,他认为在官民比例低于1000∶1的情况下,尽管历史上有许多"反叛、征服和内战",但政治结构始终比较稳固,政治统治也相对平稳,整体上能够实现中央对地方的有效治理,这是一个中国政治中的"管理奇迹"①。关于这一问题,费孝通先生曾经用"双轨政治"对这一现象进行了阐释,他认为传统中国通过"双轨政治"对社会实行有效治理,即建立一套以皇帝为中心的自上而下的中央集权的专制体制轨道,它由完整的官僚体系组成,其中各级官员与知识分子承担了各类的治理职能,但这一正式的治理轨道在县这一层级就结束了,其统治的触角没有继续深入基层,形成了"皇权不下县"的局面。此外,在县级以下还有一条乡村自治的轨道,乡村的

---

① [美]查尔斯·蒂利. 强制、资本和欧洲国家(公元990—1992年)[M]. 魏洪钟,译. 上海:上海人民出版社,2007:1.

基础治理士绅等地方精英承担治理职能，在乡村基层士绅是实际的统治者，而士绅阶层组成的宗族也成立乡村治理的基本组织形式，通过正式文官统治和乡村基层自治这一"双轨政治"，中华帝国才有了稳定而不间断的统治①。费孝通先生的这一解释启发了后来的相关研究，比如黄宗智提出的"简约治理"、李怀印提出的"实体治理"等概念，这些概念都吸收了费老"双轨政治"理论，都是对传统社会治理结构进行总结与阐释。当代的中国政府被称作"发展型政府"，各级政府长期以来都是国家经济增长的重要推动力，政府更是贫困治理的主体。政府的贫困治理模式具有鲜明的科层制压力型体制特征，相关的研究将这种治理模式或者治理手段概况为若干类型，比如"压力型体制""运动式治理""行政发包制""复合治理""目标责任制""项目制"等，这些典型的治理概念反映了中国国家治理特色，也是政府贫困治理的制度环境。

具体到贫困治理方面，中国与西方有较大的差异。西方的反贫困实践大致遵循两种模式，即利用市场的自发作用通过经济增长来减少贫困，实施保障广泛的国家福利保障体系解决贫困问题。我国政府在具体的贫困治理模式实施方面，长期以来都是政府主导下依托科层制实施的集中扶贫模式，并表现出压力型体制特征。目前，我国整体上依然处于社会主义初级阶段，政府以实现"共同富裕"为政治目标，就必然不会松懈对贫困治理的责任。实践中，政府承担扶贫任务除了社会主义制度的本质使然，也有弥补市场缺陷的原因。在经济领域，一直存在市场失灵现象，尤其在促进社会公平方面，市场机制导致强者更强、弱者更弱的"马太效应"，政府就必须承担起促进社会公平的责任，政府有责任避免能力不足的群体陷入贫困境地，政府主导扶贫过程是一种必然选择。在全面建成小康社会的道路上，贫困问题成了一个"短板"，中央提出"小康路上一个都不能掉队"，一些深度贫困地区的发展不能仅靠贫困者自身解决，需要政府主导整合多种治理资源来消除贫困②。因此，政府作为主导者在长期的扶贫历史实践中，形成了一套完整的组织机构和管理体系，即包括中

---

① 费孝通. 乡土中国［M］. 上海：上海人民出版社，2006：23.
② 乐章. 反贫困与社会发展：关于农村扶贫开发的一个实证分析［J］. 中南财经政法大学学报，2005（1）.

央和地方都成立了专门负责扶贫的机构（各级政府的扶贫办公室）；同时，地方政府首长也多兼任扶贫办公室的负责人，将政府权力集中起来投向扶贫领域。政府主导的贫困治理模式，从部门结构到人员配置方面的统一，以保障机构的权威性和有效性，从而更容易实现扶贫责任、任务、资金和权力的集中，能够更加高效推行和落实扶贫政策，特别是在短时间内取得扶贫效果①。

3.1.2 紧张与调试：产业扶贫中的政府行为选择

改革开放以来，在40多年的发展历程中我国扶贫事业取得巨大的成就，全国范围内的贫困人口减少了7.4亿人，农村贫困发生率下降了94.4%，近六年来平均每分钟有26人摆脱贫困②。中国为世界上人口最多的国家，从中央到地方各级政府一直是扶贫事业的积极倡导者和有力推动者。但是，在新时期的贫困治理中，国家实施的精准扶贫战略已经将脱贫攻坚的重点放在了深度贫困地区，特别强调要在2020年实现全部贫困人口脱贫目标。在这一目标压力之下，完全依靠政府主导的贫困治理模式面临着失灵的风险。有研究者指出"这种失灵与扶贫工作的压力型体制关涉颇深"③。

我国精准扶贫政策最早的实践发生在广东省，该省在扶贫过程中采取了一种"双到"工作模式，即在产业扶贫过程中强调要做到规划到户、责任到人。政府在实施产业发展时也要精准发力引导各类扶资源直接作用于贫困户，同时也以精准的帮扶、管理和考核措施，避免了"大水漫灌"导致的资源浪费，这种模式后来被推广到全国，试图通过科层制的层层压力引导各类扶贫资源优化配置，将扶贫工作落实到位并实现贫困户在某个规定的时间点如期脱贫。实践中，政府往往遵循压力型体制的行为逻辑将责任目标下移，层层落实扶贫责任，比如在2015年底召开的中央扶贫开发工作会议上，中央针对22个省（自治区、直辖市）贫困情况较为严重的情况，要求这些省份签订"军令状"以

---

① 林闽钢，陶鹏. 中国贫困治理三十年回顾与前瞻 [J]. 甘肃行政学院学报，2008（6）.
② 改革开放与中国扶贫国际论坛在京隆重举行 [EB/OL]. 中国扶贫开发协会网，http://www.zgfpkf.org.cn/article/724.html.
③ 邢成举. 压力型体制下的"扶贫军令状"与贫困治理中的政府失灵 [J]. 南京农业大学学报（社会科学版），2016（16）.

确保扶贫攻坚如期完成①。这种压力型体制下的扶贫工作模式虽取得了明显成效，但也存在诸多困境，不利于扶贫攻坚工作的健康持续发展。精准扶贫战略要求短期内实现脱贫效果，这种目标实施来自压力型体制和中央政府强大的权威。本来精准扶贫作为一种新型的贫困治理模式，体现了治理现代化背景下的多元合作参与式的治理理念，而一旦有了"目标压力"，政府主导扶贫甚至独揽全部扶贫工作依然不可避免，这种政府包办式的扶贫也体现在党对扶贫政策的统领，由此引发了产业扶贫政策与政府行为逻辑之间的张力，难以实现脱贫成效的持久性。

3.1.2.1 产业扶贫的"目标压力"与贫困治理困境

在一些地方精准扶贫和产业扶贫中，利用立"军令状"的方式设置扶贫的"目标压力"。这种"军令状"式的"目标压力"是对扶贫结果的预先设定，也是对必须完成的指标提前承诺，其中暗含着这一政策目标在接下来的行动中无论付出什么代价都要完成，这也造成了政府治理失灵②。压力型体制是"目标压力"扶贫的制度的依托和制度渊源。产业发展需要有一定的时间和空间因素介入，而压力型体制从本质上依然延续了计划经济时代中央权威对地方政府组织和社会力量动员的相应机制，它是在市场经济环境下上级政府整合政治和经济两方面的资源进行制度化动员的新形式③，两者之间不免会有一定的冲突与紧张。作为国家战略任务的精准扶贫和产业扶贫具有实效性的特征，而压力型体制推动的扶贫工作正好适应这样的政策目标需求。压力型体制的优势在于能够在较短时间内集中和调动大量的资源解决政府治理中面临的各种问题，并在一定程度上消解政府职能部门的公共政策的反对和抵制。再利用"军令状"的形式将扶贫政策目标政治化，即打赢脱贫攻坚战是最大的政治任务，比如实施扶贫工作被列为"一把手"工程，在责任追究与考核机制中设置"一票否决"制度，以突破常规治理机制的方式弥补政府能力的不足问题。

---

① 王仁贵. 以"军令状"督战脱贫攻坚 [J]. 瞭望, 2015 (48).
② 邢成举. 压力型体制下的"扶贫军令状"与贫困治理中的政府失灵 [J]. 南京农业大学学报（社会科学版），2016 (16).
③ 杨雪冬. 压力型体制：一个概念的简明史 [J]. 社会科学, 2012 (11).

第3章　产业扶贫中的政府内部协同：从碎片化到部门整合

在产业扶贫中的"目标压力"，还有运动式治理的特征①。目前，我国进入脱贫攻坚的关键时期，这就非常强调利用各种手段措施在较短时间内达到目标，运动式治理可以在一定程度上弥补制度化治理缺陷的补充，尤其是在短时期实现全国性的脱贫，需要打破常规方式利益"目标压力"，采取疾风骤雨式的资源整合方式实现扶贫目标。在"目标压力"下的扶贫工作，政府不单是主导力量，而且深度和广度方面都达到了较高的水平。为了适应这一目标要求，各地政府都以设立专门统一的扶贫机构作为推动工作的前提基础，各地都建立"扶贫工作领导小组"对本地区的扶贫工作进行统筹协调，政府成立这样的"工作小组"就是运动式治理的体现。在"目标压力"下政府选择运动式治理可以在短时间内完成政策目标，但是这种治理缺乏长效性的制度保障，它与法治化的治国理念有一定差距，实践中难以把握其手段和目标限度，因此也会引发政策目标偏离，造成一定程度的政府贫困治理失灵。比如，一些干部认为当前的精准扶贫"就像一阵风，很快就会过去"，他们也不会对扶贫的真实效果做出总体和长久性的规划和实施。另外，我国在扶贫立法方面存在不足，没有统一有效的规范措施，造成一些干部对扶贫工作尤其是扶贫资金的使用上的随意性。"目标压力"下政府实施运动式治理会由于扶贫工作的强度和时间限度问题，使基层政府在推动政策落实中面临监督、考核的压力，有的地方不是为了完成任务而努力工作，而是为了逃避责任策略性选择扶贫方法以应对上级，形成"上有政策，下有对策"的局面。精准扶贫的政策目标是指向贫困地区和贫困群众，是要实现他们的脱贫致富，政府在推动扶贫工作时应当处于一种夹缝状态，既要执行和完成上级的任务完成考核，又应当及时回应群众需求，注重扶贫实效。而在"目标压力"下，政府主导的精准扶贫以贯彻落实中央和上级的任务为主，而对本应当注重的贫困人群主体却没有及时回应，从而降低了责任本质也消减了扶贫的本质属性。这就导致一种贫困治理困境，即本应当作为主要回应对象的贫困人群被自动排除在外，而作为附加任务的上级政策目标却被当成重点回应对象。虽然运动式治理可以对扶贫效果的时效性起到明显作用，也在国家治理中起到积极有效的作用，但是其对精准扶贫

---

① 唐贤兴.政策工具的选择与政府的社会动员能力——对"运动式治理"的一个解释［J］.学习与探索，2009（3）.

潜在风险也不可忽视。因此，在当前阶段的"压力目标"下的精准扶贫工作应当综合既有制度优势，采取协同方式调动压力型体制和运动式治理的优势，推动精准扶贫和产业扶贫取得更好成效。

3.1.2.2 产业扶贫的现实困境

产业扶贫是精准扶贫的重要组成部分，一般都以2013年发布的中央25号文件关于精准扶贫的内涵以及实现方式的规定为政策依据。根据该文件的相关规定，产业扶贫作为精准扶贫的重要组成主要是依靠市场的导向作用，通过资源式产业发展以促进贫困地区发展、增加贫困人口收入为目标的扶贫开发过程，产业扶贫也是精准扶贫工作的战略重点。中央文件具有高度的权威性，其关于精准扶贫的权威定义是地方各级政府在政策执行中遵循的标准，虽然各地可以根据当地的客观情况在帮扶过程和手段等方面做调整，但政策目标以及执行环节中的原则性规定是地方扶贫干部不能触碰的高压线。目前，我国的农村产业扶贫工作依然是政府主导，实践中的贫困主体客体化造成政府的扶贫决策不一定符合贫困人群的需要，从而造成政策需求与政策目标的偏差。另外一个明显的困境在于政府主导的扶贫遵循科层制运行逻辑，在"压力型体制"下地方各级政府严格落实上级任务。在产业扶贫过程中在工作程序方面依然遵循精准扶贫的政策要求，执行环节上严格遵循"六个精准"程序，这就会造成产业扶贫中的一些实践困境，这些困境也是精准扶贫过程中由于科层制压力所带来的普遍问题。

政府在实施产业扶贫过程中首先要按照精准扶贫的政策要求，对要帮扶的对象进行识别和管理等程序，在这些过程中由于产业发展需要按照市场的规律并遵循成本收益的逻辑，这就与政府行政手段之间产生一定的张力。一是农户在精准识别阶段存在参与度不足的情况。精准识别是政府开展扶贫工作开展的前提和基础，只有精准识别出贫困户才能精准施策避免造成扶贫资源浪费，精准识别就是要让真正符合条件的贫困户得到帮扶而实现脱贫[①]。比如建档立卡阶段的"程序识别法"，包括农户自主申报、村民民主评议、地方扶贫部门入户调查、多部门共同审核以及贫困农户张榜公示等五个程序，在实施中面临着

---

① 马尚云. 精准扶贫的困难与对策[J]. 学习月刊, 2014 (10).

一些技术困境。比如，如果实施逐级指标分配的办法导致真正贫困户不能被识别出来，如果改用非贫困标准的办法有可能导致识别精度不足等问题，而导致难以识别标准临界点的农户。这种情况容易造成扶贫资源瞄准偏离穷人、"扶富不扶贫"的问题。二是政府实施精准帮扶缺乏有效的差异[①]。尽管精准扶贫遵循在不同致贫原因运用不同的帮扶措施，但是在实地调查中一些地方政府出于任务考核目标的压力，没有对不同致贫原因做出有效区分而实施无差异化的帮扶措施。另外，一些贫困户利用政府的扶贫政策强化了"等靠要"的思想，而政府在扶贫中迫于上级目标压力没有灵活的惩罚机制，造成养懒汉等扶贫资源浪费。三是精准扶贫资金管理问题。精准扶贫资金主要来源于中央专项资金、省县政府的扶贫配套资金。政府以提供大量扶贫资金的方式而主导贫困治理，这就会使得扶贫资源的配置存在政策目标与实际需求之间的偏差，而容易导致扶贫资源容易被地方精英截取[②]，以及造成扶贫资金使用与致贫原因和需求不合的"反因地制宜"现象[③]。四是相关精准帮扶机制不健全。为了实现精准扶贫时效性政府向村庄派驻大量驻村干部，主要由党政机关、人民团体、民主党派、企事业单位选派的中青年干部组成的驻村工作队和帮扶责任人定点、结对帮扶特定贫困户，不脱贫就不脱钩。但是，实践中干部驻村制度存在诸多问题，比如帮扶资源的供给存在非制度化的问题，驻村干部提供的帮扶资源供给与贫困户需求不匹配，缺乏有效的机制激励驻村干部和帮扶往往流于形式，驻村干部易出现贫困村基层组织和村民对驻村干部的高度依赖，不利于贫困户内生发展能力的形成[④]。

3.1.2.3 产业扶贫政策执行的"碎片化"

政府在实施精准扶贫和产业扶贫需要经历一个复杂的过程，在这个过程中需要有多方部门参与，也需要对精准扶贫政策进行广泛宣传和解释使大家明

[①] 葛志军，邢成举．精准扶贫：内涵，实践困境及其原因阐释——基于宁夏银川两个村庄的调查[J]．贵州社会科学，2015（5）．

[②] 李小云，唐丽霞，许汉泽．论我国的扶贫治理：基于扶贫资源瞄准和传递的分析[J]．吉林大学社会科学学报，2015（4）．

[③] 邢成举，李小云．精英俘获与财政扶贫项目目标偏离的研究[J]．中国行政管理，2013（9）．

[④] 王晓晖，颜安．农村精准扶贫：政策内涵，实践困境及政策建议[J]．贵州民族大学学报，2017（2）．

了，通过组织资源、进行沟通协调等方式基础性工作，并且要通过基层政府的贯彻执行才能实现政策目标，最后还要对扶贫效果进行考核、评估等，这些环节多且复杂，在实施过程中容易形成"碎片化"。这就要求在实施精准扶贫过程中，要重视政策的整体性和连贯性，尽量避免政策执行的"碎片化"现象。但在产业扶贫实践中，由于参与政策实施的不同主体存在利益诉求上的差异，不可避免导致政策实施一定程度上的碎片化，而影响扶贫政策实施的完整性和连贯性，以致扶贫目标难以实现。政府在"压力型体制"下实施的扶贫具有运动式治理特征，一些地方政府在政策执行中缺乏"公共治理思维"，在扶贫的过程中存在"头痛医头，脚痛医脚"的行为，导致精准扶贫以及产业扶贫政策的"碎片化"执行。

一般而言，当政策执行存在碎片化现象时就会导致政策目标失去完整性，不完整的政策必然造成部分政策功能缺失而难以实现政策目标。造成政府政策执行的碎片化的原因，主要在于政策执行主体之间缺乏有效沟通，使得政策执行过程中由于执行主体之间的隔离状态而出现不协调而阻碍政策目标实现的情况[1]。政府在产业扶贫过程中的政策"碎片化"执行，究其原因主要在于不同层级政府之间以及同级政府不同部门之间不协调，而是扶贫政策执行不能统一完整，难以实现政策目标。关于政府在政策执行中存在"碎片化"问题已有研究主要集中在，由于政府按照职能需要划分出多部门，这样很容易形成政府政策执行的碎片化倾向，"碎片化"会使政策整体运行效率低下，造成资源大量浪费，尤其是当出现突发事件时难以统筹应对，这种情况就与精准扶贫短时间内完成目标的初衷相背离。在政府实施政策过程中的"碎片化"主要表现在权力和资源配置、组织价值、政策过程等方面的碎片化[2]。因此，在精准扶中应尽量避免"碎片化"，要解决这一问题就必须进行部门和政策整合，建立政府内部上下级和不同部门之间的协同关系。

当前的产业扶贫是一个系统性的复杂工程，但在实施中由于受到主客观多方面因素的影响，政府在执行扶贫政策和进行资源配置中存在"碎片化"治

---

[1] 付灿亮．"精准扶贫"政策执行中的碎片化及其整体性治理研究［D］．华中师范大学，2017．
[2] 叶托，李金珊，杨喜平．碎片化政府：理论分析与中国实际［J］．中共宁波市委党校学报，2011（2）．

理困境，进而影响到扶贫效果。这种"碎片化"主要表现在扶贫政策参与主体和扶贫资源配置过程两个方面。首先，由于政府主导的扶贫缺乏有效的主体资源整合机制造成主体的"碎片化"。政府部门往往担任重要角色，甚至出现政府唱独角戏的现象，而社会企业、社会组织以及贫困户在扶贫过程中的参与度不足，这既有政策方面的因素，也有政府科层制本身的局限因素。主要的不协调体现在政府内部的部门之间，比如扶贫部门"议事协调"的功能特征决定了其在扶贫具体事项中与其他职能部门的合作必不可少，然而由于条块分割的行政管理格局和部门利益的存在，扶贫政策难免政出多门，甚至相互冲突，责任推诿等不良现象不断显现。另外，乡镇基层政府与上级政府职能部门之间也面临协调困难的问题[①]。

其次，在产业扶贫的实践中，政府在运用扶贫资金和开展扶贫项目时，也存在分散实施、资源配置"碎片化"和扶贫效率低下等问题。事实上，政府的扶贫资金和项目的分散化现象较为普遍，原因在于扶贫作为负责而系统的过程，项目多、涉及的部门自然比较多，这就会出现政出多门、资金管理使用不统一等问题[②]。由于扶贫项目和管理分散、扶贫资金来源广泛，致使"撒胡椒面"等现象出现。事实上，基层政府非常需要在资金和项目方面实现整合，但由于现行的专项扶贫资金制度，以及上级的检查考核压力，大多数地方政府在资金整合方面也是"雷声大雨点小"。除了扶贫资金碎片化使用之外，精准扶贫偏差执行的"再碎片化"也是一个突出问题。因此，上级政府也一直在进行改革以推动基层政府能够将资金和项目进行整合，比如在不少贫困县都有扶贫资源配置的自主权，甚至一些基层政府拥有了"灵活运用"扶贫资金的权力；基层政府有了较大的资源配置自主权也意味着责任的扩大，但基层政府自身资金管理能力存在不足以及"再碎片化"。比如，一些示范性工程就造成资源过多集中和浪费；有些地方出于维稳需要，部分扶贫资源分配给上访、闹访户；还有些贫困治理资源被村庄内的"精英俘获"等。这种情况造成的政府贫困治理"碎片化"问题，会带来两种不利后果，一是加大了制度运行成

---

① 何植民，陈齐铭. 精准扶贫的"碎片化"及其整合：整体性治理的视角[J]. 中国行政管理，2017（10）.

② 姚冬琴. 整合扶贫资金办大事，审计署在扶贫实践中出新招[J]. 中国经济周刊，2016（2）.

本，造成新的社会不公；二是扶贫政策与贫困需求之间产生偏差，限制了扶贫效应的最大化①。

3.1.3 互动与协作：产业扶贫中政府内部主体协同

"协同治理"的理念来源协同学②，"协同"是来自自然科学的名词，是指组成整体的各要素之间的和谐局面③，而"治理"一词从20世纪90年代引入中国以来，业已成为中国学术界的重要话语。从行政管理学意义上讲，治理指的是公共权威通过管理过程实现公共利益的行动。在政府行为层面的治理又不同于政府管理，政府治理更加注重部门之间的沟通协调，政府治理也注重与对象比如与非政府的其他组织、个人之间的互动关系，强调主体间的相互作用性。④ 由此可见，政府治理更强调多元共治格局，强调政治权力的分化，强调社会力量的参与和互动。因此，"协同治理"注重强调不同治理主体之间的合作与协同，具体指多元主体都在同一治理网络中，为了实现目标而建立彼此的协调与合作，形成合作依存、共担风险的状态，以实现有序治理，以实现公共利益目标。通常意义上，"协同治理"内涵包括治理主体或治理权威多元化、子系统内形成动态协调，达到组织协调、秩序稳定的状态⑤。

政府在执行政策过程中由于部门利益差异，以及部门之间的"条块关系"等因素，造成了政府治理的"碎片化"，影响政策执行效率。尤其是在精准扶贫中，政府为了在短期内完成中央和上级的战略性任务，遵循"压力型体制"的运行逻辑对任务进行细化分解，虽然容易将政策落实，但也要付出资源浪费、行政成本过高的代价，进而从总体上影响了扶贫的整体效果。另外，从扶贫政策实施过程的角度看，政府治理的"碎片化"现象容易引起两方面的困境：一是在政策制定时，存在部门利益差异和本位主义导致公共利益的部门化

---

① 何植民，陈齐铭. 精准扶贫的"碎片化"及其整合：整体性治理的视角 [J]. 中国行政管理，2017（10）.
② 孙中一. 耗散结构论·协同论·突变论 [M]. 北京：中国经济出版社，1989.
③ [德] 赫尔曼·哈肯. 协同学——大自然构成的奥秘 [M]. 上海：上海译文出版社，2005.
④ 俞可平. 治理和善治引论 [J]. 马克思主义与现实，1999（5）.
⑤ 张仲涛，周蓉. 我国协同治理理论研究现状与展望 [J]. 社会治理，2016（3）.

和地方化，制定出来的扶贫政策会缺乏整体性和长期性而损害公共利益；二是在扶贫政策执行中，地方政府和各部门之间缺乏有效的协同和配合，会增加政策执行成本和造成资源浪费进而影响政策绩效①。因此，为了缓解精准扶贫中政府贫困治理存在的"压力型体制"和"碎片化"困境，有必要建立政府内部的协同治理机制，以部门理性逻辑为基础建立通过谈判、妥协、协调等方式化解冲突和分歧的机制。由此可见，政府协同治理包含三重含义，即政府内部的协同、政府与社会组织的协同、政府与市场主体的协同等。精准扶贫和产业扶贫是政府主导下的政策执行过程，当然包括相对复杂的主体实施过程，本章只涉及政府内部的协调治理问题。

3.1.3.1 政府协同治理内容

一是组织协调，统一决策。中央将精准扶贫作为战略目标，颁布了一系列文件进行统一规划，地方各级政府在推动本地的产业扶贫中也制定了相应的执行文件（参见表3-1）；同时，从中央到地方都设立了"扶贫办"、精准扶贫"领导小组"以及"产业办"等各类组织。中央发出政策措施，首先是党中央的决策范围，党的领导集中体现对政府和下级党委的领导上，在推动产业扶贫方面党中央制定政策成为约束政府和下级党委的有力措施，也成为政府内部协同的组织保障。通过制定统一性的文件和设立综合性决策机构，把中央政府的决策统一部署完善；综合性机构的设置起到了统筹协调的作用，可以建立跨部门的合作关系。例如，各县级政府单位都设立了"精准扶贫领导小组"，一般都是当地的党政主要负责人担任小组长，相关部门的主要负责人任组员，可以突破科层制的限制建立其相关部门的直接联系机制，"一把手"负责协调工作、统一政策，负责单位直接向领导小组报告工作，保证政府扶贫政策目标的实现。比如，基层政府（主要是县乡两级政府）通过政府协同治理做到统筹全局，在县域内实现县、乡、村三级干部统一部署，统筹调配县域内的各种经济、技术、信息、资源、人才要素，在脱贫攻坚阶段发挥合力作用，实现精准脱贫。各个地方的产业扶贫"领导小组"在组织过程中实现了协同，领导贫困地区发展产业中促进过程的协同，能够通过组织的协同性达到过程协同的目标。

---

① 边晓慧. 构建协同政府超越碎片化治理［N］. 光明日报，2013（14）.

表 3-1①   L县实施金融扶贫实施方案文件表   单位：件

发文单位层级	国家文件	省级文件	市级文件	县级文件	其他文件
数量	5	10	9	10	7

二是明确目标，整合资源。政府协同治理必须明确政策目标，地方政府在精准扶贫过程中必须依据中央的既定政策目标，将党的政策方向和政府政策执行方向进行对接。这要求中央地方各级政府、政府内部各部门和基层执行者等主体之间围绕精准扶贫的政策目标达成目标共识，建立合作性的互助关系。这一目标一旦达成共识就会被作为依据推动相关的政策执行，也会成为政策绩效评估的标准。在政策执行过程中，中央政府与各省或者各部委达成协议，下级政府在完成中央政府制定的目标时，有了正确的依据和目标，以及为这些部门的政策执行提供所需的合作性支持②。中央部委之间、地方政府各部门之间为了实现既定目标必须围绕政策目标进行服务，围绕项目进行重组，主要包括政策执行力、政策指标、政策资源、考评标准、规则程序、共享信息等，同时根据政策进度进行适时调整。

三是组织整合，结构优化。组织结构的优化调整不同于成立"领导小组"。如果说在精准扶贫的战略政策执行中成立各级"领导小组"，是为了便于协调各方面的资源与力量；那么组织结构的再优化组合，尤其是对人事方面的重组安排，是为了扩大吸收不同部门人员的进入，在这过程中各级党组织起到非常关键性的作用，通过对人事方面的安排达到部门之间的协同。实践中，建设"协同政府"的过程就需要有类似的举措。一个部门在没有与其他部门协同时，对上级主管部门也只是单向关系，即执行者与管理者的关系，此时执行者只是执行政策而不会考虑政策制定的真正目标，因此容易造成政策执行偏差。而当建立起部门之间或上下级政府之间的协同关系时，执行机构与决策机构将建立合作与互动关系，执行机构与决策机构原来的隶属关系将有所改善，执行机构也有了对政策目标的发言权，就会在执行中自觉向政策目标方向实施

---

① 此表格根据《L县金融扶贫工作资料汇编》整理，L县是河南省金融扶贫重点县，从中央到地方尤其是省政府对该县的金融扶贫工作都非常重视，从政策、资金、项目等方面给予倾斜，其中关于做好该县的金融扶贫工作的相关文件，足以证明各级政府在L县实施的金融扶贫工作已经形成了协同治理模式。

② 吉登斯. 继续求新——对英国工党的现状：问题与未来的分析 [J]. 国际论坛，2002（7）.

执行过程，这样一来就会从政策目标出发去执行政策从而完成目标[①]。在建立部门或上下级政府之间的合作关系时，建立一个具有协同作用的权威机构十分重要，比如，成立某些工作的"领导小组"，同时吸收包括决策部门、执行部门等成员作为小组成员，对于完成政策任务十分必要。

四是统一思想、凝聚共识。建立政府部门之间的协作关系，统一部门意见十分重要。此时，最好是形成一个具体化的"共识思想"，它将成为凝聚不同单位成员之间的纽带，起到化解部门分歧、凝练整合共同行动的思想基础[②]。有了统一的思想才会有统一的行动，政策执行的效果受到执行者的思想观念重要影响。精准扶贫政策执行的效果除了需要科层体制下，各个部门和参与主体的贯彻执行之外，形成统一的思想也非常重要。政府协同治理的前提就是各级政府之间、政府部门之间有高度一致的思想共识，对政策目标、政策标准、执行程序、执行标准、执行效果等都有基本的共识。思想意识异常重要，它会是其他部门对该部门进行合作的前提，因为只有明确该部门的责任范畴和部门宗旨，才能建立起部门之间的合作，才能有整合部门资源与权力的基础。同时，不同部门之间的合作关系也是建立在同一思想认识的基础上的，思想共识具有"起了团结统一的水泥作用"[③]。政府协同不仅需要结构和形式上的合作，更需要有思想认识和文化心理层面的合作，共同的思想文化才是形成稳固合作的基础[④]。比如，政策执行者对政府行为的认识有一个渐进的过程，过去对于扶贫工作的认知与当下对问题的认知就会存在差异，在政策执行过程中需要改变对事物的认知，树立新的工作理念。在建立政府协同治理过程中，政府各部门和工作者需要有协作、合作的认知，同样也要对精准扶贫政策内涵有新的认知和理念。

3.1.3.2 政府协同治理的方式与范围

政府协同治理是公共政策领域的重要议题，也是我国政府在实施精准扶贫政策过程中努力的方向，在这方面西方国家的公共行政领域实践为此提供了可借鉴的经验。根据不同的目标和标准，建立政府部门上下级或者同级政府不同

[①④] 解亚红. "协同政府"：新公共管理改革的新阶段 [J]. 中国行政管理，2004（5）.
[②] 陈娜. 论思想共识凝聚的本质 [J]. 思想理论教育，2018（12）.
[③] 宋惠昌. 当代意识形态研究 [M]. 北京：中共中央党校出版社，1993.

部门之间的协同关系,就有不同的方式,具体包括方向维度上的纵向和横向协同、内容上的决策和执行协同、对象上的内部和外部协同等①。

结合精准扶贫的政策实施过程,可以在三个方向建立政府内部的协同治理方式。首先,根据协同的内容可以实施决策和执行方面的协同。在我国的政治体制中党政关系是一项政策的决策和执行方面最重要的影响因素。党组织以"高位推动"的方式提供决策,规划精准扶贫和产业扶贫的实施方向,政府在党的决策之下进行有效的实施规划,制定出切实可行的产业扶贫政策,并以行政化的手段推动落实。党委和政府在产业扶贫的目标上存在一致性,这是扶贫政策决策与执行方面协同治理的前提。除了党政协同之外,在精准扶贫过程中,决策协同要求政策制定部门与执行部门在完善政策时要进行充分沟通与协调,不同部门通过相互协商对要执行的政策形成目标价值共识。例如,在精准扶贫政策制定时,扶贫部门要与财政部门、民政部门或教育部门等进行联合,对扶贫政策形成一致性的意见共识,必要时上下级政府之间也要在政策制定中达成一些共识以便为政策执行提供便利条件。与此相对,执行协是指在执行一项政策时,不同部门要彼此沟通、有效配合、协调一致,从政策目标出发去执行政策的过程。例如,对于精准扶贫省级政府在完成中央政府制定的政策目标时,必须通过部门内部统一认识、协调整合部门资源,才能顺利实施中央政策。此时,政策执行会被分解到部门中,必然也会存在利益差异,因此政策的执行过程必须遵循一致的标准,形成部门协同才能有效实现政策设计的真正目标。同时,决策协同也影响着执行协同,进而协调两者之间的关系。

其次,在政府内部实施纵横两个方向上的协同。在精准扶贫政策执行过程中,建立部门之间的纵向和横向协同是最为普遍和必要的协同方式。在纵向上建立协同关系,主要是针对扶贫领域的上下级部门之间进行的协同。比如,在国务院扶贫办、省级扶贫办之间建立协作关系,上级的决策部署及时通报给下级部门,下级在执行政策过程中存在的问题及时反馈给上级以便做出政策调整,等等,诸如此类的协同关系的建立都可以有效实施政策,完成政策目标。另外,政府内部部门之间的横向协同对完成政策目标也有关键性作用。事实上,政府组织间的横向协同其前提是要在部门之间进行职能分工,没有明确合

---

① 张旭."协同政府":公共管理改革的新趋势[J].中共福建省委党校学报,2018(8).

适的目标界限就不会有合理的部门协同，横向部门协同不是要模糊部门界限和职能分工，而是要在明确各种部门职责基础上建立不同部门之间的协作、合作关系。比如，在精准扶贫的政策目标下，建立横向部门之间的协同关系，可以避免各自为政、利益冲突，可以提高资源利用率和精准扶贫总体效益。在实践中纵向协调与横向协调需要配合进行，比如建立"扶贫领导小组"就从纵向协同方面树立横向协同的权威性，以推动精准扶贫整个政策目标的实现。

最后，建立内部与外部对象的协同。政府内部的协同主要是沟通协同好不同部门之间的关系，主要是基于共同的政策目标建立不同职能部门之间的协作关系，其目的是对整体政策目标形成统一认识、形成协调步骤，推动政策在政府内部不同职能部门之间的合作实施。在以政府为主导的精准扶贫过程中，建立政府部门内部的协同关系十分必要，但是，在实践中参与扶贫的主体除了政府之外，还有市场主体、社会组织以及个人，这就需要在政府内部协同之外进行外部协同。事实上，在精准扶贫中的外部协同依然强调政府的主导性作用。比如在政府和农业企业之间建立协同，政府依然是主导，企业也需要在政府扶贫政策指导下参与扶贫的过程，其他主体比如社会组织或者个人当然也是扶贫的参与者，在扶贫过程中都会与政府建立协同关系。但是，在政府与非政府部门建立的外部协同时，所遵循的行为逻辑是合作，是一种市场化的契约关系，双方是互惠式的互动关系，政府与它们是平等的关系，没有直接的隶属关系，否则就无法建立这种外部协同关系。对此问题，可以通过"建立健全党委领导、政府负责、社会协同、公众参与的社会管理格局"进行有效协同。另外，在精准扶贫过程中，政府之外的市场、社会组织和个人的政策参与度也是有限的，在这种外部协同中如何建立公共部门和非营利部门的合作关系，实现财政资源、信息和技能等方面的资源共享也是一个值得深入思考的问题。

3.2 产业扶贫中政府内部协同治理实践探索

3.2.1 案例介绍

案例1 目标偏离：精准识别阶段的政策执行偏差

产业扶贫的过程是实现脱贫目标的行动过程，这一过程的第一步在于对扶贫对象的"精准识别",因此精准扶贫政策所强调"六个精准"也适用于产业扶贫过程。产业扶贫首先对帮扶的对象进行识别是精准扶贫政策目标决定的,只有找到了帮扶的对象才能对之进行有效帮扶,精准识别问题一直都是研究我国农村扶贫时关注的核心问题[①]。产业扶贫成效是否能够到达,除了要对贫困户实施帮扶措施之外,更为重要的工作就要把贫困户识别出来。扶贫对象识别的过程是在扶贫政策环境中,调整各个结构要素,相互配合,达成识别目标的过程。但是,在具体实践中会有识别不准的情况,第一环节就出现了问题,接下来的其他环节当然也会存在偏差,这就造成了"目标偏离",即中央政策提出的贫困户标准和实践操作中甄别出来的实际贫困户不一致,就造成目标环境的偏离,进而影响识别过程。具体而言,其中原因多种多样。

从理论上讲,精准扶贫的首要政策目标就是要精准识别出贫困户[②]。L县政府在实施精准扶贫过程中曾经也有过贫困户精准识别不准的情况。首先,由于政府扶贫人员政策把握不准,出现识别偏差。L县在开始实施精准扶贫阶段,对政策的把握不是很到位,出现了对贫困户甄别上的瞄准偏离。用一位扶贫办干部的话来说:"那时候,刚开始落实政策,我们对贫困户识别标准的把握也不是十分确定,村里人收入情况怎么样,他们不会讲实情,真正的贫困户是碍于面子不会说自己家里穷的,而那些条件好一点的却是很积极,这样就识别不准了。"(访谈记录YLC2018 - 07 - 03)其次,政府在设置贫困人口数量时,存在偏离基层实际的可能性,再加上农村存在贫困户识别程序不规范操作的情况,从而造成实践中贫困户识别不准[③]。这方面也有学者从识别程序上给出了回应,在实际调研中确实也了解到有类似的情况发生。对于这种情况L县及时调整并做出了一些机制创新,比如在实施"金融扶贫"中实施了信用评价机制,对贫困户精准识别,在金融扶贫方面取得了成效(见表3 - 2)。

---

① 李小云,唐丽霞,许汉泽. 论我国的扶贫治理:基于扶贫资源瞄准和传递的分析[J]. 吉林大学社会科学学报,2015(4).

② 许汉泽. 贫困治理转型与治理型贫困的兴起——以滇南南县调查为讨论中心[J]. 中国延安干部学院学报,2016(3).

③ 许汉泽,李小云. "精准扶贫"的地方实践困境及乡土逻辑——以云南玉村实地调查为讨论中心[J]. 河北学刊,2016(6).

表 3-2① 信用评价机制下 L 县金融扶贫效果比较（2016—2017 年）

项目年份	2016	2017	增幅
新增贷款	0.88 亿元	10.1 亿元	1100%
农户信息采集	8.7 万户	9.1 万户（包含上年）	4.6%
授信农户	7.1 万户	8.2 万户	15.5%

目前，我国贫困人口的确定有一定的程序标准，一般都是先由统计部门做抽样调查进行前期测算，然后根据测算结果分配帮扶人数指标，当然还需要其他部门的信息反馈，对贫困人口的数量进行反复修正，贫困人口的确定是一个上下互动的过程。一般情况下，识别贫困户有三个标准，即年均人均纯收入、劳动能力水平以及住房、教育、健康等情况。扶贫部门在做精准识别时也有一定的步骤，在我国目前的精准扶贫过程中主要有几个步骤。比如，第一步，由农户自己申请；第二步，召开村民代表大会评议，主要是对农户个人的申请进行民主评议，确定申请者是否有资格；第三步，在村里进行第一次公示，让大家提意见；第四步，通过乡镇审核，并再次公示；第五步，县扶贫办确定名单并公告。当然，这是规范性的识别程序，在实际中会有许多不规范的问题发生。实践中，一些在精准识别阶段存在许多偏差，如果村内有较多农户提出申请，而上级分配的贫困户指标却比较少，此时就会出现偏差，比如一些村干部就存在看关系认定，或者按照村小组人口比例分配名额。另外，以收入作为标准认定贫困户事实上很难准确测算实际收入，也容易引起识别不准甚至邻里矛盾，为了防止争议多数村也会按小组平衡的方式认定贫困户。这样一来要么造成了"腐败"问题，或者导致一定的贫困户排除，比如有些小组贫困发生率较高而人数较少，此时就会出现实际上是贫困户但因为指标少而无法认定为贫困户。小组分配指标也降低了村民代表大会民主评议和监督功能，既不符合民主程序，也无法有效认定贫困人口。尽管这种认定方式存在诸多不合理性或者能够消解村民的争议，但事实在精准扶贫早期阶段多数村庄都用了这种方式，这样容易造成指标都分给村里人缘好的人，而造成了精准识别偏差。

---

① 通过对比 2016 年与 2017 年 L 县在金融扶贫中的新增发放贷款额度、农户信息采集情况和授信农户数量等情况，说明在金融扶贫中实施信用评价机制能够较好做到"精准识别"的效果，而信用评价机制是一种综合指标，也是参与扶贫单位之间协作的结果。

案例2　过程冲突：精准扶贫政策执行中的冲突

精准扶贫以及产业扶贫的政策实施主要依靠政府推动，不同层级的政府之间以及地方政府各职能部门之间存在对政策把握程度方面的差异，这就带来政府内部结构方面的目标差异，不同部门之间目标的不一致在推动精准扶贫政策实施方面会导致一定的过程冲突，进而影响扶贫最终目标。这些冲突有多方面的表现形式，在政策实施过程中主要涉及扶贫资金管理和帮扶等环节。

实践中，由于不同部门掌握的资源多少和权力的大小不同，在扶贫资源的分配和使用方面就存在多种管理规定并行且相互冲突的局面，即精准扶贫的"过程冲突"。在政府的"压力型体制"下，实施精准扶贫中扶贫资源并不受扶贫瞄准机制的约束，而造成资金使用、管理上的冲突。目前，我国扶贫资源包括两层，即专项财政扶贫资金和扶贫领导小组成员机构投入扶贫中的各项资金支持，这类资金来源广、种类多。但事实上，扶贫领导小组成员单所掌握的资金都受制于本部门规则限制，很难被有效运用到扶贫中。因此，这些目标的扶贫资金无法与专项扶贫资金进行综合使用，无法形成规模效应。另外，有效职能部门比如农业部门也是扶贫领导小组的成员单位，但是其扶贫项目依然按照其部门内部的投入办法安排，而这类项目遵循一般程序要求有相应的配套，因此难以落实到真正的贫困人群中。因此，扶贫领导小组其名义上虽然有协调统一的功能，但是事实上由于各成员单位的部门规则所限，其统筹协调的功能大打折扣；现实中，扶贫领导小组要协调其他部门资金几乎不可能，有时候也只能依靠扶贫办领导的个人面子或者直接上级领导的个人能力。这就要求有必要建立政府部门间的协同机制，在精准扶贫资金使用方面建立协同治理，保障各个部门的扶贫资金能够统一有效地使用到贫困村和贫困户。

另外，产业扶贫是精准帮扶非常重要的抓手，政府在这过程中的作为也存在不足，需要建立有效的协同关系才能推动精准扶贫政策落地。产业扶贫在于增加贫困地区的内生动力和增加贫困人口的收入，产业发展需要按照市场的逻辑进行。但是，在扶贫中的产业发展需要政府的引导，这就造成了政府与市场之间的张力，使政府主导的产业扶贫实施中存在一些困境。政府设计产业扶贫政策，是要让产业围绕某种资源、产品或服务，建立符合市场化方式的生产模式，提升贫困地区的"造血"能力以提高贫困地区竞争力①。但是，政府在产业政策设计方面容易脱离贫困地区的实际情况。一些产业扶贫政策难以达到预期效果，其中有几个方面的原因：第一，有些地方政府出于政绩考虑，忽略当代的实际条件和产业发展的市场前景，政府主导性的产业发展政策容易与市场规律之间产出张力，而导致产业扶贫政策失败。比如 L 县 N 镇推行的药材项目，政府在这个过程中没有考虑到当地气候条件的限制，导致药材品质低而没有实现市场效益。第二，参与发展需要积累品牌效应，但是短时的产业扶贫政策难以维持品牌发展所需的积累，急功近利式的产业政策很难适应这样的发展模式，产业发展投入的长期性与政府产业扶贫政策的短期性之间始终存在张力。第三，政府的项目实施政策和产业扶贫政策，多通过规模企业带动农户，比如"合作社"模式，但在这种模式下小农户容易遭到排斥，政府的产业扶贫政策并没有真正惠及贫困户，这是产业扶贫中常见的问题。由此可见，政府实施产业扶贫政策时，考虑问题过于短视化，利用的资源也相对有限，无法形成规模效应和带动真正贫困户脱贫。因此，需要加强政府与市场主体以及农户之间的协同，用政府的产业扶贫政策和资金作为引子，主要还是发挥市场主体和农民的内生动力，政府只需从中协调，加强引导和推动。

案例 3　绩效冲突：考核中的目标偏差与责任规避

2020 年实现全面小康是精准扶贫的政策目标，产业扶贫可以激发贫困地区的内生性动力进而达到扶贫效果的可持续性。但是，由于产业发展具有一定的周期性，当上级的政策目标设定为某个时间节点，而如果此时产业发展的效果并未现实，就会出现考核不达标的情况，相应地基层政府就面临上级的惩罚。因此，为了避免这种情况的出现，下级政府就会在平时的扶贫工作中积极推进，自我加压、毫不懈怠。尽管如此，由于存在考核标准和过程等方面的差异，上级政府的政策目标不一定能够完成，实践中会出现目标偏差。下级政府会选择逃避惩罚的规避行为，即"基层避责"行为。基层避责现象的滋生蔓延，给公共治理造成了系统性冲击，也引发了上下级政府之间的不信任，上级政府加大责任压力，而下级政府就会尽力逃避责任。如此一来，就增加了政府在政策执行中的低效率，以及由此引起的行政成本加大的情况。调研中发现，

---

① 胡振光，向德平．参与式治理视角下产业扶贫的发展瓶颈及完善路径［J］．学习与实践，2014（4）．

L县在实施产业发展方面，政府存在一定程度的政策选择失误，比如，没有对当代的客观情况充分认识就盲目上马一些新的产业项目，而造成资源浪费和效率低下等问题。L县的临县是香菇种植大县，L县为了带动农民发展，前些年也开始大规模种植香菇，但是曾经发展过香菇种植产业，由于技术跟不上。传统食用菌生产"只种一季、靠天吃饭、单打独斗、收益不稳"[①]，产业发展情况不理想。但是，地方政府不能对决策失误视而不见，就会继续发展其他产业，对原来的失误进行避责。有学者对此现象进行研究，认为这些地方政府为了逃避责任，又继续上马新的项目以掩盖这些举措失误的项目，形成一种"积极的惰性"[②]。也有研究者通过"结构—风险—行为"这一分析框架来解释基层避责的内在逻辑[③]，研究发现不同层级政府权责分立的现实结构安排，是内部非系统性风险产生的根源，也是基层政府策略规避直接责任的原因。

绩效冲突原因较多，其中一个较为直接的因素就是各个部门之间的条块分割，这种条块分割包含纵向上下级之间，横向政府之间、政府内部部门之间的行为差异。比如，在L县我们看到不同政府部门之间在项目资金的使用上会产生分歧，进而影响到扶贫的绩效差异。一是政府各部门对项目资金的使用情况都有各自的规章制度，这些规则之间有许多不一致之处；二是在扶贫资金下发时间和使用进度方面，不同政府部门之间存在不一致的现象，影响基层项目实施；三是政府对项目整合使用的态度和规定不同，各自为政，难达到成共识之效。

3.2.2 实践表达：产业扶贫中的政府内部协同逻辑

贫困是一个复杂的社会现象，精准扶贫是一项复杂的社会系统工程，产业扶贫作为精准扶贫重要的一个环节，需要进行系统的顶层设计和精心筹划。伴随着产业发展精准扶贫政策实施以来成效显著，到2017年底我国减少近7000

---

① 杨秋意，高阳，李苏．金融扶贫改变卢氏——河南省卢氏县金融扶贫实践纪实［J］．农村农业农民（B版），2018（10）．

② 刘军强，鲁宇，李振．积极的惰性——基层政府产业结构调整的运作机制分析［J］．社会学研究，2017（5）．

③ 倪星，王锐．权责分立与基层避责：一种理论解释［J］．中国社会科学，2018（5）．

万贫困人口，贫困发生率由原来的 10.2% 下降到目前的不足 3% 的水平；贫困县的数量在持续减少，中国的扶贫成绩成为世界减贫史上的奇迹。但是，在实践中贫困治理不是一蹴而就的朝夕之功，也出现了诸多困境，尤其是在精准扶贫政策执行过程中由于部门格局、地区差异、经济基础、资源禀赋、政府能力等多重原因，造成政府贫困治理逻辑与贫困需求以及政策目标之间的张力。比如，在扶贫政执行中会出现目标冲突、过程冲突、绩效冲突等困境，这些困境成为政府推动精准扶贫政策实施的阻力，因此，要如期实现精准脱贫任务就必须创新政府贫困治理机制，在政府执行精准扶贫政策实践中寻求突破。笔者在实地调研中发现一些地方在政府协同治理方面有所作为，并在协同治理中改变了"压力型体制"下政府的管理服从关系，在政府内部形成一种良性互动的协调关系，有效提升了精准扶贫与产业扶贫的政策绩效。

产业扶贫是市场化道路为依托、以经济效应为目标的扶贫模式，主要凭借本地区的资源优势，在政府项目扶持的条件下增强内生动力和可持续脱贫的能力。产业扶贫具有区域性差异、产业类型差异的特征，同时产业扶贫还具有精准扶贫政策目标统一性的特征。通常情况下，这两者是可以兼具的，但是当产业发展与行政措施出现错位时，扶贫目标和产业发展目标就会出现一致的情况，难以达到应有的政策目标。另外，在对一个地方产业扶贫政策进行设计的时候似乎存在一个假设，即要通过发展本地区的产业，相关的产业扶贫项目能够有效落实，投入的项目资金能够有效利用，以产业发展带动贫困增收脱贫[1]。事实上，产业扶贫可以带动贫困地区的产业发展，但是否能够直接带动贫困户增收，这需要分析地方政府在产业扶贫项目实施过程中的方式和作用，尤其是政府内部不同部门之间的相互配合力度。在实践中，产业扶贫多是以项目扶贫的方式推动农村脱贫，项目实施中存在不同层级政府之间因为对项目的责任与要求部门的情况，出现"发包""打包""抓包"等情况，使项目的运作的结果与政策目标相背离[2]。针对在产业扶贫中这种政策目标与政策结果不一致的情况，在实地调研中发现存在政府内部不同部门之间目标差异以及部门

---

[1] 梁晨. 产业扶贫项目的运作机制与地方政府的角色 [J]. 北京工业大学学报（社会科学版），2015（5）.

[2] 折晓叶，陈婴婴. 项目制的分级运作机制和治理逻辑——对"项目进村"案例的社会学分析 [J]. 中国社会科学，2011（4）.

利益不一致造成的原因，这种情况可以增进部门协同加以改进。

产业扶贫作为一项重要的精准扶贫措施，其实施所存在的困境与问题同样存在于精准扶贫的政策实施过程中。"精准扶贫"目标有两重含义，即政策实施要"准"，脱贫成效也要"准"。一般来讲，要达到脱贫成效必须有政策执行过程，并需要有合适的制度环境，才能达成扶贫要素结构的协同。由此可见，政府推动扶贫工作的重点就在于，在适当的制度环境中协调相关结构要素制定和执行好产业扶贫政策，在产业扶贫过程中实现脱贫目标。在这一过程，政府的贫困治理逻辑就会触及政策的执行目标、执行过程以及成效等，如果政府在贫困治理中完不成这些环节就会面临政策执行失败的风险。针对这种情况，本章主要采用半结构访谈与参与观察的方法，通过对L县扶贫办及相关部门干部、部分乡镇和村干部以及贫困户等不同主体的访谈，主要围绕政府在产业扶贫政策运行中的行为逻辑，搜集了相关的一手材料并加以分析考察。我们发现产业扶贫中的实践问题和困境，也是精准扶贫实施阶段所存在的困境。具体而言，要推动产业发展首先要对产业实施对象进行考察，这个过程实质上就是对扶贫对象的"精准识别"，在这个过程中会出现目标偏离的困境；在产业扶贫过程中也会出现精准扶贫政策执行中的困境，由于政府各部门的权限范围以及对政策执行的层级和力度不同，也会导致政策执行冲突；即使通过部门之间的协同能够较为顺利落实相关的产业扶贫政策，依然会在扶贫绩效评估阶段出现考核困境，尤其是在产业扶贫中由于产业发展绩效有一定的周期性，在扶贫绩效考核时会出现目标偏差与责任规避等情况，这些情况是产业扶贫中需要政府部门之间的协同解决。

3.3　产业扶贫中的政府内部协同治理优化

"协同治理"理论是一种被广泛应用的新兴理论，协同论的一些理念观点对社会科学研究有重要的参考价值，尤其对社会政策执行过程中政府等主体的关系有着较强的解释力[①]。精准扶贫以及产业扶贫作为一项重要的公共政策，

---

① 李汉卿.协同治理理论探析[J].理论月刊，2014（1）.

政府在推动政策制定和政策目标落实过程中始终处于主导性的地位并发挥着重要作用；同时也需要其他多元主体的积极参与，在这一过程中政府需要建立上下级部门、多部门之间、跨区域部门结构间的合作，即需要在结构维度实现协同治理。在这里，政府的协同治理有两重含义，一方面是制度环境，强调的是政府与市场主体包括企业和社会组织等政策执行的利益相关者之间形成协同治理，主要是以共同解决社会问题为导向；另一方面是治理结构，即政府内部的协同治理，主要是政府部门之间为了实现一个政策目标采取适当互动合作的方式。这两方面都是在理念与行动上协调一致、共担责任基础上共同推动目标的实现过程。政府在产业扶贫过程中应当在理念、组织、制度和技术等层面，建立具有结构互补、职能协调、行动照应、资源共享的协同机制[1]，以实现精准扶贫与产业扶贫的目标。

3.3.1 理念层面：服务引导与统筹共治

理念思想是行动的先导，理念协同贯穿于产业扶贫的全过程。产业扶贫与精准扶贫一样注重强调各种扶贫措施"精准"到位，产业扶贫更是需要通过政府与市场进行有效平衡找到"精准"的产业发展途径，这就更强调政府内部不同层级、不同部门之间在落实这些扶贫措施时，各个参与主体之间分工合作相互配合形成协同治理。当前，在我国的产业扶贫工作中，政府就要首先树立"协同治理"的理念，并把这种理念推行到扶贫工作的实践中，推动政府部门建立协同机制、形成合力，实现协同治理。

政府在实施产业扶贫政策时首先应当在理念层面树立"协同治理"的思维意识。第一，树立协同治理理念就要有大局观，形成协同治理的制度环境。协同治理理念就要求我们把任何事情都当作一个整体系统去对待，政府内部的协同治理也必须将政府作为一个整体。在推动政策实施过程中，政府各个层级和各个部门之间要有大局观、整体观。在实施产业扶贫中政府部门要将扶贫工作作为国家的整体发展战略去推动，将精准扶贫作为事关老百姓追求幸福生活的大事去做，将扶贫作为政府整体工作的重要一环去对待。政府在协同治理中

---

[1] 杨雪英. 协同治理视角下的农村精准扶贫工作机制探析[J]. 广东行政学院学报, 2017 (5).

树立大局观,不仅体现在精准扶贫的具体工作中,更应该体现在协同治理的思想意识中。比如,政府在推动精准扶贫中应当做到上下级之间、同级政府不同职能部门之间互相团结一致,将扶贫工作作为与自己密切相关的本职工作,而不是把其作为某个部门的责任,相互推脱不配合。协同理念讲求大局观、全局观、整体观、合作观,将精准扶贫作为关系国家的长远利益和人民根本利益的大事去做。政府协同治理中的大局观要求,各个部门之间摒弃部门利益,齐心协力、精诚合作,推动精准扶贫政策目标如期实现。

第二,树立协同治理理念就要有统筹协调的理念,在产业扶贫的过程中形成协同治理。统筹协调是政府工作的重要方法,也是建立政府内部协同治理机制的基本遵循,政府要建立协同治理就要有统筹协调的理念。政府在实施精准扶贫工作中,就必须将解决贫困问题当作政府工作基本职能,激发各个部门的动力,对扶贫工作的总体规划、任务重点、实施方向、政策过程、实现目标等坚持用统筹协调的方式去推动。政府在实施精准扶贫战略时要树立统筹协调理念,就需要制定有效的扶贫政策,但前提是要找准致贫原因。从贫困原因看包括主观和客观原因、物质贫困和文化观念贫困等。因此,政府在对贫困地区实施政策时,解决好当地的基础条件差、发展不足等生产性问题的同时,也要解决贫困人群的思想意识问题,解决落后的思想观念也是不可忽视的扶贫工作。比如,一些地区的贫困群众存在"等、靠、要"的思想,严重依赖政府的帮扶,不思进取,甚至存在"争当贫困户"的情况,这些都是思想贫困、文化贫困的表现,政府必须统筹协调从物质和精神两个方面进行扶贫。

第三,树立协同治理理念就要有平等合作的理念,这是政府内部结构协同的基础。政府行为遵循"科层制"的逻辑,要求政府上下级之间有必要的隶属与服从关系,但是也不能忽视在推动某项政策实施时必须有的平等合作关系。政府内部树立协同治理从根本上要求政府上下级间、不同部门间有合作的关系,合作就是建立在一定程度的平等基础上。这里强调的平等不是权力和职责上的平等,而强调参与实施精准扶贫政策实施时对目标的设定、过程的实施、效果评价等方面,不同政府主体都有平等的参与权和发言权,只有建立平等的关系才能够建立协同治理的效应。具体在精准扶贫中,平等合作强调在各个政府部门主体之间建立紧密联系的平等关系,注重在扶贫过程中的平等合作地位。政府是扶贫工作的主导力量,但不是唯一主体,在与市场主体和社会组织等联系的过程中，不同部门有不同的职能，在平等合作前提下可以从不同职能部门出发与非政府部门建立合作关系，共同推动精准扶贫目标的实现。

3.3.2 组织层面：职能整合与机制协调

政府在实施产业扶贫时应当建立精准扶贫的制度协同机制，就是要促进政府扶贫职能的整合。组织协同包含两个层面，即组织结构协调和组织能力协同。在组织结构方面应当协调党委与政府之间的关系，这是协同政府内部组织机构关系的基础，也是建立政府内部部门之间和上下级之间的基础。另外，还应当建立政府内部人员构成方面的协同，从政府干部队伍建设方面加强协同治理机制建设。除了组织结构要素方面的协同，更需要从组织能力方面进行协同，尤其在产业扶贫过程中协同三个相对应的组织要素关系，比如产业扶贫的资源整合与资源配置，产业扶贫的利益联结与利益分配，以及扶贫的监督管理与绩效考核等。政府部门具有多重性和多元性，不同部门之间应当围绕产业扶贫形成职能整合，建立精准扶贫的协同机制、部门之间的良性互动和政策互补。政府内部实现协同治理就要从机制建设方面推动，在精准扶贫政策实施中就是要促进政府之间的良性互动的常态化和程序化。精准扶贫是一项系统性和整体性的战略工程，政府部门在实施中的行为都应从整体角度出发开展工作，这要求政府在形成协同治理时应当从机制方面加强建设，建立行之有效和常态性的协同机制。

首先，中国共产党是我国各项事业的领导者，要在党的领导下加强协同治理的组织基础，形成政府内部党委与政府、政府内部上下级和各部门之间的协同。强有力的组织保障是推动政府开展工作的基础，坚持党的领导是密切政府部门合作协同的最有效的手段。各级党委与政府之间有不同的工作机制，各级党委对政府有着强有力的政治领导作用，不同政府部门之间可以在党委的领导下建立协同关系，因此，加强党的领导是构建协同治理机制的基础。在精准扶贫过程中加强党的领导是建立政府协同治理机制最有效的组织保障，党可以通过组织领导、思想领导和政治领导将不同部门协同起来，统一思想、协同机构、步调一致，在主体内部和组织领导两个方面建立协同治理机制。精准扶贫从根本讲是党"全心全意为人民服务"的具体体现，通过建立统一的纲领性文件指导政府推动实施具体政策的制定和落实,各级政府都是在党的领导下,分工合作、相互配合,推动精准扶贫目标实现的。

其次,从政府干部队伍建设方面加强协同治理机制建设,形成产业扶贫的人员组织结构协调效应。产业扶贫是政府主导实施的国家战略性工程,政府的主体性作用主要体现在通过各级政府部门工作人员具体落实扶贫任务,因此从政府扶贫干部队伍方面出发建立协同治理机制也非常重要。目前,我国实施精准扶贫一项重要的工作机制就是向贫困村选派驻村干部,从人员配备上直接推动扶贫政策落实。驻村干部都是从各个政府部门抽调的工作人员,他们来自不同的职能部门,原来从事不同的工作岗位,但是在驻村期间他们都成为扶贫工作者,他们都有一个统一的工作任务,这种目标的一致性是建立协同治理的基础。政府不同层级和不同部门之间就有了协调统一的基础,驻村干部制度成为政府协同治理的人才纽带,因此,需要充分发挥驻村干部的制度性功能,建立政府协同治理的长效机制。具体工作中,政府应当完善并加强帮扶干部驻村工作制度,建立驻村帮扶工作队选派、管理、考核、晋升等制度,尤其是可以建立由党委组织部门统一领导管理的驻村干部机制,通过驻村干部帮扶制度化建设来构建政府协同治理的长效机制。

最后,可以以产业扶贫重点工作为抓手,加强组织能力协同建设。精准扶贫和产业扶贫都是一项系统性工程,其中精准识别是工作的起始点,精准脱贫是工作的终点。在产业扶贫中要实现资源整合与资源配置、利益联结与利益分配,以及扶贫的监督管理与绩效考核等组织能力的有效协同。在产业扶贫的资源整合方面,精准脱贫要实现长效性实现脱贫的持续性避免返贫问题,就必须将产业扶贫做扎实,整合政策资源、物质资源、技术资源以及人力资源等,同时也将"易地扶贫搬迁"作为一项重要的衔接机制加强资源整合与配置。政府内部的协同治理机制主要还是通过具体的政策实施过程建立,因此在精准扶贫中推动"产业扶贫"和"易地扶贫搬迁",是构建政府协同治理机制的重要抓手,以此推动产业扶贫的利益联结与利益分配。比如,政府在实施"产业扶贫"中,农业部门、财政部门、扶贫办以及相关的产业发展部门、金融部门等都有参与其中的利益联结机会,推动这一扶贫工作就可以对所有参与部门进行资源整合与利益分配。而资源整合的过程也是政府部门进行合作、协调的过程,在这一过程中完成扶贫的监督管理与绩效考核,并建立起政府内部组织能力的协同治理。

3.3.3 制度层面：责任分明与政策统筹

政府作为主导性的产业扶贫组织实体，产业扶贫的效果集中体现在政府内部是否能够建立有效的制度协同，由此激发出政府和其他扶贫主体的主观能动性，建立分工合作、责任分明的组织协同治理机制。在组织协同前提下形成扶贫开发新合力，以深化政府内部的协作互动机制，这也是解决现阶段贫困问题和发展产业的关键。政府作为产业扶贫的主导力量，在制定扶贫政策和推动实施扶贫政策过程中有不可替代的作用，但是精准扶贫作为一项系统性民生工程，除了政府主导之外还需要其他社会主体参与这一过程中。政府需要通过与其他参与主体进行合作，才能推动精准扶贫政策实施，这些需要政府内部建立责任分明的协同治理机制。建立精准扶贫主体间的协同是要发挥政府与其他扶贫参与主体的资源和能力，通过在实施具体的扶贫政策中形成合作和互动机制，发挥扶贫的行动合力，从而建立政府协同治理机制。

一方面，在精准扶贫过程中要实现组织间的权责分明，政府的主导性协同治理机制的作用不可忽视，这也是正式制度环境。首先是各级党委与政府应当在营造扶贫"制度环境"中采取统一目标，形成协助"结构"，在党委与政府之间的互动中完成"过程"协同。目前各地的精准扶贫工作基本上都是政府在起主导作用，精准扶贫成效的关键在于政府的行动。其中，精准扶贫治理主体的"碎片化"现状，已经成为影响脱贫效果可持续的重要因素，迫切需要建立政府间的协同以及政府与社会主体、市场主体以及农户之间的协同关系，构建政府与其他主体间的协同治理机制。这就需要加强政府在精准扶贫中的主导性作用，以及政府对其他主体的引导和统筹作用。在我国的扶贫实践中存在"大政府、小社会"的格局，政府手中拥有更多的决策权、资源分配权、检查监督权等，同时政府自身的资源优势在扶贫中具有强大的控制力和执行力。因此，建立政府与其他主体之间的协同关系，就要在发挥政府主导作用的同时在制订扶贫规划、资源整合、力量统筹、矛盾调解、扶贫监督、绩效评估与参与主体激励等方面，建立政府协同治理机制。政府可以通过党委的组织性作用，在党的组织过程中完成对政府部门的整合效应，建立多部门联动协同机制，合作实施精准扶贫政策。比如，政府要加强扶贫办、民政部门和统计部门之间的协同，建立统一的瞄准机制和信息共享平台等实现协同治理。

另一方面，在精准扶贫政策实施中存在一定的"政府失灵"的现象，这需要让"市场之手"发挥补充性作用，营造政府内部结构协同治理的非正式制度环境。在扶贫过程中，应该发挥企业的市场优势作用，让专业性的社会组织和有能力的个人等社会力量参与扶贫，在政府和市场主体和社会主体之间建立协同治理机制。在市场主体参与的非制度化协同方面，通过开发资源、培育产业、带动农户等实现企业和贫困户的协同合作，增强贫困人口的"造血"能力。在社会主体参与产业扶贫中方面同样有类似的过程，政府依然发挥着制度化主导价值，政府要与市场主体和社会主体之间建立协同关系，引导这些主体扮演好参与者、合作者、推动者以及监督者的角色，发挥这些主体的关键性作用。

3.3.4 技术层面：平台支持与信息协同

精准扶贫以及产业扶贫是一项复杂而艰巨的民生工程，参与的主体多、实施的过程长、推动的环节烦琐，需要在扶贫的技术方面和扶贫过程方法上加大协同性，推动精准扶贫的过程与技术方面的协同。产业发展的技术作用在扶贫效应的持续性中体现得最为显著，技术成为产业发展的协同关键，现代农业产业更加需要技术的支持，技术在链接资源方面的功能越来越强。可以说，技术已经成为产业扶贫中协同治理的关键。产业扶贫过程要实现精准化就需要加大技术的协同，过程协同是针对产业扶贫工作机制的复杂与变易的特征实施的机制。技术是实施一项政策并达到政策目标的重要手段，在产业扶贫中应当建立以技术为支撑的协同机制，这就是要用先进的、有效的技术推动产业扶贫以达到预期目标。产业扶贫实施过程具有复杂性，同时也具有参与主体多、实施过程长、推动环节烦琐、考核指标严等特点，这就需要不同层级的政府在技术方面建立协同治理机制，推动技术、过程与效果的协同。针对精准扶贫的综合性、复杂性和变异性，技术协同对建立其机制至关重要。体现出了"精准识别"的协同过程逻辑。比如，在广东和贵州精准识别中的"望闻问切"法、"四看"法等，都是具有协同性的扶贫技术。另外，在精准施策、精准考核、绩效评估等方面，也应建立协同治理机制。

另外，在当今的大数据时代，可以利用"互联网＋"构建产业扶贫的技术协同机制。技术协同就是要使政府在政策实施技术、协商民主技术和网络信息技术等方面，实现政府治理的政策源头、过程与末端等的综合治理与要素共享，建立精准扶贫的技术协同机制[①]。

3.4 小　　结

我国的扶贫治理模式经历了一个从"救济性扶贫"到"开发式扶贫"的过程。事实上，产业扶贫就是"开发式扶贫"的延续，政府依然处于主导地位。在产业扶贫中政府扮演着政策制定者和执行者的角色，而其市场主体、社会主体以及贫困户等都长期处于被动受力的地位。这些主体受到政策和资源方面的双重排斥不能发挥应有的作用，因此只有多元化的参与者配合与协同政府才能实现扶贫目标。在这个过程中，政府作为精准扶贫工程的主导者，必须有良好的政策程序和实施过程才能实现扶贫的目标，这个过程需要党政部门、政府上下级之间、不同政府部门之间以及不同区域的政府部门之间实现合作与协同才能完成。事实上，扶贫是一个复杂性、系统性的民生工程，涉及面广、参与者众，单靠政府的力量难以完成目标，需要创新政府内部的协同机制才能实现精准脱贫的政策目标。在我国扶贫开发历史进程中，政府始终是贫困治理的主体，是各个阶段扶贫政策制定和执行的主导者。产业扶贫作为精准扶贫的重要一环，是精准扶贫成效得以稳定延续的基础，政府内部协同是精准扶贫和产业扶贫政策落地达成政策目标的前提。

本章研究得出以下结论：第一，产业扶贫中，政府主导型的精准扶贫治理实践过程遵循着科层制的运行逻辑，在我国的政策实践中表现为"压力型体制"下的管理服从运行逻辑，这种科层化的机制构成了政府内部各部门之间关系的制度基础。产业扶贫中的政府内部协同是在遵循科层制逻辑前提下，在理念上进行管理服从到服务协作的转变，围绕扶贫政策目标在上下级政府和同

---

① 郑瑞强，曹国庆. 基于大数据思维的精准扶贫机制研究 [J]. 贵州社会科学，2015（8）.

级政府之间的协同治理。第二，政府的在压力型体制下形成的项目制、目标责任制，从目标制定到项目实施再到结果考核，上级目标层层向下落实责任的运作机制构成了产业扶贫的结构与过程，政府实施产业扶贫政策本身就是在制度范围内完成部门协同治理的过程。第三，在国家的政治制度中，党委与政府之间的领导与被领导的关系，能够顺利建立起政府内部部门之间的组织协目标，通过组织协调减低产业扶贫目标的偏离与转换的风险，进而实现政府内部治理结构协同的成效。第四，技术层面的协同已经成为产业扶贫协同治理的补充机制。政府内部的"管理服从"的政策执行逻辑，容易导致目标冲突和扶贫政策执行梗阻，而有效的技术协同能够实现信息的畅通，政府的产业扶贫政策能够被相关主体精准获得，减低产业扶贫中政府配合与协调上的失误，实现协同治理。

第4章 产业扶贫中的政企协同：从目标错位到合作共赢

改革开放以来，中国以市场经济改革为契机创造了巨大的社会发展成就，但不可否认中国政府仍然是这场伟大改革的主导者。政府与企业在公共事务中的地位仍然是非均衡性的，无论是从委托—代理理论还是寻租理论，抑或是从博弈理论的视角来看，政府与企业之间更多地被认为是一种竞争关系，而非良性合作关系。随着现代多元社会的发展，公共事务对政府的治理能力以及企业的社会责任提出了更高的要求，企业在协同治理中发挥的作用理应受到重视。因此，政府与企业从非均衡的竞争博弈关系走向合作共享的协同治理关系既是产业扶贫的现实需求，也是政府行政理论和公共管理理论的应有之义。长期以来，我国的扶贫实践以政府为绝对主体，市场组织、社会组织等一直处于无序参与甚至缺位无功的状态。有学者总结为"'家长式''政府独揽''责任独担'的'单中心'政府包办模式"[①]。随着精准扶贫推进过程中对产业扶贫的强调，企业开始迅速进入扶贫减贫场域。产业扶贫是我国目前精准扶贫工作中五个重要的手段之一，其强调通过在贫困乡镇、村落发展适合贫困地区地理条件和贫困户需求的产业，通过发挥市场在资源配置方面的作用，加速产品的流通，将原产品、初级产品转换成为货币，以增加农民收入为目标。

目前，产业扶贫成为较为常见的精准扶贫形式，产业扶贫形式仍然是在地方政府的扶持下参与扶贫工作的，政府激励龙头企业形成具有专业技术和经营模式的合作社，以此促进贫困地区农业产业形成规模效应并进行结构调整，在此基础上形成龙头企业为骨干产业，进而促进贫困地区区域经济发展的一种扶贫模式。就目前扶贫实践来看，政府势必依然是精准扶贫的主导力量，在前提下发挥市场主体的作用，利用市场力量参与精准扶贫成为不可避免的大趋势，

---

① 冯朝睿. 多中心协同反贫困治理体系研究——以滇西北边境山区为例 [J]. 西北人口，2016（4）.

市场主体参与扶贫既可以提高扶贫的效果也可以提高其精准性,更是达到脱贫可持续的最有效途径[1]。究其实质,产业扶贫通过政府的政策引导,在贫困地区培育市场主体,将资本、技术与地区自然、文化和人力资源等要素有效连接,通过利益连接机制盘活贫困地区资源,进一步克服市场机制的自发调节对于贫困群众惠及效应较弱的弊端,有效引导作为弱势群体的贫困人口通过市场机制的积极作用而获得更多收益,从而有利于贫困问题的解决。然而,现实中作为公权力代表的政府、遵守经济理性的企业以及作为个体的贫困户等主体之间在扶贫互动实践中尚存有间隙,这一窘境早被学界所关注[2]。其原因在于扶贫模式从由政府主导到多元主体参与,由原先单通道的政府与贫困户互动变成了包括地方政府、龙头企业、农村经济合作组织和贫困农户在内的多元主体之间更为复杂的互动。对于这一现象,诸多学者积极参与了讨论,并提出了不同的理想互动模式。吴映雪直接用多元协同治理概括目前多元主体参与扶贫的现象,不过其更主要的是分析多元协同存在的问题和困境,如主体不平等、力量不均等、资源不优化等[3]。彭云、韩鑫、顾昕提出多方协作的互动式治理,让社群机制、市场机制和行政机制以互补增强的方式嵌入在一起,本土的市场行动者和基层自治组织利用其经济信息与社会资本优势,促成关系型契约的制度化[4]。

总之,学术界已经关照到随着产业扶贫的提出,在扶贫实践上我国已经告别了政府单一负责、担责的模式,而进入了多元主体共同参与的时期,尤其是引入市场机制的产业扶贫更是未来贫困治理的重要模式和方向。尽管学者们均发现了这一转变事实和包括政府、企业、合作经济组织、贫困户等在内的多主体的互动存在困境,但是多元主体参与贫困治理成为大趋势,因此必须对其表现出来的问题加以关注解决。这些问题具体而言则主要表现为政府、企业的利益博弈与竞争关系导致扶贫缺乏可持续性。本章通过田野调查获得的实践资料,分析地方政府在推动产业扶贫过程中利用、吸纳市场平台、市场信息、市

---

[1] 宫留记. 政府主导下市场化扶贫机制的构建与创新模式研究 [J]. 中国软科学, 2016 (5).
[2] 赵玉. 多维透视扶贫治理主体合作难问题 [J]. 调研世界, 2011 (10).
[3] 吴映雪. 精准扶贫的多元协同治理:现状,困境与出路 [J]. 青海社会科学, 2018 (3).
[4] 彭云, 韩鑫, 顾昕. 社会扶贫中多方协作的互动式治理——一个乡村创客项目的案例研究 [J]. 河北学刊, 2019 (3).

场资金和技术创新以及互动实践的现状与困局，尝试回答以下问题：如何在扶贫事业中破解以短期利益考量为主的企业不愿意参与扶贫工作的困局？如何划分主体之间的边界、权责，形成政企互动的扶贫新格局？在划清政府与企业的权责边界的前提下，提出建构技术支撑机制、利益分享机制、信息协调机制等，从而使得肩负扶贫开发政治任务的关键主体——地方政府可以充分利用企业优势激活贫困乡镇、贫困户的粗放资源，以达到通过市场机制增进贫困户收入的扶贫目标。

4.1　产业扶贫中政企协同的演变逻辑

从新中国成立到改革开放是我国经历的第一个三十年发展，从一穷二白到初步实现工业化，我国国力大幅增长，但在这段时期内农村地区的生产力发展仍较为滞后，贫困状况并未得到改善。根据国家统计局资料显示，按照人均年收入不足100元为贫困标准计算，1978年我国农村地区贫困发生率超过30%，农村贫困人口总量高达2.5亿人，占全国人口总量的26%。我国社会总体经济发展仍较为滞后，贫困人口总量大、占比高，扶贫工作的理念尚未形成。随着我国综合国力增强，从20世纪50年代开始探索农村五保供养制度，到20世纪90年代建立城镇居民低保制度，我国扶贫理念初步建立。此时的扶贫模式主要是以政府为主导，着重解决温饱问题的救济式扶贫。随着社会的发展、扶贫理念的迭代，我国扶贫模式逐步过渡为开发式扶贫，即注重提高贫困地区和贫困人口的发展能力，不过此时生产救助和生活救助仍然是扶贫工作的主要内容。政府在这一时期的扶贫过程中完全是主导角色，可以说这一时期是完全意义上"有政府无企业"的政府主导的扶贫模式。在人民公社制度解体后，农村工业化、社队企业如雨后春笋般地发展，从农村土生土长的企业成为一支重要的力量推动乡村市场的发展，也成为促进经济发展的重要力量。从我国经济的发展和政企参与扶贫的关系演变历程看，企业发展推动了国家经济实力的壮大进而为政府实施扶贫开发奠定了物质基础，成为政府汲取资源、整合资源的前提。然而，扶贫的过程是利益再分配过程，政府与企业之间的博弈在扶贫开发尤其是产业扶贫中被凸显出来，政府依然主导产业扶贫，政企之间的利益竞争关系导致在长期的扶贫中企业参与效率低。这种情况在国家实施精准扶贫战略以来，政府以产业扶贫为契机，经主导企业参与扶贫，在产业扶贫中呈现出从无序参与到协同治理的过程。

4.1.1 紧张与调适：实践操作中的双向适应

如前所述，改革开放前期我国农村的扶贫工作存在"有政府无企业"和"政企分离"的以政府为主导的扶贫模式。不过，整体而言在政企分离模式下，地方政府更多地强调在扶贫工作中政府所应肩负的责任，产业在扶贫中没有其发挥作用的空间，国家开始逐步注重产业发展对扶贫的作用是21世纪初才开始实施的政策。

改革开放以来，农村的扶贫工作主要是党和政府战略部署和工作职责，在这一过程中部分大中型国有企业也发挥了重要作用，这也是产业扶贫在初期的政策表现。党政部门之间的关系在国企参与扶贫方面，但在扶贫的早期阶段企业没有直接参与扶贫的现实基础。而此时，政府部门关注绝对贫困人口温饱问题的解决，集中体现在民政工作领域中"五保金""低保金"的发放和逢年过节的慰问。这些方式不是单纯增加经济收入，而是更多实施普惠性的救济政策措施；同时为了弥补区域发展不平衡的问题，国家资源的投放倾向于中西部地区的老、少数民族地区、边远地区等贫困地区。进入21世纪后，中央"连片开发模式"强调在由国家扶贫开发机构所统一确定的主要连片贫困地区，根据国家扶贫开发规划和现代农业发展规划，以各跨省市大区域为基本组织单位，以发展区域性的优势特色产业为重点，制定整个县域、整村的开发规划，改变区域贫困面貌。在这一过程中，产业扶贫是扶贫开发的重要形式，至此产业扶贫模式在国家政策中正式出现，农村的扶贫开发除了政府主导之外，发展农村产业推动农村脱贫也是重要的扶贫手段，产业扶贫成为我国扶贫工作的重要路径。

一直到2016年5月23日，国务院副总理、国务院扶贫开发领导小组组长汪洋在全国产业扶贫工作电视电话会议上总结了以往扶贫工作的主要成果和经验，肯定了政府主导扶贫的作用和意义，更提出要努力促进产业发展与贫困人口脱贫对接，营造有利于产业发展的市场环境，让贫困人口能够从产业发展中受益。2016年5月,经国务院扶贫开发领导小组会议审定,国家扶贫办等九部委联合印发《贫困地区发展特色产业促进精准脱贫指导意见》,将发展特色产业作为提高贫困地区自我发展能力的根本举措。2016年7月19日,习近平在宁夏考察时说:"当地企业在加快自身发展的同时,也要在产业扶贫过程中发挥好推动作用,先富帮后富,实现共同富裕。"2018年8月,中共中央、国务院发布《关于打赢脱贫攻坚战三年行动的指导意见》,对脱贫攻坚工作做出了全面部署,提出了加大产业扶贫力度等10个方面强化各项到村到户到人的精准帮扶举措。

产业扶贫虽然是通过发展农村产业的方式使农民脱贫致富,市场主体发挥不可替代的作用,但是产业扶贫的本质依然是政府的主导性政策措施,政府的作用不可忽视。正如张兆曙认为,中国农村农民的收入问题以及由收入所导致的贫困问题不能单纯地看作农村的问题,应该跳出农村看农村、跳出贫困看贫困,而应该将农村的贫困问题放置于城乡关系中来理解和认识,不能在农村看农民的收入量,由于城乡的经济流通的巨大差异,农民的经济收入需要放置在城与乡村两个地域空间之间的经济社会关系中来理解[1]。也就是说农民的收入种类及其多少并不单纯是由农村的因素决定的,农民收入偏低并不是农村导致的,而是由与城乡相关的一套机制决定,主要是城乡之间存在着明显的发展差异。

不可否认,现实生活中市场经济中产业的发展所带来的资源重新配置对贫困问题的解决具有积极的效果,但市场机制亦存在着其局限,其对于解决贫困问题的针对性并不明显,市场化本身通过城乡关系的放大作用机制[2],甚至会促使更严重的贫困问题的出现,在减贫事业中出现了市场失灵的情况[3]。在计划经济时期,一些国有企业在中央政府或者地方政府的统一安排下进入农村地区,由于这一时期国有企业不需要自负盈亏,因而它们的存在对于所处地农村农业的发展、物资的供应、劳动用工等方面带来了巨大的好处,客观上促进了国有企业所在地农村的经济发展,对于提升当地农民的生活水平无疑具有积极

---

[1] 张兆曙.城乡关系、市场结构与精准扶贫[J].社会科学,2018(8).
[2] 张兆曙.中国城乡关系的"中间地带"及其"双重扩差机制"[J].兰州大学学报(社会科学版),2016(50).
[3] 张兆曙,王建.城乡关系、空间差序与农户增收[J].社会学研究,2017(40).

作用。当然，这一时期国有企业进入农村地区，主要出于国家战略考虑、地方工业布局、中央号召等因素，并没有将农村地区的脱贫致富当作重要的工作目标去推动政策的实施。

从20世纪80年代中期开始，国有企业逐步开始自负盈亏，市场的竞争功能和优化资源配置功能对国有企业的影响越来越大。地方国有企业在90年代中期后开始大面积破产倒闭，并且长时间内难以衍生出新的现代企业。这一时期，新生的现代企业出于交通区位、农村的市场发展程度和社会发育程度、市场信息流动等因素考虑，亦不会主动将工厂设置于普通农村地区。故而，造成了广大农村地区在当前时期无法有效自主吸纳现代企业。广大农村特别是贫困地区农村的脱贫几乎成了国家一方的"独角戏"[1]，完全依靠国家政策和财政转移支付资金，长期以来过于关注市场活跃之地为地理条件较好之地、产业发展较好之地为经济活跃之地，关注产业对扶贫的间接作用，在认知上忽略了市场、企业对扶贫的直接参与作用。总括之，我国扶贫工作中作为国家代表的政府独自承担了扶贫开发的全部责任，也看到了产业对扶贫的间接作用。但客观上也造成各级政府成为扶贫的唯一主体和负责人[2]。

国家和政府长期以来成了唯一的扶贫主体。毫无疑问，无论从国家公布的统计数据，还是从贫困地区村民日常生活水平等都可以看出，我国的扶贫工作取得了巨大的成就。2017年我国的贫困发生率在五年之内已经从10.2%迅速下降至3.1%。无疑，以政府为主导的扶贫模式对于减贫工作发挥了巨大作用。不过，单一强调政府扶贫的模式也有其不足之处。

第一，政府肩负的责任过重。在传统扶贫实践中，中央政府主要通过出台相关支持减贫工作的政策、设立全国贫困县、财政转移支付、提高"低保""五保"额度等方式开展扶贫工作。地方政府主要通过设立项目争取中央财政转移支付资金、开展减贫项目建设、落实"低保""五保"政策等具体工作开展减贫工作。因此呈现为"中央政府—地方政府—贫困人口"的互动链条，故而使得政府（中央政府、地方政府）成为扶贫减贫工作的唯一责任主体，政府肩负的扶贫减贫责任过重。

---

[1] 赵玉. 多维透视扶贫治理主体合作难问题［J］. 调研世界，2011（10）.
[2] 胡振光，向德平. 参与式治理视角下产业扶贫的发展瓶颈与完善路径［J］. 学习与实践，2014（4）.

第二，忽略了其他主体作用发挥。政府主导型扶贫开发模式表现为从上到下单向指令性的扶贫模式，政府成为项目的发包方、执行方、监督方，贫困人口难以参与到扶贫减贫工作的决策、落实、监督、意见反馈等环节之中，作为单纯的利益享受方也成为单纯的被动方。因此，自上而下的扶贫模式难以激发贫困户的主动参与性，忽略了其他扶贫主体作用的发挥。胡振光、向德平在调研中也发现，由于扶贫工作与其他重要政治任务一样，充盈着全能主义色彩和计划经济体制的惯性，地方政府掌握着资源的管理权，其他扶贫参与者的活动空间被管制，其他主体被迫在各方面均对各级政府形成了严重依赖和依附①。

第三，扶贫方式过于单一。无论是变救济式扶贫或者开发式扶贫，我国贫困农村地区采取的是生产救助与生活救助相结合救济办法，长期以来，除了政府开展扶贫减贫工作外，其他参与主体仍带有浓厚的政府色彩，如基金会、群团组织、国有企业等。无疑，全部为政府主体参与扶贫工作，也造成了我国扶贫工作中扶贫方式过于单一的弊端。

4.1.2 合作与共享：政策执行中的目标冲突

近几年，中央和地方各级政府越来越重视产业扶贫。精准扶贫政策实施以来，政府在实施工作中对产业扶贫工作的重视主要体现在两个方面，一是各地开始引入企业参与当地的扶贫，二是在贫困地区发展产业带动脱贫。原本一度乡镇企业纷纷破产倒闭的乡村地区又重新迎来了新的企业发展期。不过，这一发展过程中也面临着诸多挑战，在精准扶贫工作中，作为重要社会力量的企业参与不足是非常严峻的事实，企业在参与产业扶贫工作中也有诸多发展与政府协同等方面的困难。我们将在下一小节通过梳理相关的L县产业扶贫方面的案例，来剖析产业扶贫过程中政企两个主体合作和共享的发生过程和逻辑。

在全国范围内实施的精准扶贫都是在政府的主导下实施的，产业扶贫虽然是将企业等市场主体引入其中，但是政府依然通过各种制度性约束对产业扶贫发挥作用，其中项目制就是一种广泛应用的措施。目前，在周雪光、周飞舟、应星等学者的启发下，项目制、逆向软预算约束等受到了学界的积极关注。在

---

① 胡振光，向德平. 参与式治理视角下产业扶贫的发展瓶颈与完善路径［J］. 学习与实践，2014（4）.

产业扶贫实施中，项目制通过将各种扶贫项目、产业工程以专项划拨和具体项目的方式向下分配和转移，通过一个个完整的项目将上级财政专用资金向下支付转移，在这个过程中，中央与地方之间，以及地方各级政府之间，乡镇基层政府与乡村社会之间，有了更为复杂的利益关系和责任联动。作为肩负扶贫责任的第一责任人——地方政府将精准扶贫工作作为艰巨的政治任务承受着巨大压力，各级政府通过项目制的机制，对精准扶贫各项指标进行细化，自上而下进行考核、评比，压力层层传导，最终落实到县、乡两级领导班子身上。而产业扶贫作为中央部署的"五个一批"工程中的首要工程，无疑成为各级考核的重点，也成为地方政府、扶贫干部不得不想方设法完成的硬指标。

在扶贫过程中，政府始终扮演着非常重要的角色，按照西方的福利理论减少贫困现象是国家的责任。因此，无论是以"低保"为手段的粗放扶贫时代，还是如今开展精准扶贫时期，中央和地方政府在我国的扶贫工作中一直扮演着重要角色，政府基本上通过各种形式的扶贫项目实施形成产业扶贫的格局。梁晨也指出，在项目制中，地方政府的责任是具体落实如何分配这些资金、如何打包项目，将这些资源实际配置[①]。不过，笔者发现在产业扶贫启动之后，地方政府一定程度在转移责任。尽管上述贫困村均能够完成扶贫任务，但不可否认通过项目发包这一合法形式，地方政府的扶贫责任悄无声息地转移到了项目承包方身上。这也导致项目方的主要关注点是完成政府分配，抑或转移的责任，除此之外关注的就是企业的合法所得，客观上导致扶贫深度有限。梁晨认为，产业扶贫主要通过给农村发展造血的方式，推动贫困地区相关产业的发展，以此带动贫困地区的经济增长和民生发展，解决贫困问题，使贫困户脱贫致富[②]。然而，现实中企业所固有的市场化逻辑并不会就此消失，因而很多企业不愿意真正地来到贫困地区进行投资生产，特别是面对着大规模带动当地经济发展、带动贫困户就业增收的任务的时候。

市场化作为流通领域的转化机制，对资源的再分配和货币化确实具有非常重要的作用。但在市场化条件下，城乡市场体系的转化作用却是每一个市场主体在经营活动中必须考虑的重要因素。一般来说，城乡市场体系的环境直接影

[①②] 梁晨. 产业扶贫项目的运作机制与地方政府的角色 [J]. 北京工业大学学报（社会科学版），2015（5）.

响了企业的生存环境。特别是目前，行政因素已经不再控制人民的生产和消费，也无法控制非国有企业的生产、货物流动、原材料供给等。自负盈亏的民营企业，城乡市场体系所提供的利润转化环境对其生存更具影响意义。就常理而言，民营企业出于生存和追逐利润的考虑，往往更愿意选择区位条件好、生产成本低、运输成本低、政策环境好的区域。贫困县域、贫困村镇的地理区位无疑构成了一个重要的限制性条件。然而在现实中，企业配置资源、吸纳劳动力、生产剩余价值等优势无法很好地与贫困地区的自然资源、经济资源、人文资源等优势相结合。

产业扶贫实施以来，很大程度上受到城乡关系的限制，这一点可以从贫困地区的分布上体现出来。从我国 585 个贫困县所处的区域位置来看，主要分布于云南省、西藏自治区、贵州省、四川省、新疆维吾尔自治区等中西部地区，其中云南省的国家级贫困县最多，其次是其他省份，且大多集中于革命老区、少数民族地区以及边疆地区。这反映了我国贫困县其实与地理区位有着显著关联。尽管城乡二元格局造成的城乡差异依旧存在，但当下农村地区，在农民的收入结构中，农业收入和非农业收入都高度依赖于城市，甚至大多数学者发现个体能力对收入的影响大小要弱于户籍的影响。因而，在贫困地区的贫困村落发展产业都意在打破城乡二元格局对农民市场化能力的限制。陈思也发现产业的市场逻辑和政府的行政逻辑作为外部因素限制了贫困户自我发展能力的提升，以致出现了产业发展而贫困户无发展的窘境[①]。可见，个体所处的复杂制度环境限制了其市场化转化的能力。

产业扶贫政策的基本目标就是让贫困户脱贫致富，但是产业的发展遵循市场的逻辑，这就造成了个体能力与市场化之间的张力。贫困户从扶贫产业中受益是产业扶贫中给予企业的一种"社会道德逻辑"[②]的要求，然而在市场化逻辑的影响下，企业与贫困户互动并不紧密。

首先，贫困户与扶贫产业发展的利益诉求呈现矛盾性。企业的本质诉求是利润最大化，而降低成本是企业竞争力的具体体现，在贫困地区，产业往往集

---

① 陈思. 产业扶贫为什么容易失败 [J]. 西北农林科技大学学报（社会科学版），2019（4）.
② 许汉泽，李小云. 精准扶贫背景下农村产业扶贫的实践困境——对华北李村产业扶贫项目的考察 [J]. 西北农林科技大学学报（社会科学版），2017（1）.

中在农产品的种植、加工、销售,在传统产业中属于人员密集型产业,但随着产业现代化管理技术的发展,企业具有强大动力提高机械化程度,压缩用工量。而与之相反,贫困群众由于手中的土地、种养殖产品等资源无法使之摆脱贫困,转化为产业工人成为脱贫的最有效路径。企业压缩用工量和工资,贫困群众希望就业和提高收入,双方的利益诉求呈现矛盾性。例如,XN 集团刚进入 L 县,主要从事养鸡、养猪的养殖业,为保证产品质量、降低管理成本,企业引进了现代化的饲养和管理设备,每个养殖车间仅需几人即可实现养殖的全流程操作,极大地减少了用工人数。产业投资额很大,规模也不小,但带贫减贫效果并不明显。W 村的白茶基地也面临如此状况。由于白茶单产量极低,在头两年里每年所产白茶不超过 20 千克,所以不像传统绿茶一样需要大量的人工进行长时期的采摘和管理。只有在春天的施肥、除草季节才需要有人前来处理,这个时候只需要请 4 个左右的贫困户前来施肥除草就可以。平时基本不需要人员维护。而各村均建设有的光伏发电产业更是几乎为零用工率,根本就无法起到带动贫困户就业的目的。

其次,贫困群众的就业面较窄。尽管有些流程或工作仍然需要一定的劳动力,却因为对身体素质、知识技能的要求而无形中对贫困户产生了一定的排斥作用。如一个养猪车间仅需要 2 个工人可以很好地承担起饲养工作,但由于运用现代化技术和设备需要操作者有一定的学习能力和文化水平,这无形中使得很多受教育水平低、年龄偏大的贫困户难以胜任这一工作。W 村的白茶基地同样由于除草施肥之际天气比较炎热,年龄较大、有慢性病的贫困农户无法从事这项劳动,有时出于任务指标的考虑,不得不在原有工人的基础上强制安排贫困户做配合工作,但长期如此,企业出于成本考虑,阻力较大。从表 4-1 中可以看出,W 村的部分建档立卡户由于身体残疾、缺乏劳动力等因素难以进入产业扶贫的序列中。

表 4-1　　　　W 村部分建档立卡户家庭致贫原因统计表

户主	家庭人数(人)	户主年龄(岁)	致病原因
李广×	2	67	因残
赵腊×	1	60	因残、缺劳动力
赵有×	2	55	因残

续表

户主	家庭人数（人）	户主年龄（岁）	致病原因
曹先×	3	47	因残
曹新×	4	50	因残
刘双×	1	72	缺劳动力
李细×	1	76	缺劳动力
林细×	1	69	因病、缺劳动力
曹金×	1	56	缺劳动力
赵先×	2	63	因病
林杏×	2	66	因病

XN集团将重心转移到蔬菜种植和香菇产业之后，因香菇、蔬菜种植机械化程度低，需要大量人工，极大地增加了用工人数。该企业还根据县、乡两级政府要求，贫困户可享受优先租赁大棚、购买种苗给予优惠、免费提供技术指导、保证收购价格等政策。尽管如此，据其工作人员反映基本上蔬菜大棚基地和香菇基地的用工人数中贫困户和非贫困户各占一半。由于每个大棚差不多需要两个健全劳动力管理和维护，同时需要承担种苗购买费、大棚耗材费等，平均需要每年投入3万—4万元。尽管政府给予无担保贴息贷款，但部分贫困户仍认为借钱经营是个负担，不愿意承担发展生产的风险，所以每个扶贫基地贫困户承包大棚的比例往往低于50%，因而出现扶贫大棚贫困群众参与度不高，反而非贫困群众热情高涨，积极承包。无形中产业扶贫中依靠龙头企业带动的模式其实嵌入了对贫困户的排斥[1]。因此，不仅出现了非贫困户挤占扶贫资源的情况，还有学者也发现了政府官员和地方"大户"利用扶贫资金和扶贫项目获得了快速发展，成功参与了市场竞争，这反而在某种程度上阻塞或限制了贫困者上升的途径和空间，甚至形成了"内殖民"的地方发展生态[2]，扶贫项目使得非贫困户收益更明显[3]。这种现象虽然并非大量存在，但也说明了政府与企业在产业扶贫中的地位依然存在不均衡的状态，政府的主导作用将资源的

---

[1] 邓维杰. 精准扶贫的难点，对策与路径选择 [J]. 农村经济，2014（6）.
[2] 梁晨. 产业扶贫项目的运作机制与地方政府的角色 [J]. 北京工业大学学报（社会科学版），2015（5）.
[3] 李雨，王全忠，周宏. 产业帮扶对农户脱贫及减贫效果稳定性的影响研究 [J]. 经济地理，2019（4）.

分配权力纳入自己的支配范围，企业难以公平竞争去获取资源，导致政策执行中的产业扶贫目标的冲突，在进一步的实践中政企之间应当建立合作与共享的协同治理。

4.2 产业扶贫中政企协同的实践探索

L县的产业扶贫经历了较为复杂的过程，政府和企业之间的关系，为产业扶贫的复杂性提供了制度化基础。因此，产业扶贫的困境主要也源自政府和企业之间的复杂关系，有效开展产业扶贫必须理顺政企之间关系，形成协同治理的局面。为此，L县通过多方面的扶贫实践开拓了产业扶贫的多元化道路，尤其是在产业发展中有多种探索性实践，这也为研究产业扶贫中的政企协同治理问题提供了丰富的案例素材。从政府和企业的职能看，政府掌握着大量的政治资源，而企业占有丰富的市场资本，政治资源与市场资本的协同往往通过产业项目的方式实现，即企业通过产业项目的方式参与精准扶贫政策的执行过程。产业扶贫项目的落地，单有政府资源的输入是不够的，需要企业主体的有效参与，使得产业能够有机对接市场，在市场中获取可持续的发展。本部分通过对相关案例的比较分析以及地方性"典型"产业项目的营造考察，探讨政府与企业在产业扶贫政策执行过程中的关系模式及其变化，以及不同关系模式下所产生的政策效果。

4.2.1 案例介绍

案例一：农副资源的商品化转变

L县横跨长江、黄河两大流域，地区多处水资源达到地表水Ⅲ类及以上水质标准；该县地处山区，森林覆盖率较高，生态优美，环境宜人；全年四季分明，昼夜温差大，小气候复杂多变。以上多方面因素使得该县成为河南省特色产业大县，其特色农产品质量优、产量高，如连翘、绿壳蛋、核桃等产品均获得了河南省无公害产品的产地认证。该县还享有全国食用菌生产先进县和"核桃之乡"的美名。然而，长期以来L县的经济发展却在所在省份较为落后，人均收入低。截至 2016 年底，全县仍有 19645 户贫困户未脱贫，贫困人口高达 63134 人，占所属市贫困人口的一半①。

缘何有如此之丰富的农产品资源，有包括国家有机食品认证、省无公害产品产地认证、地理标志产品等优势品牌，但 L 县农民的收入仍没有得到有效增长？因此，笔者感到非常疑惑：丰富的农副资源为什么无法转变为商品，农副产品与市场之间需求为何出现了断裂？

根据查阅 L 县的产业扶贫开发资料，笔者发现 2016 年之后 L 县的产业扶贫工作进展非常之快。截至 2019 年 1 月，L 县发展农业龙头企业达到 44 家，合作社达到 1349 家，家庭农场 13 家，建成产业扶贫就业基地 176 个、产业扶贫增收大棚 1213 个，其中引进 KEQ 集团、XN 集团等种养殖产业项目等②。与此同时，产业扶贫起到了很好的扶贫效果，2018 年 L 县 3.06 万名贫困人口、60 个贫困村达到脱贫退出标准，带动贫困群众 12985 人，2018 年 L 县脱贫的 8479 户 29092 人中，家庭人均纯收入 5000 元以上的有 7034 户，占总脱贫户的 83%，6000 元以上的有 4945 户，占总脱贫户的 58%，7000 元以上的有 3604 户，占总脱贫户的 42%③。

其中，河南 XN 集团积极参与 L 县的扶贫工作，解答了我们的一些疑惑。该集团是从 2015 年开始涉入养鸡产业，2016 年开展养猪产业和蔬菜种植业，到 2017 年开始在香菇产业探索发展。该集团曾是以饲料加工销售、养殖技术服务、肉食品屠宰生产销售养殖为主的农牧业公司，借助扶贫工作的深入推进和该地域得天独厚的种植条件，不仅大力发展菌菇种植产业，更是研发投产智能化设备、光伏现代农业一体化，大力投入技术的研发和人才的培训，该公司快速成长为核心的多元化集团公司。并在 L 县大规模开展蔬菜种植 + 农业社 + 农户的生产模式。因此，L 县从一个有着丰富的农副资源的国家级贫困县成为该省市产业扶贫的亮点试验区，在此过程中农业产业化快速推进，政府企业农户们均取得丰厚的成果，并取得积极三赢的好局面。在 L 县发生的地方政府与涉农企业互动并共赢的"故事"具有很好的学术分析价值。

---

①② 参见 http：//news.dahe.cn/2017/10 - 10/108549927.html。

③ 参见 http：//www.hnsfpb.gov.cn/sitesources/hnsfpb/page_pc/xwzx/sxdt/articlea1e6828c41f74767bd7d0f2ef18e10f0.html。

案例二：贫困村的产业发展之路

产业扶贫政策实施的对象大多数瞄准一些贫困村，因为个体化的农民尤其是贫困农民无法承担产业发展的重任，以村庄为单位还有一定的能力承载相关的产业扶贫项目。位于 L 县东南角的 W 村是 L 县最偏远的行政村之一，也是省级贫困村。全村人口共有 425 户 1781 人，重点贫困户 37 户 81 人。该村版图呈长方形，地势东高西低。倒水河流经该村西边，百冲汇流经常被淹，东边地薄缺水。W 村仅在 20 世纪 90 年代发展过米加工厂、采石场等产业，后经营不善而倒闭。为什么地理位置不理想的村庄长期无法发展第二产业，除了受地理位置的影响，还有何种因素制约了此类村庄的发展，此类村庄发展产业将给当下产业扶贫工作以何种启示？

2015 年 10 月，市国税局扶贫队被派驻 W 村开展精准帮扶工作。市国税局派出扶贫工作队进驻 W 村开展帮扶工作。经过与邻市某茶叶有限公司合作，建立 80 亩标准化白茶基地。如今已经形成了白茶种植、生产、销售的体系化生产模式。政府和企业的二元互动与所带来的积极扶贫效果为从更为微观的层面分析产业扶贫过程中政社互动提供了极具意义的观察。

上述两个案例，为本章的研究提供了典型的分析对象。案例一是 L 县政府支持河南 XN 公司在该县内多个乡镇开展的包括养鸡养猪等养殖、蔬菜种植、香菇生产和上游产业生产等；案例二是市税务局与邻市某茶叶有限公司在 W 村建立白茶基地，发展白茶产业帮助该村脱贫。同时，这两个案例略有区别，河南 XN 集团在 L 县政府的支持下在该县进行扶贫工作，并且涉足的领域包括种植、养殖、制造等，在 L 县注册了 9 家公司，因此 L 县与 XN 集团两者的互动更为复杂；S 茶叶有限公司在市税务局的扶贫干部的引入下进入 W 村，市税务局利用扶贫资金建设了白茶基地，并交由该茶叶有限公司运营，其外部环境较为简单。

4.2.2　实践表达：产业扶贫中的政企协同困境与探索

在我国的扶贫实践中，政府主导型扶贫无疑是中国扶贫开发工作最主要的底色。该模式源于新中国成立后形成的计划经济体制，政府成为扶贫工作的唯一主体和责任者，从扶贫目标、扶贫规划、扶贫策略到具体的扶贫措施等方面都是政府在"一手操办"。改革开放后，扶贫工作虽然进行了相应的改革调整，但仍然有浓厚的计划经济色彩，政府作为扶贫开发的绝对主体地位并没有发生明显改变，依然在扶贫工作中发挥着核心主导作用。资助式扶贫成为扶贫的主要任务，即以资助扶贫为主，少开发式扶贫；以资金扶贫为主，少技术扶贫；以硬环境扶贫为主，少软环境扶贫等。在这种环境下，企业缺乏进入贫困地区的动力，甚至在进入贫困农村和涉农产业的过程中遭受到了巨大的障碍。随着精准扶贫工作的开展，这一局面得以改变。

本节以河南 XN 集团进入 L 县的扶贫实践和 S 茶叶有限公司在 W 村的扶贫工作实践为案例进行论述研究。

4.2.2.1 产业发展的要求

L 县作为河南省西部山区的国际级重点贫困县，由于第二、第三产业基础发展一直薄弱，第一产业占农民人均收入的比重较大，但规模化、产业化发展不足。为了解决贫困难题，该县一直以来都是依托自然资源、太阳光照等先天的自然环境条件优势，努力发展农业产业。该县依托其传统的香菇、中药、烟叶等资源，希望建设以绿色农业、特色工业和现代服务业为主的优势产业，实施"四个一百"工程，即计划在 2020 年，全县原生态核桃种植面积超过 100 万亩，规模以上企业超过 100 家，旅游年接待量超过 100 万人次，连翘种植面积超过 100 万亩。全县域范围内依据地理环境特色，打造中、西、南、北四大产业片区。以水果、现代牧业、传统优质烟叶、菇菌、以连翘为主的中药材、反季节的大棚蔬菜等六大特色农牧产业为核心，包括发展农副产品、中药材精深加工、现代服务业、电子商务和生态旅游业等。并且以地域为分类，以重点扶持打造规模企业为模板，建成 350 个产业扶贫基地，1000 多家新型农业经营主体，建立"龙头企业 + 合作社 + 农户 + 基地"的产业发展模式，并且形成龙头企业带动、合作社组织、农户参与、基地承载的利益联结体，带动贫困户年人均增收 5000 元以上。实现产业项目从"小、散、弱"的现有特点向各个行业布局，并且凸显"专、精、深"的发展方向转变。

4.2.2.2 精英俘获

在产业扶贫的实践中，研究者指出其中存在着市场逻辑和底线保障逻辑的冲突①，这一观点指出了在产业扶贫实践中企业和地方政府在行事逻辑上存在着的不一致之处。不过，着眼于我国当前体制环境特点和政府运行逻辑，可以发现底线保障逻辑是指向于贫困户，而地方政府之所以如此重视底线保障的实现，其背后更大的逻辑在于行政—政治逻辑的存在和重大力量。正是由于行政—政治逻辑的存在，或者说是政治任务完成的压力，地方政府在产业扶贫中往往通过运用政府所具有的权威直接有选择性地捕获精英以推动产业扶贫的步伐。

随着精准扶贫工作的开展，特别是2016年4月中共中央办公厅、国务院办公厅印发《关于建立贫困退出机制的意见》，其中明确提出"促进贫困人口、贫困村、贫困县在2020年以前有序退出，确保如期实现脱贫攻坚目标"的政治任务后，各级政府均面临着最迟在2020年全面脱贫的艰巨任务。显然无论是省一级政府，还是县市一级政府，都面临着巨大的压力，特别出台了关于"贫困县不脱贫党政主要领导不换岗"硬性规定。在这次精准扶贫工作中，为了能够实现"两不愁、三保障"，以及村集体年收入不低于2万元这个目标，各地政府特别是县一级政府面临着巨大的压力和挑战。如何找到适合本地发展的产业、如何找到愿意来本地投资发展的相关企业、如何通过产业发展带动贫困户增收等问题成为县级政府面对的重要事项，特别是如何找到愿意来贫困地区进行大规模投资发展的涉农企业更是重中之重。

L县种植的香菇质量高、味道好，在国内外广受好评，但由于缺乏规模化种植，品牌优势不强，质量管理标准较低，优质香菇产量有限，香菇产业的发展受到限制，甚至香菇产业所带来的效益远远排在烟叶、药材等之后。当紧邻的X县在香菇产业快速发展并获得巨大收益的时候，L县也看到了香菇产业的巨大经济效益，因地制宜，提出打造"全国香菇现代农业产业园""全国农村一二三产业融合发展先导区"，以香菇产业为主导的设想和思路。L县在X县的香菇产业发展的基础上，寻求在科技研发上做文章、在精深加工上求突破、在打造品牌上下功夫，着力引导全县香菇产业由粗放型向集约式转型，努力实现"按季生产、干鲜交替、全年有菇、四季上市"。并且L县还计划到"十三

---

① 许汉泽，李小云. 精准扶贫背景下农村产业扶贫的实践困境——对华北李村产业扶贫项目的考察[J]. 西北农林科技大学学报（社会科学版），2017（1）.

五"时期末，培育一批香菇生产龙头企业、农民合作社、家庭农场和专业大户，建设一批高效香菇出菇基地，发展香菇标准大棚 3000 个以上，推广订单农业、劳务增收、合作经营、设施租赁、股份合作等带贫方式，促进全县发展高品质香菇 2 亿棒以上，带动万余户贫困户稳定增收脱贫，户均增收 3 万元以上，保证香菇生产技术领先、品质优异、效益良好，努力将该县打造成全国香菇产业的生产强县。根据以上设想，L 县开始在全国范围内寻找愿意来该县进行香菇产业投资的企业，但是经过与众多企业洽谈，由于地理位置、工业发展条件等限制，L 县未能争取到合适的企业进驻。招商受阻后该县开始从本土企业中寻找目标，DA 农牧有限公司进入该县的视野中，县领导多次与企业座谈进行产业转型，支持鼓励其公司大力发展香菇产业。L 县之所以愿意将该公司作为香菇产业的龙头企业培育，是因为河南 XN 集团的创始人曾在部队的炊事班服役，退伍复员后在河南省创办了一家饲料有限公司，专门从事猪饲料的生产及销售工作。在发展 2 年后，开始涉入猪的养殖。据其下属公司的副总经理介绍，该集团创始人在刚刚创业有了盈利后就开始做慈善事业，是一位乐善好施的人，第一次捐助就捐献了 100 万元，因此很快被吸纳进入省慈善总会成为会员。当时省慈善总会有位领导是 L 县人，在他的牵线搭桥和支持下，创始人开始到该县进行二次创业。在这个过程中，该集团之所以选择进入地处豫西边陲的贫困县——L 县并不是其基于市场的理性选择，而是在该县招商引资的友好政策下，进入该县发展产业，将成为政策红利的受惠者。2016 年该集团在 L 县最先尝试养鸡产业，由于养鸡受外部市场限制，很快放弃，随后又开始回归其传统的养猪产业中。该集团 2017 年成立 DA 生态农牧有限公司，采用从美国引进的最新养猪技术和设备，在生产的饲料中添加药品，使得猪粪成为干粒，并且猪圈分为三层，最上一层种菜，第二层养猪，最下一层专门处理猪粪便，制作成肥料。利用这种技术和设备，平均 1000 头猪只需要两个管理人员，大大降低经营成本的同时养猪业快速发展起来还挣到了大钱。而这一较为科学、环保的养猪技术受到了该县扶贫部门的青睐。

在该县的积极动员下，该集团整个 2017 年除了继续发展养猪产业之外，大力发展大棚蔬菜种植和香菇产业。该集团为了能够顺利完成发展香菇产业的任务，以高额的待遇同时分配企业技术股、管理股给技术团队，这是一支从山东寿县（全国有名的香菇之乡）特聘的 7 个人组成的一个技术团队来通力合作发展该公司。L县政府对XN集团也是大力支持，该县排名第二的副书记负责对接该集团，该县一名科级干部进驻该集团，在该集团的办事处现场办公，为其解决其在该县所面对的问题。据下属公司的副总介绍，该集团开始的时候选址在GH村建设香菇棒生产基地，但GH村所在乡镇的电力供应严重不足，无法支持基地的投产，将该问题反馈给该县政府，随即得到重视并快速配合其发展要求改址在JH村，一个月后年产3000万棒规模的香菇棒生产基地投产成功，如今这个基地成为豫西地区最大的香菇棒生产基地。

另外，该县税务局扶贫副处级干部李某在2016年担任W村第一书记、驻村队长。李某从20世纪90年代部队转业进入税务系统后就多从事扶贫帮扶工作。S茶叶有限公司在当地从事茶叶生产，特别是在白茶生产方面颇有名气。该厂的经理之前也当过兵，因为共同的当兵经历，李某与该厂经理两人之前已有接触。此次李某开始在该村扶贫之后，先后去了杭州、潜江、恩施等地考察，希望可以找到合适的经济作物到该村种植。后面想到该地区可以种植茶叶，而且技术难度相对较小，为此他考察了很多地方，不过他想种植绿茶的想法被否定。在这之后李某才想起来了白茶。随后该县税务局和W村的村干部一行到H县考察，经过接洽后才决定引入白茶生产基地。此后该县税务局先后投入了300万元的扶贫经费，进行了山地征收、平整。S茶叶有限公司主要投入茶树苗、种植技术和炒茶技术等，并与W村签订了协议，其中一项就是每年支付给该村10万元作为租赁费用。

河南XN集团和S茶叶有限公司都因为主要负责人与扶贫干部有着特殊的关系，才进入扶贫干部的产业发展视野，最终才将自己的产业投入贫困地区。

4.2.2.3 金融平台的利用

尽管国企和民企都是社会主义市场经济中非常重要的组成部分，但不可否认的是目前两种类型的企业主体在很多方面依旧享受着不同的待遇和地位，特别是在获得政府的贷款支持等方面。实践中，尽管民营经济在国民经济中的份额超过60%，但在银行业贷款余额中，民营企业贷款仅占企业贷款数额的1/4，国企和房地产公司由于其资金雄厚成为贷款的主体，民营企业相对较少得到贷款。为我们揭示了一个非常严峻的事实，即在目前的环境下普通民营企业获得国家银行贷款非常困难。最近几年发生在江浙等地的民间信贷是否合法化的争论其实也是民营企业难以获得银行贷款的一个重要反映。因此，一方面，诸如 XN 集团、S 茶叶有限公司等企业因为特殊的关系进入一些扶贫干部发展经济作物产业的视野之中；另一方面，这些企业最终决定进入扶贫产业之中，也与金融政策相关，特别是与它们是否能获得畅通的融资渠道有直接关系。如果是前者是一种"拉力"的话，金融政策起到了"推力"的作用。

L 县为了鼓励企业进入产业扶贫领域中，专门对县域内银行的布局进行了充分调整，将邮政银行、农村商业银行、中原银行、德丰村镇银行及中国农业银行、中国建设银行的服务点全部下放到乡镇一级，要求相关银行到乡镇设置服务点（见表 4-2）。

表 4-2　　　　信用体系建设责任银行分包乡镇一览表

序号	乡镇	合计	非贫困村（个）	贫困村（个）			责任银行
				合计（个）	省定（个）	县定（个）	
1	DG 镇	22	15	7	7		邮储银行
2	GDK 镇	19	13	6	5	1	邮储银行
3	FL 镇	46	30	16	12	4	邮储银行
4	DM 镇	23	17	6	5	1	中原银行
5	WY 乡	32	23	9	9		中原银行
6	HJ 乡	32	15	17	11	6	农业银行
7	SH 乡	17	15	2	2		工商银行
8	PH 乡	17	10	7	6	1	农村商业银行
9	MT 乡	10	4	6	5	1	农村商业银行
10	SLW 镇	16	12	4	4		农村商业银行
11	XJW 乡	11	8	3	3		农村商业银行
12	GP 镇	17	8	9	7	2	农村商业银行
13	SZP 乡	11	6	5	5		农村商业银行
14	WLC 镇	19	11	8	4	4	农村商业银行
15	TH 乡	14	7	7	5	2	农村商业银行
16	SHS 乡	12	1	11	7	4	德丰村镇银行
17	ZYG 镇	13	4	9	7	2	德丰村镇银行
18	WYG 乡	14		14	6	8	德丰村镇银行
合计			206	146	110	36	

在扶贫工作的过程中，XN 集团也面临着前所未有的资金压力，笔者对此作了详细的了解。据 XN 集团的副总经理李某讲道，该企业的创始人曾经跟他谈过，在到 L 县来之前觉得该集团拿出 1 亿元就可以做得非常不错，而现在发现做扶贫产业完全是投资无底洞、回收马拉松。在进入该产业后不久，就面临着越来越大的资金压力，为此将全部的精力和所有的资金都投入该县。而且像李副经理这样的企业高管、职工，也进行了不同额度的投入，包括技术投入和资金投入。

据李经理介绍，在该县开始做养猪、养鸡产业的时候，由于相对都是该公司的传统业务的扩展业务，做得顺手，资金压力还不明显。但当要发展香菇棒行业的时候却面临着前所未有的资金的压力。2017 年 4 月该集团并没有足够的财力用来独立建设香菇棒生产基地，但由于进驻 L 县一年以来该公司大力推广香菇种植，全县香菇棒产量严重不足，已经严重影响到香菇产业的发展。L 县政府希望企业为该县产业扶贫工作能提供更大支持，该集团克服困难，挤出 2100 万元自有资金，该县政府也大力支持，使用专项扶贫资金配套 900 万元，将 3000 万元作为项目启动资金，通过金融扶贫政策，向该县农商行贷款 2.1 亿元。在这之前，该集团没有贷款到一分钱，都是靠老总自己一个去找钱。李经理谈道，"在山东，贷 1000 万元就几乎不可能，在这里（L 县）也给企业一个发展的舞台。政府领导沟通得很多，在山东很少"。正是这笔 2.1 亿元的资金帮助该集团短短一年中在该县成立了 7 家子公司，迅速完成了产业布局，从一个以猪饲料生产、销售为主的企业演变成为一个多元化的集团公司。

同时，该县大规模实施的为贫困户给予个人贷款的做法也间接地对该集团的扩大生产提供了帮助。据该县官方网站上的新闻"探索金融扶贫 L 模式"①内提供的数据显示，L 县 2017 年新增投放扶贫贷款 10.1 亿元；并且 L 农商银行成立了"金融扶贫部"，抽调 19 个乡镇支行行长、106 名客户经理分别任乡站副主任和村部成员，与当地政府联合建立 1 个县级金融扶贫服务中心，设立了 19 个乡级金融扶贫服务站，全县 352 个村都有村级金融扶贫服务部，形成了三级金融扶贫服务体系。2017 年全年为贫困户发放了约 3 亿元的扶贫贷款。这 3 亿元间接地支持了 L 县的农业企业在各贫困村的产业布点。

---

① http：//www.lushixian.gov.cn/show－229－8537－1.html。

4.2.2.4 政策信息吸纳

香菇产业原为 L 县传统农业产业，不过长期以来香菇种植分散在各家各户之中，种植方式较为原始，产业化程度较低。随着扶贫开发过程中，该县政府将产业发展目标聚焦于香菇产业化发展上，香菇产业获得了快速发展。政府—市场两主体的互动亦得以充分展现。L 县 DG 镇 MW 村香菇产业基地有县 LH-HX 农业发展有限公司于 2017 年初兴建，占地面积 110 亩，投资总额 820 万元，新建出菇大棚 82 个，年生产规模 164 万袋，年产值 1558 万元。基地现已投入生产 58 个香菇大棚，发展设施农业带动农户脱贫，采用公司＋基地＋合作社＋农户的模式，基地长期带动贫困 10 户 37 人。该基地主要采用三种方式带动贫困户：方式一，与建档立卡贫困户签订劳动就业合同；方式二，与建档立卡贫困户签订入股分红协议；方式三，与建档立卡贫困户签订合作经营，并通过流转贫困户土地增加收入。

通过《MW 村香菇生产产业扶贫基地经营状况分析评估报告》可以看到在香菇产业的扶贫模式中政府、企业等主体各自承担的责任。该分析报告中写道："企业主要解决合作社融资难的问题，解决贫困户缺技术和销售难的问题，企业帮助合作社建设香菇大棚，合作社负责召集贫困户参与种植，贫困户通过劳务获得稳定的保底工资收入。"其中，政府除了提供土地、注册手续的便利、生产保障等方面支持，金融的支持亦是地方政府对企业的关键性支持和承诺。

首先，该县要求各银行在贷款领域有所倾斜。该县制订的《L 县金融扶贫试验区实施方案》中有"建立县金融扶贫试验区主办银行制度"的制度设计，该制度以该县扶贫工作中的类别安排，要求各驻地银行，设定相应的贷款并积极开展相关服务项目。"各银行发挥专业特长，做好扶贫方案与信贷产品的设计、具体实施工作……农发行、建行为支持乡村片区开发的主办银行，对经济、产业发展提供金融支持；县域内的各大银行均要为扶贫产业的发展提供政策贷款，各大银行均有其主要工作内容，特别是工商银行、邮政储蓄银行和县农村商业银行。"规定邮政储蓄银行、农商行、村镇银行为直接帮扶建档立卡贫困户的主办银行，在县域范围推广扶贫贴息贷款、创业担保贷款等金融信贷产品。地方政府能够直接管理的农村商业银行成为整个县域范围内扶贫产业发展支撑的关键性银行。从该文件可以看出，为了开展扶贫工作，县一级政府不仅干预政策性银行的放贷工作，同时要求商业性银行也加大在相关领域的放贷工作、降低审核门槛和放宽金融风险把控。

其次，地方政府不仅要求银行在本地加大放款力度，同时主要参与政府与企业的风险共担工作。在被河南省财政厅、河南省扶贫开发办公室、中国人民银行郑州中心支行等六个单位批复的《金融助推 L 县脱贫攻坚试验区工作方案》①中有一条款明确要求"建立风险分担机制"。该方案要求"对农业龙头企业扶贫贷款实际发生的风险，L 县政府、合作银行、省农信担保和省担保集团分别按照 20%、20%、40% 和 20% 的比例分担风险"。该文件明确规定地方政府需要承担 20% 的贷款实际发生风险。与此同时，实行地方财政对银行贷款的贴息优惠政策，即明确要求县域范围内对符合贷款条件的贫困户发展产业方面给予三年全额贴息小额信用贷款，三年后归回本金，对参与扶贫产业发展并实际带动贫困、惠及建档立卡户的农业龙头企业的担保贷款按照年贴息率 3% 进行贴息。《L 县金融扶贫贷款贴息办法（试行）》中除了对贴息时间进行规定外，还要求贷款利率的优惠条件，要求"对符合条件的带贫农业经营主体的贷款，贷款利率原则上按照贷款基准利率上浮不超过 10%"。

再次，该县在龙头企业、合作社等帮扶上制定了专门措施。对于龙头企业主要采取 4 种方式给予重点支持：一是合作经营。支持国有公司与龙头企业合作经营，合作经营所占股份不高于企业固定资产总投资的 20%；国有公司要依法依规履行国有资产监管职责，引导龙头企业做大做强，实现互惠互利、合作共赢。二是资金支持。政府参照每生产 100 万棒菌棒给予 200 万元资金扶持的标准，积极协调银行、基金等金融机构给予龙头企业融资贷款，并按照融资成本上浮 10% 收取资金使用费，期限 1 年。三是设施配套。对于龙头企业在新建香菇产业项目中满足生产必要的水、电、路等配套设施（场外部分）由政府依法依规予以保障。四是政策优先。优先办理各种手续；优先安排上级项目资金支持；优先享受金融扶贫"L 模式"融资支持；优先培育推荐企业上市。对于合作社、家庭农场、专业大户采取以下奖补标准：合理规划建设一批高效香菇标准大棚，在 2017 年 10 月 31 日前建成并通过验收的奖补每个 3 万

---

① 材料由 L 县精准扶贫领导小组产业办公室提供。

元,在 11 月 30 日前建成并通过验收的奖补 2.5 万元/个,在 12 月 31 日前建成并通过验收的奖补 2 万元/个。

最后,该县还通过发放产业扶贫基地的配套资金鼓励各大涉农企业加强基地建设和投入(见表 4-3)。

表 4-3 L 县第一批产业扶贫基地县级配套奖补资金一览表

序号	基地名称	建设主体	建设地点	带贫机制	县级奖补标准(万元)	拟申请市级奖补资金(万元)	县级配套奖补资金(万元)	本次兑付奖补资金(万元)
1	DM 镇 JQ 村蔬菜基地	DA 农牧有限公司	DM 镇 JQ 村	劳务、分红	20	8	12	7.2
22	SLW 镇 LJ 村蔬菜基地	DA 农牧有限公司	SLW 镇 LJ 村	劳务、分红	20	8	12	7.2
33	DG 镇 MW 村蔬菜基地	DA 农牧有限公司	DG 镇 MW 村	劳务、分红	20	8	12	7.2
34	DG 镇 MW 村食用菌基地	L 县林海兴华农业发展有限公司	DG 镇 MW 村	劳务、分红	40	8	32	19.2
55	ZJ 村叶氏生态养猪基地	三门峡大爱农牧有限公司	SH 乡 ZJ 村	劳务、分红	40	8	32	32
66	SH 乡 GJ 村蔬菜基地	三门峡大爱农牧有限公司	SH 乡 GJ 村	劳务、分红	20	8	12	7.2
77	HJ 乡 CJL 村蔬菜基地	三门峡大爱农牧有限公司	HJ 乡 CJL 村	劳务、分红	20	8	12	7.2
88	XJW 乡香菇基地	L 县林海兴华农业发展有限公司	XJW 乡街上	劳务、分红	40	8	32	19.2
99	PH 乡上川村香菇基地	L 县林海兴华农业发展有限公司	PH 乡上川村	劳务、分红	40	8	32	19.2
110	ZYG 镇食用菌基地	L 县林海兴华农业发展有限公司	ZYG 镇产业园	劳务、分红	40	8	32	19.2
	合计				300	80	220	144.8

4.2.2.5 主体的双向吸纳

既有的研究认为民营企业与地方政府建立在"地缘性"这一关系上的隐性关系导致地方政府容易将民营企业视为自己的部分成果和组成部分,地方政府都努力创造条件、出台保护政策让民营企业获得快速的发展和壮大,从而依靠民营经济的发展和税收等在地方竞争中靠前[1]。在扶贫开发中更是如此,地方政府积极主动创造条件推动地方企业发展壮大,特别是进入农业产业领域开拓市场,同时也要求这些依靠政策条件发展壮大的企业一起分担着原本积压给地方政府的扶贫重任。

企业原本的角色是盈利,即使现代企业相比于资本主义原始积累时期更加注重社会责任,但其本质依然没有发生变化。不过,在扶贫开发过程中,原本处于市场经济中弱势地位的贫困户纷纷受到了企业的积极支持,企业除了捐资捐物外,主动帮扶贫困户发展生产。除了企业主动愿意承担社会责任外,企业也有来自地方政府的要求和压力。在《L县金融扶贫贷款贴息办法(试行)》中明确规定"带贫农业经营主体……每贷款30万元,带动1个贫困户实现年人均收入达到当年脱贫标准"。

该县LHXH农业发展有限公司提交的《MW村香菇生产产业扶贫基地经营状况分析评估报告》的"效益分析"部分中列举了香菇种植的成本与收益计算方法:

收入:90000×2季/年=180000元

成本:48000元×2季/年=96000元

费用:农户保底收入20000元+年折旧16000元+利息4000元+水电技术人员工资8000元=48000元

利润:180000−96000−48000=36000元

集团、农户五五分成,各得18000元

香菇种植农户总收益:保底20000元+分成18000元=38000元

公司与当地贫困户签订的《香菇大棚承包经营管理合同》明确要求作为

---

[1] 江远山,郝宇青.政企关系、地方性共生与中国的经济奇迹[J].华东师范大学学报(哲学社会科学版),2018(1).

丙方的 LHXH 农业发展有限公司必须做到"保证农户最低每袋收益 1 元，每棚可放 1 万个香菇袋……丙方享有一定的分红权，按每个大棚放一万袋菌棒收益若高出 2 万元，高出部分的 50% 归属丙方所得，但分红中甲方保证每户人均年收入不低于当年脱贫线标准"。地方政府规定该公司必须保证贫困户有 50% 的收益，并且贫困户每户人均收入不低于当地当年的脱贫线标准。即在享受了地方政府的金融扶持政策和贴息贷款后，企业需要承担原本属于地方政府所需要承担的相应的扶贫责任。在《MW 村香菇生产产业扶贫基地经营状况分析评估报告》中，LHXH 农业发展有限公司提到"基地长期带动贫困户 10 户 37 人"。在 2018 年 12 月的实地调研中，该公司负责的大棚蔬菜基地认真落实了优先让贫困户承包蔬菜大棚的做法，40% 以上的大棚由贫困户承包耕种。

在对一间由 YML 服装有限公司提供制衣劳务帮扶车间负责人进行访谈，谈到为何愿意从城市搬到山区进行生产时，他指出了对产业扶贫的理解："扶贫是目标，资源是村民，条件是政府支持，结果是多方共赢。"①

4.3 产业扶贫中的政企协同治理优化

我国农村减贫扶贫工作长期采用"有政府无企业""政企分离"的政府主导的救济式扶贫工作模式，近些年，民营企业参与精准扶贫工作中的产业扶贫，并在促进区域经济发展、增加就业岗位等方面发挥着积极作用。然而，在目前的产业扶贫工作中，政府与企业的互动仍存在着障碍性因素，构建主体之间新型的互动机制成为一项重要的任务。在产业扶贫政策执行过程中，政府掌握着大量政策资源，如扶贫项目、资金和政策支持等，而企业占有大量的市场资本，如市场信息、渠道与技术等，但二者地位非均衡性以及利益目标的差异性导致二者属于利益博弈的竞争关系，而非良性的合作共享关系。本章基于相关案例的考察，研究政府与企业之间的协同治理机制，比如尝试构建政府的普惠性金融服务政策平台，以及政府与企业的信息共享机制、资源整合机制以及

---

① 用绣花功夫扶贫山沟里飞来"雅美琳" [EB/OL]. http://www.lushixian.gov.cn/show-229-11175-1.html.

利益共享机制。这些可以使政府在提供政策平台的同时，有效引导、整合各种产业项目，通过合理的利益分配机制以及政策激励，将企业引入，同时在围绕扶贫的责任承担方面达成合作并做好监管；而企业则能够转变观念，从利益竞争者转变为利益共享者。

目前，关于政企之间的互动关系，胡振光、向德平等提出多元主体间良性互动关系，要激发政府、经济组织和贫困户的参与动力，提升其参与能力，扫除相关参与障碍。多元化的主体参与应从方式上加以转变，总体上提高参与水平[1]。吴映雪借用多元协同治理理论，提出多元协同治理模式[2]。彭云、韩鑫、顾昕提出多方协作的互动式治理，让社群机制、市场机制和行政机制以互补增强的方式彼此嵌入，本土的市场行动者和基层自治组织利用其经济信息与社会资本优势，促成关系型契约的制度化[3]。还有学者提出"龙头企业+基地+贫困户"模式，以及争取特色旅游、金融服务、电子商务和扶贫搬迁等相结合的多元化产业扶贫模式[4]。在此基础上，针对政企的互动过程和实践案例，本节提出政企之间的协同治理模式。

4.3.1　理念层面：风险共担与利益分享

4.3.1.1　风险共担机制

产业扶贫的本质是指以市场为导向，以产业发展为支撑带动贫困地区的扶贫开发过程，在促进贫困地区发展、贫困农户增收的同时，企业追求经济效益。同时，政府作为产业扶贫的主导力量，在此过程中也追求社会效益。因此，政企之间应当在产业扶贫中形成协同理念，实现风险共担与利益共享。在产业扶贫中大量信贷资金进入扶贫产业，必然带来一定的金融风险。L县根据客观实际，探索、设计、建立了一整套扶贫贷款担保基金制度。该制度要求由

---

[1] 胡振光，向德平. 参与式治理视角下产业扶贫的发展瓶颈与完善路径 [J]. 学习与实践，2014 (4).
[2] 吴映雪. 精准扶贫的多元协同治理：现状，困境与出路 [J]. 青海社会科学，2018 (3).
[3] 彭云，韩鑫，顾昕. 社会扶贫中多方协作的互动式治理——一个乡村创客项目的案例研究 [J]. 西北学刊，2019 (3).
[4] 李志萌，张宜红. 革命老区产业扶贫模式，存在问题及破解路径——以赣南老区为例 [J]. 江西社会科学，2016 (7).

县财政、扶贫部门牵头成立扶贫贷款担保中心，省、市、县财政按5∶3∶2比例注入1亿元资金作为风险担保基金，参照创业担保贷款运作模式，通过财政资金的撬动，金融机构按照扶贫贷款担保基金余额6—10倍的比例放大，给减贫作用明显的中小企业和建档立卡贫困户发放贷款。同时建立扶贫贷款风险补偿基金，采取县财政整合涉农资金和用款单位共同注资的方式建立1亿元扶贫贷款风险补偿基金，由县财政、省农信担保公司和金融机构按照约定的比例用于贷款出险后的风险补偿。

虽然企业参与扶贫产业无疑具有一定的公益意义，但企业依然是直接面对着市场，并没有因为其在贫困县或者村落参与扶贫而能够逃避市场规律的检验。甚至很多企业参与扶贫所涉及的领域为涉农产业，因回报周期较长而面临着更大的风险。如XN集团在进入L县后不久就被迫缩小在其他地方的产业规模，而将主要资金全部投入L县的扶贫产业，该集团的董事长也表示在此之前XN集团没有欠一份外债，来了L县之后已经欠了银行2亿多元。

同样，政府将资源大量向扶贫企业倾斜，这对于政府来说也面临着巨大的风险。一方面，由于全国所有县域最晚在2020年必须完成脱贫任务，故而政府需要不断地考虑扶贫资金的使用效率，任何政策倾斜失误都将影响扶贫任务的完成；另一方面，通过县级政府的干预，县一级农村商业银行将贷款大量投入扶贫企业，如果贷款不能顺利回收，银行将面临着巨大的金融风险。以L县为例，在扶贫工作中，五大国有银行均以县一级银行没有审批权限为由拒绝县政府向贫困户和扶贫企业发放贷款的要求，故而发放涉农贷款的压力全部集中于L县农村商业银行。据LHXH有限公司的副总经理李某了解，L县农村商业银行一共有2.2亿元的资金，但是在两年之内却已经借贷出去了2.8亿元，河南省政府金融网上的信息显示"2017年L农商行扶贫贷款占全县总额的90%"。L县工商银行总共贷款不到2000万元，L县建设银行只发放了15万元的扶贫贷款后就不再发放扶贫贷款。由此可见，县政府亦面临着巨大的金融压力。因此，政企双方需要建立一个风险共担机制，以保障产业扶贫工作的持续推进。

4.3.1.2 利益共享机制

利益共享机制是政企协同机制中的重点内容，目标是要实现企业利润与农户脱贫的双重目标。在产业扶贫工作中,一方面要让贫困人口从产业发展中获得市场化的收入、资源性收入等,另一方面要让企业能够在涉农产业发展过程中获得更多的资金支持、金融政策支持。如 L 县推行成立 1 亿元的扶贫到期贷款周转资金池,由政府、金融机构、企业按 5∶3∶2 的比例出资组成。按照"总量控制、专款专用、封闭运行"的原则,为资金暂时周转困难、能按时还贷的企业提供短期资金周转服务。这让更多的企业可以享受到资金周转的便利,不仅使得企业在前端享受到使用资金的便利,类似政策需要进一步常规化和稳定化。涉农企业的发展会带动农村资源的整合,贫困户在政府政策支持下必然有更多的参与机会,能与企业共同分享产业发展利益。例如,梁栋、吴惠芳就提出相比于单个个体,一定数量的贫困户集中利用各方政策优惠和扶持,建立合作社和农业企业并对接市场可规避显性风险,破除涉及扶贫资源分配的各行政部门之间的部门壁垒、政策壁垒和思维壁垒,避免优惠政策的相互抵消和冲击①。因此,要建立机制保证参与扶贫工作的各方主体能够有效地实现利益共享和有比例的分担。

4.3.2 组织层面:信息沟通和权责明确

长期的产业扶贫实践中,政府与企业之间的沟通方式是双方形成协同关系的组织基础,在组织层面的协同需要产业扶贫中相关主体的权责明确以及信息有效沟通。黄冬娅认为我国企业影响地方政府决策过程的沟通方式有:迎合政绩、坐地要价、利益疏导、借力施压、正式沟通②。在产业帮扶过程中,尽管肯定存在多种沟通方式,但出于协调市场逻辑和地方政府行政与政治逻辑的需要,包括迎合政绩和正式沟通为主的常规化的沟通是产业扶贫能够有效推进的前提。政府是扶贫开发的责任主体,也是扶贫开发政策的主要设计者、推动者。在扶贫开发过程中,政府为视察机制发挥作用提供现实基础。故而,政府在整个扶贫开发工作中处于核心地位。

---

① 梁栋,吴惠芳. 农业产业扶贫的实践困境、内在机理与可行路径——基于江西林镇及所辖李村的调查 [J]. 南京农业大学学报(社会科学版),2019(1).
② 黄冬娅. 企业家如何影响地方政策过程:基于国家中心的案例分析和类型建构 [J]. 社会学研究,2013(5).

企业同样是参与扶贫工作的独立主体,是重要的参与者,更是发挥市场的作用重新配置资源的关键力量。因此,在扶贫工作中建立政府和企业的常规化沟通机制,促进政府和企业有效互动,使得政府与企业在具体扶贫场域中发挥共同的优势是扶贫工作持续推进的前提。与普通的民营企业相比,在扶贫开发工作中,进入产业扶贫领域的民营企业将会面临着更为复杂的环境,特别是在产业基础、产业配套、区位因素、运输成本、用工等方面并不处于最优化选择的情况下,民营企业将面临着更多的问题有待快速处理。如 XN 集团进入 L 县建设香菇棒生产基地,该基地需要一整块较为平整的空地,而在 L 县这种"七山二水一分田"的地方这种空地极难寻找到,如果没有政府部门的主动帮助和信息提供,选址对于该集团而言将是一件困难的工作。尔后 L 县政府为其提供了 SH 村的一块空地,但由于该乡镇无力供应基地的用电,最后又换到了 JH 村。正是由于该集团的选址困难能够及时反馈给县政府主要领导,选址工作在一个星期就得以解决,这一有效的信息沟通制度极大地节省了时间成本、勘测成本和咨询成本。

与此同时,作为两个独立的理性组织主体,地方政府和企业有其各自主体利益和责任。因此,建构常规的信息共享机制需要首先明确各主体的权责边界,明确政府的核心作用,确立民营企业的独立主体作用,使得两者都能够找到自身的定位。其次,建立联系人制度,双方均在管理层级和具体落实层级确立对接人,保证不同层级的信息可以得到及时对应传送。最后,建立定期沟通制度,保证信息灵活性、及时性传输的同时有政企相关负责人定期见面沟通渠道。

4.3.3 制度层面:普惠式金融破瓶颈

从 L 县产业扶贫的相关案例中,可以了解到决定扶贫效果的因素在于当地特色化的扶贫模式,其中金融扶贫是成效明显的典型,也是当地产业扶贫的基础性方式。在当地的产业扶贫实践中,以金融扶贫为基础带动农业产业化发展已经成为制度化的方式,带有普惠性质的金融扶贫成为解决当地产业扶贫瓶颈问题的关键。近几年随着精准扶贫工作的推进,金融政策对建档立卡贫困户给予了极大的便利,大大地降低了贷款申请门槛。如称为精准扶贫"特惠贷"

的扶贫小额信贷就非常典型。扶贫小额信贷的申报对象为建档立卡贫困户，凡是符合申报条件和申报标准的贫困户都可以获得免除担保的贴息贷款。尽管贫困户享受了较好的金融政策，但参与产业扶贫工作的企业却难以享受到如此优惠的金融政策。

一方面，企业获得金融支持的难度非常之大，不像贫困户申请扶贫贷款已经取消了担保和抵押，尽管企业参与扶贫产业，但相关贷款还是严格按照原有政策操作，甚至因为是涉农领域的产业反而面临着更为严格的审批压力，尽管政策允许可以3年一贷，但在L县的实际操作中仍然是一年一贷。另一方面，特惠式的金融贷款政策能够持续多长时间目前依然是个悬而未决之事，这也使得企业能够吸纳贫困户创业产生效果的时间难以预定。因此，应该在正式制度层面建立普惠式金融政策。第一，以县级为单位，由财政局、县人民银行牵头，建立完善的制度服务体系，扩大覆盖面，推进普惠性的金融服务措施。第二，建立和完善对普惠金融的激励和差异化的考核机制。在银行内部，要设立专门的部门，有专门的信贷计划，降低内部资金成本；监管方面采取了差异化政策，对涉农的小微企业、参与产业扶贫"三农"贷款的风险、不良贷款率有一定的容忍度。第三，提高产业扶贫企业的金融服务的可获得性。

4.3.4 技术层面：建立技术支撑机制

产业扶贫与其他传统的扶贫办法的重要区别就是出于经济理性考量的企业深度参与产业的发展、资金的获取。同时，在产业扶贫中应当考虑政府与企业的相互需求，尤其是在政府主导产业扶贫过程中，政府对企业的需求成为政企之间形成有效协同不可或缺的因素。现代农业产业发展突出的特征就是科技支撑，政府对发展贫困地区的产业的重要目标就是要实现农业现代化，这些技术企业能够有效提供，供需之间的差异状况成为政企协同的基础，双方在互相合作与协同中形成新的合作关系，建立以科技为支撑的协同机制。企业参与扶贫工作的动力机制问题亦被学者所重视，认为在扶贫工作中引入市场机制可以提高扶贫精准性和效率[1]。本书认为，构建政企协同机制的关键在于建立技术支

---

[1] 宫留记. 政府主导下市场化扶贫机制的构建与创新模式研究 [J]. 中国软科学, 2016 (5).

撑。有了领先的技术支撑，才能够保证扶贫产业的持续运转。

事实上，绝大部分参与产业扶贫的市场主体主要是为了赚取剩余价值，表面上看为了营利的民营企业参与扶贫事业似乎与扶贫的公益性相矛盾，但正如宫留记所言：一个有效的市场机制就在于能够使参与各方获利。建立在技术支撑机制之上的政企协同治理不仅能够使得政府、企业双方满足各自的需求，还可以促进扶贫工作的持续发展。以 XN 集团在 L 县香菇菌棒的销售为例，该集团为了体现扶贫的特征，每一根菌棒卖给贫困户会比销售给其他市场群体要低 1 元，即以 4.8 元的价格卖给贫困户，以约 6 元的价格卖给一般市场，并且需要保证优先销售给贫困户，目前该集团除了供应 L 县的贫困户的用菌棒量外，剩余的菌棒主要用于出口国外，而出口到国外每根菌棒可以卖到 8—8.5 元。该集团之所以能够如此做，是因为创始人觉得扶贫也给了企业一个舞台，机会是对等的，扶贫对所有的人来说都是"双刃剑"。虽然其在价格方面做出了一定的牺牲，但该集团依靠自身的技术领先优势迅速地占领了河南的香菇棒市场并打开了香菇棒出口渠道。产业扶贫不仅必须符合农民收入的基本规律，还必须符合市场的生产规律，产业扶贫本质是一种效率上的追求。故而，构建动力机制的核心在于扶贫产业有其自身领先的技术支撑。

4.4 小　　结

国家与市场的关系一直是行政管理学科中的重要议题，国家与市场的角色、互动实践及其意义等问题延及在产业扶贫问题上已经受到学者们的积极关注与评价。针对发生在各地的产业扶贫的实践经验，目前学术界已经提出了多元主体间的良性互动关系、多元协同治理模式、多方协作的互动式治理、龙头企业+产业扶贫等模式，这些模式均较好地解释了产业扶贫何以能够发生并取得成效的事实。但可以发现，绝大部分研究均以"村"这一最低层次的地域空间为观察场域，在组织主体上缺乏对多主体的均等重视，在研究的时间场域上聚焦于时下而缺乏对过程性的长时段考察。这样的结果就是在对产业扶贫实践分析之时，缺乏"环境—结构—过程"三维的考察，更难以探讨三者之间的协同治理效应。无疑，此类研究对极为复杂的动力机制、多元互动机制及其结果等关注尚存力有未逮之处。因此,从国家与市场的角色定位与权责边界、互动历史、互动效果的角度,对产业扶贫开发场域中作为国家代表的地方政府与作为市场代表的企业二者由隔绝分离到良性互动的过程与效果进行剖析。在研究上以一个县域内发生的产业扶贫为观察对象,是本章的理论关怀所在,将"地方政府"和"企业"视为平等的法律主体、平等而理性的组织、平等的责任主体,在此基础上提出基于信息共享、风险共担、利益共享和技术支持的协同机制。在实践中,地方政府通过捕获市场精英、金融政策利诱、综合政策的帮扶等措施吸引涉农企业到 L 县进行投资生产。

本章的研究得出以下结论:第一,一般情况下,政府与企业遵循着不同的利益最大化逻辑,政府扶贫的目标在于用制度化的支出减少贫困,而企业主体则从博取商业利润的角度遵循着市场的逻辑,存在一定的竞争关系。而在产业扶贫中,双方可以从利益竞争的理念中释放出来,在理念层面产生合作共赢、利益分享的经营价值,政府将扶贫效果的可持续性与企业参与产业扶贫的利益追求加以链接,到达扶贫与企业发展的双赢,获得社会发展长远的回报。第二,在产业扶贫中,地方政府具有的组织功能在要求企业承担一定的扶贫任务上体现出来,这和企业自身发展壮大的欲求、获取贷款的期待等企业积极参与产业扶贫工作的实施相呼应,承担长期以来由政府承担的扶贫责任则是企业必须付出的"代价",这也成为政府与企业协同的组织基础。第三,在产业扶贫中政府主导的多元政策和措施的确有利于涉农企业的发展壮大,客观上为企业的发展提供了一系列优惠条件和契机,形成了产业扶贫的制度化环境。第四,在产业扶贫工作中,技术支撑能够为各个参与主体提供合作与协调的平台,可以有效推动各主体间的均衡与协同,涉农产业获得了空前的政府关注和资源投入,破除过去信息闭塞的政策壁垒,比如产业主体获得的银行贷款、政策资金和政策扶持主要依靠信息共享、风险共担、利益共享等技术支撑机制,促成政府与企业两大主体实现良性的协同互动。

第5章 产业扶贫中的政社协同：
由被动参与到协商共治

实现贫困人口脱贫致富的过程中，促进政府与乡村社会力量的协调合作是提升产业扶贫精准化水平、实现国家治理现代化的重要环节。一方面，党和政府需要广泛调动经济、社会、人力资源等投身于乡村产业发展并建立与基层社会多元力量的互惠合作机制；另一方面，党和政府要强化对社会分散力量的整合能力，协调多元利益冲突，维护基层治理秩序稳定。"十三五"规划要求，到2020年年底我国现行标准下农村贫困人口实现脱贫，贫困县全部摘帽，解决区域性整体贫困，贫困人口的脆弱性在扶贫政策实施过程中虽然有一定程度缓解，但是依然没有能够完全解决，依托产业发展开展扶贫还需要进一步深入推进。在乡村产业发展中，贫困人口的内生可持续发展能力并没有完全培养起来。陈恩认为，"产业的市场逻辑和政府的行政逻辑作为约束产业扶贫的外在结构性因素，不利于贫困户的自我发展能力提升，从而造成产业扶贫的效果偏离预期目标"[1]。贺林波和谢美娟也认为，"扶贫产业的选择合理性与紧迫性、开发盈利性与政治性、发展嵌入性与挤出性之间存在冲突"[2]。因此，认真研究产业扶贫政策实施过程中，政府与社会之间的协调互动对于降低贫困人口脆弱性的影响及其运行机制将变得非常有价值。

本章尝试回答如下问题：第一，产业扶贫政策实施中，包括县乡政府（后文统称"基层政府"）与社会力量等多元主体互动对于贫困治理脆弱性的影响是什么？第二，为何在政府投注大量资源且社会力量多方参与的情况下，产业扶贫依然没有很好化解贫困户脱贫脆弱性等问题？第三，要真正克服这些

---

[1] 陈恩. 产业扶贫为什么容易失败？——基于贫困户增能的结构性困境分析 [J]. 西北农林科技大学学报（社会科学版），2019（4）.

[2] 贺林波，谢美娟. 产业精准扶贫的剩余控制权冲突及治理 [J]. 华南农业大学学报（社会科学版），2019（4）.

脆弱性，如何优化政府与社会的互动关系？

5.1 产业扶贫中政社协同的运行逻辑

在产业扶贫过程中一直存在着双轨运行机制，即行政主导的社会治理逻辑和基层社会自主治理逻辑。两种运行逻辑的协调互动是推进产业扶贫精准化，消解产业扶贫的脆弱性，实现产业振兴目标，是提升乡村社会发展内生动力的重要途径。

5.1.1 打破双规：政社协同治理的前提

产业扶贫政策的实施最关键的环节就在于协调处理好政府与社会的关系，实现社会与大政府的协同治理格局。在农村产业发展过程中存在着两种运行秩序，也对应着两种治理机制：一种是由外部嵌入的，在政府的强力推动下实现的乡村产业发展的秩序，即行政干预下的治理机制；还有一种是由乡村社会内部力量自发形成的，并在政府的协助下逐渐发育而成的产业秩序，即社会自主治理机制。在产业发展中，两种秩序体现在政府的行为中呈现出双轨化特征。

关于两种治理机制之间的关系，学术界一直以来就存在广泛的讨论。公民社会的理论范式有一个前提假设，即国家与社会是相对独立的，有时甚至是相对对立的，在这种条件下公民社会就需要依靠民间组织的发展来与国家权力的侵害对抗，但是这种理论预设与中国的国情存在极大的差异。自20世纪90年代该理论范式引入中国后，很快被学界应用于解释中国的乡村治理问题。但在这些研究中理论的应用存在很多误区：其一，农村问题研究中多提到的"公民社会"和"公民社会组织"等概念与公民社会的理论预设是存在明显的本质差异的。其二，村民的社会组织参与情况及农村社会组织的性质并不能说明公民社会在中国已经萌芽[1]。而较具本土化的"行政吸纳社会"范式通过强调

---

[1] 王娟. 农村社会学研究领域的公民社会思潮省思——基于理论、历史与现实三个维度的分析[J]. 中国农村观察，2018（6）.

政府借助培育可控的民间组织体系，并利用它们满足社会需求，消除"自治"的民间组织存在的必要性，以避免社会中出现独立于政府的民间组织[①]。

尽管"行政吸纳社会"范式注意到了社会治理中国家与社会的融合趋势，但是由于将视野停留在社会对国家的"依附性合作"，而忽视了社会自主性能力对国家行动的作用。基于此，本章提出"行政吸纳合作"这一新的解释逻辑。"行政吸纳合作"的核心在于"支持""配合"与"互惠"。所谓支持是指在农村产业发展中，包括政府行政部门在内的相关事业单位等为产业发展提供资金、技术、信息、资源等辅助。所谓配合是指作为"支持"的交换，产业发展中的各种力量，包括乡村企业、合作社、乡村致富能人以及个体农户等需要与政府部门积极合作推进产业扶贫政策的顺利落实，保障政府政策执行的精准性，从而保证政府资金、资源投入能够最大可能被用于产业发展。所谓"互惠"是指在产业发展中政府部门与乡村社会的多种产业发展力量之间的关系是互利共赢的。在政府的帮助下和政策优惠中，乡村社会的多元力量能够降低产业发展的成本，提高产业发展的能力，而作为回报政府则能够获取社会力量的服从和协助，从而更有效率地保障政策的实施。由此，基层社会自主力量配合政府行动能力的强度直接决定政府资源分配的走向和政策执行力度。在农村产业发展过程中，由于政府资源的有限性以及税费改革后县级财政入不敷出，县级政府根本不可能单纯依靠自身完成产业扶贫的任务，这种条件下就需要政府与社会组织、农业企业以及合作社等合作，通过政府注资撬动资本市场以吸引社会资本进入乡村产业发展的场域。另外，在产业发展中政府与社会多元力量之间不是传统的单向依赖关系，也不是如西方理论所提倡的政府与社会陷入冲突状态，相反在乡村产业发展中政府与社会之间的关系是互利共赢、互惠合作的协同关系。

5.1.2　促进参与：政社协同治理的动力来源

政府与社会主体不同的行动逻辑造成二者之间在产业扶贫中的非均衡关系，这导致政府与社会力量之间的合作处于波动状态，社会力量在政府主导的

[①] 康晓光，韩恒. 分类控制：当前大陆国家与社会关系研究 [J]. 社会学研究，2005 (6).

产业扶贫中明显处于弱势地位。通过政社协同促进社会（农户）的有效参与是破解产业扶贫不可持续性难题的重要途径。

新中国成立以来，中国共产党依靠"支部下乡"的方式，逐步在全社会建立了自己的基层组织体系，从而实现了从中央到基层、纵向到底的组织管理体系，也间接地改变了中国传统的基层社会治理格局。随着人民公社制度的推行，表明国家权力历史性地延伸到了乡村社会空间的每一角落，集体生产分配体制的土地集体所有制也表明传统的国家与分散的小农户交互的方式发生了历史性的巨变。国家通过党组织严密的组织体系将分散的农户集中起来，并通过计划经济体制改革将国家的政治、经济、社会生活等全吸纳在党的组织架构中，以保证国家能够很好应对外部力量的威胁并维持国家的基本经济生活秩序稳定。这种组织架构的革新虽然对于提升国家的政策执行能力，集中资源实现特定政策目标具有很大的优势，但是也间接导致民众的需求逐渐让位于国家的政治目标，为了推进国家工业化目标的实现，政府不断从农村社会汲取资源以保障政策目标的实现，其结果是农业产业化发展的势头一直处于半停滞状态。

20世纪90年代，农村经营制度的改革保障了农民对于土地的使用权，农民可以自主选择自家自留地生产，农民的积极性被充分调动起来了，但是问题接踵而至。2000年初，农村税费改革的试点工作在安徽省展开，2002年改革试点扩展到20个省，2003年农村税费改革在全国铺开。农村税费改革实施，全面取消了农业税之外的所有的提留统筹、集资、摊派，农民无须再向政府缴纳多余税收。2004年中央政府决定，逐年降低农业税的税率，2005年底全面取消农业税。农村税费改革之后，政府在农村的工作思路由"控制"和"汲取"转变为"服务"和"输入"。

为了保证产业扶贫政策的实施能够真正匹配贫困群众的真实需求，需要优化政府行动逻辑。在农村产业发展过程中，政策的确定与实施都需要在坚持乡村社会主体地位的条件下，坚持以群众的利益需求为导向，充分保证政策与民众需求之间的匹配性。需要从如下几个方面着手：第一，要强化和培育农民的自主发展意识。在农业产业发展过程中，政府在执行扶贫政策的过程中要时刻保持尊重农民群众的意愿和需求，切实保障农民群众的利益不受损害，要积极培育农民群众脱贫致富的精神特质，将产业扶贫与精神扶贫结合起来。第二，产业扶贫战略的实施要将培育新型农业经营主体作为重要的工作内容来抓。

2016年4月，习近平总书记在安徽考察时指出："要脱贫也要致富，产业扶贫至关重要，产业要适应发展需要，因地制宜、创新完善。"第三，在农业产业发展过程中，县级政府要以乡村社会善治为准则来强化政府部门的组织能力和经营能力。第四，要顺利推进农业产业的快速发展，需要将分散的农户组织起来，消解个体化与组织化的张力。要提升农村社会的组织化水平，单纯依靠农村社会农户的自主力量肯定是无法完成的，所以需要政府采取措施优化和提升农村"两委"队伍建设，通过积极吸纳医生、教师、大学生等进入农村基层党组织以提升党和政府政策在基层实施的组织能力。第五，在农业产业发展中政府部门的权力并不是全能的，也不是无边界的，政府的行为要以提升乡村社会的自主发展能力为前提，政府行为要为乡村社会自主发展能力的发挥拓展空间。第六，由于税费改革的影响，政府部门自上而下控制了财政税收的权力，导致基层政府财力比较拮据。基层政府不可能完全依托自身的力量来推进产业发展，这就需要基层政府在积极调动多元社会力量的条件下，协同参与产业发展。近些年来随着政府政策的支持，农村社会力量逐渐发育，包括农业大户、专业合作社、小微企业、龙头企业等都有了很大发展，这些产业发展主体的发展不仅有效缓解了政府财政能力不足的问题，而且更能保证政策有效实施。

5.2 产业扶贫中政社协同的实践表达

5.2.1 案例介绍

案例一：丰富的资源禀赋为何产生不了经济红利？

以L县中部ZYG镇为例，2016年，全镇共确定易地搬迁475户1666人，占贫困人口的73.5%。其中：县城搬迁77户303人，占搬迁户的15.8%；镇区安置359户1232人，占搬迁户的76%；村安置39户131人，占搬迁户的8.2%，还有109户381人实施同步搬迁。ZYG镇的搬迁比例是L县最高的，基本上居住在离中心村和镇较远的居民点的贫困户全部进行了搬迁安置。该镇在安置点、中心村和镇区周围，围绕"果、菌、药、旅"四大特色产业，打造了核桃生产基地，近三年全镇新栽植核桃12500亩。打造了菌菇示范产业园,镇政府与 XN 集团签约在搬迁安置区西侧同步规划建设了占地 150 亩的食用菌产业示范园,并在此基础上,计划再投资 3000 万元实施技改工程;二期占地 250 亩,计划投资 5500 万元,由 XN 集团投资经营。打造了万亩连翘产业基地,共种植连翘 11000 亩。打造了精品旅游项目"朱阳雄关、民国小镇"特色古镇;同时也发展了猕猴桃、雨露香梨等特色产业。产业运营均按照"公司+基地+农户"模式,为当地群众提供就业机会和产品销售渠道。

然而,笔者在实地调研中发现,在扶贫工作中,基层政府及"村两委"往往鼓励相对有文化知识和广阔视野的年轻劳动力外出务工,只要完成就业,基本就能实现"一人务工、全家脱贫"的目标。ZYG 镇仅 2016 年就转移输出劳动力 2380 户 3500 人,实现 560 户 575 个贫困劳动力就业增收,占贫困户数的 76.2%。在基层政府和"村两委"的鼓励下,年轻劳动力选择在家务农、务工的比例逐年走低,外出务工率连年攀升,加之县域经济发展动能较弱,迫使农村青壮年劳动力多数选择到东南部经济发达地区务工就业。受此影响,尚未脱贫的贫困户家庭往往缺乏劳动力,在整村安置、易地搬迁中,贫困户只是换了居住地,改善了居住环境,对所配套的扶贫车间、扶贫大棚等产业项目,未外出务工的贫困群众的参与热情和参与度并不高。究其原因,既有因身体羸弱不适应现代工厂高强度工作压力,也有缺乏资金和专业知识无法参与大棚承包种植等。一方面是政府部门费尽心力、耗资不菲地整体搬迁挪穷窝,积极配套当地特色产业,另一方面是贫困群众获得感和参与度较低,第三方的产业企业也在投入大量资金后因劳动力流失用工难而进退两难。出现如此巨大的反差确实会让人连连发问:是何种原因导致了这些现象的产生?国内有学者将贫困地区产业扶贫归结为资源禀赋差,认为不仅农民个体拥有的资源禀赋差异会影响农民通过改革促进收入增加的程度,而且自然资源和劳动力资源禀赋条件对减贫作用呈现明显的区域差异。选择 L 县资源富集型乡镇的产业扶贫案例意在说明在资源禀赋优越的条件下,产业扶贫为何还会出现低效问题?政府在其中扮演了何种角色,政府与社会(农户)两者之间的关系是否影响扶贫效果?又在多大程度上影响着扶贫效果?

案例二:产业扶贫中政府与乡村精英能否达到协同?

在政府资金的撬动和社会资金的协作下,L 县贫困人口正逐年下降。近年来 L 县投入大量资金扶持那些资源比较丰富但产业发展缓慢的村庄。SZP 乡就

第5章 产业扶贫中的政社协同：由被动参与到协商共治

位于 L 县境内，面积 241 平方公里，辖 11 个行政村 85 个居民组 10369 人，有耕地 7362 亩、林坡 24.58 万亩，是全县面积较大、人口密度较小、森林覆盖率最高、野生动植物种类众多的一个深山区乡。SZP 乡拥有丰富的自然资源，境内流淌着 100 余条小河涧溪，地下水资源也比较丰富，埋藏较浅，有"掘地三尺便是井"的说法；全乡森林覆盖率达到 95%，各类植物 100 余科 2000 余种。拥有丰富的自然资源也意味着该地区地广人稀，人迹罕至，绝大部分居民仍生活在大山之中，居住环境多数为土坯房和窑洞，经济发展非常落后。在精准扶贫战略实施之前，基层政府及"村两委"班子穷尽所能，大力发展旅游业，香菇、木耳等菌菇产业，天麻、猪苓等中药材产业，但由于人迹罕至，基础设施薄弱，产业配套不完善，虽然每年都获得大量补助，但产业依然发展滞后，每年旅游人数寥寥无几，菌菇仍多数以小农作坊式种植，中药材也不成规模。随着脱贫攻坚战的深入推进，政府对深度贫困地区的资金支持和政策倾斜，使得该地区部分精英看到机遇，返乡创业。返乡精英往往拥有更加开阔的视野和市场化的思维模式，一方面在政府的鼓励下，部分回流精英参与"两委"事务，带来了积极发展、勤劳致富的新活力；另一方面在政府的资金补贴和政策支持下，运用互联网优势，大力推广旅游产业，发展电商产业。在一批返乡精英的带动下，旅游产业得到迅速发展，景区附近的村庄办起了农家乐，农家宾馆干净卫生、床位整洁，有山野菜、土鸡蛋、木耳、香菇、拳菜、糁子汤、农家腊肉等特色食品供游客品尝，古老的河南农家"十碗席"和陕西民间"十三花"成为农家乐宾馆一大特色，吸引着往来旅客；电商经济也得到大力发展，部分返乡精英带动周边数百户农民从事农副产品生产、加工和销售，随着产业规模的扩大，该乡已成为香菇网销的集散地，吸引了大量的物流、快递企业、用菌深加工企业的进驻，产业更加成熟，进一步提高了企业竞争力，也提供了更多的就业岗位。该乡前后发展能力的巨大差异说明单纯依靠本土村民自主发展能力是很难的，需要将政府部门的引导扶持与乡村社会本土、外来力量结合才能够保障农业产业顺利健康发展。本章意在揭示乡村治理精英的角色定位以及他们如何与政府开展合作。SZP 乡的案例正好符合上述命题的所有要求。

5.2.2 实践表达：产业扶贫中的政社协同困境与探索

产业扶贫的主要目标就在于政府及其相关部门要依据贫困地区的经济社会发展条件，因时因地采取相应的方式，以科学有效的方法发展经济，让贫困户增强内生发展能力，要实现这一目标就需要坚持民众需求导向，让贫困群体真正参与政策的制定与执行过程中，形成政社协同的扶贫格局。

5.2.2.1 资源供给衔接：政府主导下的社会缺位

由于受到贫困地区经济社会发展条件的限制以及村庄自主发展能力较低的影响，单纯依靠乡村社会自身的力量来推进产业发展的过程几乎很难实现，同时由于市场本身的逐利性，更不可能自主地参与扶贫实践。因此，在产业扶贫中政府无疑成为最关键也是最核心的主体，从单个产业的培育过程来看，政府往往成为产业的孵化室，离开政府的扶持在偏远乡村发展产业结果可想而知。

政府与农村社会力量协同促进乡村产业发展具有如下典型的特征。

第一，扶贫资源流向的非均衡性。在中国特殊的压力型体制下，县级政府在产业扶贫过程中会面临各种任务指标的考核，基层政府为了完成上述任务和争取获得更好的政绩表现，往往会将有限的资源投放在特别容易出成果的地方以应付上级政府和各种第三方检查和政治督查。将有限的资源用来"办大事""办有效益的事"自然成为基层政府的选择（见表5-1）。在这种条件下什么样的村庄，换句话说乡村具备什么样的条件才能够更加获得基层政府的青睐呢？调查中我们发现，乡村治理精英资源富集的村庄往往会成为基层政府及干部重点关注的焦点。政府需要社会力量支持和配合进行乡村治理和产业发展，同时社会力量也需要政府的政策倾斜和资金支持推动发展成果。社会力量取得政府资源，一种来源于政府自上而下的赋予，另一种来源于社会力量自下而上的需求。在自上而下的赋予中，基层政府与社会力量之间的合作关系并不是无缝衔接，而是存在衔接"缝隙"。政府的单向赋予往往涉及面宽而深度不足，资源难以精准投放，极易造成资源浪费。而自下而上的需求，争取资源更切合乡村社会的实际需求，但在争取过程中，治理精英则成为关键。治理精英往往可以更广泛调动社会资源来影响政府扶持资源的流向。正如SZP乡开始由政府推动，倾斜了大量的政府资源，当地资源优势并没有得到发挥，产业也并没有进一步发展、完善，带动乡村经济的作用微乎其微，政府资源产生极大浪费。但随着乡村治理精英的加入，通过发展电商促进当地菌菇交易，进而形成交易市场；通过市场的形成，产生菌菇的级别分类，进而为深加工企业提供了产品渠道，也纷纷入驻；深加工企业由于需求量大又进一步推动菌菇种植。而政府也通过产业的高速发展看到投入潜力，动用财政资金修建菌菇批发市场，通过政策倾斜和政府补贴吸引菌菇生产企业修建菌菇大棚，进一步提高产量。

表 5-1　　　　　　　L 县统筹整合扶贫专项资金

年份	政府扶贫基金
2016	全县统筹整合资金 12603 万元
2017	全县统筹整合资金 46000 万元
2018	全县统筹整合资金 119300 万元

注：数据来自 L 县政府网站。

第二，政府的选择性治理行动导致资源非均衡分布。如上文所述，在压力型体制下基层政府受到多种压力和政治激励的影响，必然会将有限的财政资源投放在最能够出政绩的地方，以保证在横向府际竞争中拔得头筹，获得更好的政绩表现。此外，政府部门也具有"办高收益的事"的取向，因此那些自主发展能力较强的乡村产业项目更能够实现基层政府的此种预期。在乡村社会自主发展能力较差的村庄，自上而下或者其他外部资源输入最终很有可能导致的结果是这些资源被农户用作消费用途，而非生产性用途，进而导致年年扶贫而年年见不到效果的尴尬境遇。因此，在上述心理预期的作用下，具备较强经营能力的村庄往往会获得更多的政府资源的扶持，而那些自主经营能力较差的乡村则可能很好获得政府部门的"救济"。其最终结果就会出现富裕的乡村资源大量富集，而穷的乡村依然依靠持续"输血"，"造血"能力不足。

如上述案例中的 ZYG 镇，在 2016 年以前，该镇大部分行政村不通公路，自然村的交通条件更加恶劣；4 个行政村 4000 余人生活用水依然靠河水；大多数村用电不便。与之对应的，群众观念滞后，内生动力不能有效激发，精准扶贫的参与热情不高，"等、靠、要"思想不同程度存在。脱贫攻坚战打响以来，该乡的扶贫资金主要用在修路、架桥、通电、引水等基础设施上。其实不难理解，在基础设施薄弱的情况下，强行上马产业，而交通物流、水电保障、人力资源、供应链均无法配套，所引进的企业质量和产量可想而知。对比不难发现，同样是在 2017 年，在 ZYG 镇补基础设施短板期间，SZP 乡产业发展已经初具雏形，后期大量资源开始向 SZP 乡倾斜，而 ZYG 镇依然依靠易地搬迁、社保托底、劳务输出作为脱贫的主要手段。时至当下，一些乡村在造"富"，另一些乡村仍在脱"贫"，差距越来越大。可见，基础设施好、群众内生动力强的乡村更容易得到政府产业项目的倾斜，而基础设施薄弱、群众内生动力不足的乡村更容易得到政府基础设施建设的项目投入。

第三，社会力量深度参与导致资源再平衡。如上文所述，压力型体制下基层政府往往会向阻力最小、利益最高的方向进行资源倾斜；而深度贫困的乡村往往并不能得到政府的眷顾。但与之相反的是，深度贫困的乡村更容易引发社会公众的共情，与之对应的社会力量支持对当地不均衡的资源获得起到一定的补充作用。如 2016 年和 2017 年 L 县共接受社会各界价值 6600 余万元济贫救困款物，受捐人均为贫困户，大多集中在基础设施薄弱、贫困程度高的乡镇。例如启明公益基金会向 SLW 镇中心小学捐赠 10 万元的图书，为该镇 JF 村每年捐赠 15 万元专项扶贫资金，并无偿捐赠给 JF 村两台价值 38.4 万元的彩色 B 超仪；省慈善总会为 L 县特困户设立 1800 万元儿童大病救助基金，已有 14 名患儿得到救助。社会捐赠从贫困户的需求端有效地弥补了资源不均衡导致的差异，有助于深度贫困的乡村因地制宜，将有限的资金调配到效益更高的项目上去。

5.2.2.2 政策执行衔接：政绩效应下的村民依附

在产业扶贫过程中，自上而下的政府战略目标是依据国家宏观的现实情况确定的，但个别地方的特殊情况自然不会被考虑进政策的议程中，需要各个地方依据本地的实际情况灵活应变。如果这种政策的执行变得僵化就会出现一定的问题。菌菇产业是 L 县的重要产业之一，政府规划中 15 个乡镇要大力发展菌菇产业，占乡镇总数的 79%。香菇产业扶贫中的政策在贫困户方面表现为：从缺资金给予贷款支持，购买原材料给予优惠，收购价格有保障这三个方面进行支持；农业经营主体方面表现为：修建一个大棚给予现金补贴，要发挥带贫的作用。这一规定如果是在有产业基础的地区，贫困群众由于常年从事菌菇种植，具有一定的经验是比较切实可行的，但是对于一些没有菌菇种植经验的贫困群众来讲，这个政策难以受惠。但是自上而下的政策指标摆在那里，在脱贫攻坚期间，市级要求L县要完成产业扶贫增收大棚3000个的任务指标，为了能够很好地完成任务，不至于自己的绩效考核受到影响，县乡村干部的工作导向往往以修建大棚为主，以应对一波一波的检查和考核。例如村干部在审核中，对2个大棚带动1个贫困户指标放宽要求，乡镇干部为大棚建设企业积极提供土地等便利条件并督促企业尽快建设大棚，企业利用贫困户贷款贴息优势，让贫困户用贷款入股并给予贫困户利息的方式取得先期建设资金，后期用补贴兑付贫困户。通过一系列的操作，大棚数量迅速提高，但贫困群众却未参与产业发展，产业发展持续性发展动力不足，带贫效果也不理想，还带来了一系列负面情况。

5.2.2.3 人力配合衔接：干部主导下村民参与不足

产业扶贫过程中，在政府部门强有力的干预下，L县各个驻村帮扶单位都与群众建立了一定的互动机制，以保证产业政策按照预期目标执行。县级政府鼓励多元主体积极参与产业扶贫领域，政府、企业、合作社等在扶贫治理中发挥了重要的作用。

第一，建立了结对帮扶机制。由于每个贫困村每户贫困家庭的实际情况都存在很大的差异性，致贫原因和致贫需求都有很大的不同，该县在加强对贫困户精准识别的基础上，还对所辖区域内所有村庄实行了第一书记全覆盖、帮扶单位全覆盖、扶贫工作队全覆盖、干部一对一或者一对多全覆盖。L县为加强结对帮扶管理工作，成立了驻村工作队（第一书记）管理办公室，抽调各单位骨干力量6人，统筹管理驻村帮扶力量。目前，该县共有各级驻村第一书记308名（中直机关选派1人，省派6人，市派99人，县直、乡镇派202人），实现了对建档立卡贫困村、深度贫困村、软弱涣散村全覆盖。全县146个贫困村派驻扶贫工作队，驻村帮扶力量得到全面加强；成立308个包村责任组，对贫困发生率超过7%的行政村全覆盖，全部由副科级以上领导担任组长，全面帮扶脱贫攻坚工作，不脱贫不脱钩。

第二，开展定期走访机制。为了精准识别困难群众的具体情况，有针对性地开展帮扶工作，L县通过开展"进村不漏户、户户见干部"活动，对352个行政村的贫困状况进行全面摸底排查，确保不漏一户、不落一人。在工作中L县结合实际探索总结出了"43222"精准识贫工作法①和"四卡到户、精准到人"（入户算账明白卡、精准脱贫明白卡、脱贫攻坚公示卡、易地搬迁政策宣传卡）方法，实现了精准识别工作的具体化、可操作，确保了识别结果的科学性和精准性。全县共识别出贫困户19645户63134人，贫困发生率18.9%，比全市平均水平高出10个百分点。经深入调研、分析查找，全县贫困人口致贫原因共有11种：因病致贫占33.5%，因交通条件差致贫占38.14%，因学致贫占6.6%，因残致贫占5.1%，因灾致贫占3.6%，因缺技术致贫占3.9%，因缺劳力致贫占3.4%，因缺乏项目资金致贫占2.4%，因缺水致贫占0.35%，因缺地致贫占1.72%，因自身发展能力不足致贫占1.29%。在以上数据基础上，L县积极探索定期走访机制，将每月第一个周六确定为"驻村帮扶集中活动日"，各单位组织帮扶力量进村入户，宣传扶贫政策，帮助群众厘清脱贫思路、树立脱贫信心。

第三，建立了辅助创业机制。L县以政府提供服务、银行提供资金、群众广泛参与的模式构建辅助创业闭环。以电子商务为例，L县政府积极与有关部门沟通，商务部将其定为全国电子商务进农村综合示范县，在此基础上多平台推广县域公共品牌，香菇作为全省唯一产品走进中央电视台财经频道"中国电商扶贫行动"直播间；在各乡镇建立"党建+电商+扶贫"示范点23个，村级益农信息服务社272个，贫困村村级电商服务站119个。在政府提供品牌支持和创业环境的基础上，企业、合作社、贫困户可通过金融扶贫政策申请贴息贷款，为创业提供资金支持。目前全县共培育电商应用企业和合作社80家，个体网点1608个，通过电商服务带动贫困户1.5万余人，安置4000余人就业，全县电子商务交易额11.6亿元，网络零售额5.4亿元，有效促进了"网货下乡和农产品进城"双向流通。

5.2.2.4 政策目标衔接：多元辅助下村民需求脱节

几千年来，集权文化传统一直影响着中国历史发展的进程。改革开放以

---

① 所谓43222，即"四看"，看房、看粮、看劳动力强不强、看有无读书郎；"三问"，问农户、问邻居、问村组干部；"两算"，算准收入账、算清支出账；"两会"，初评会、终评会；"两公示"，初评结果公示、终评结果公示。

第 5 章 产业扶贫中的政社协同：由被动参与到协商共治

后，随着对外开放程度加深，国家对于社会的控制较之以往有所松动，社会组织力量的自主发展空间也有所增长，但是依然无法改变中国"大政府、小社会"的特征，社会组织在某种意义上隶属于政府而存在，并不具备独立的行动能力。社会组织独立行动能力确实对于社会力量参与产业扶贫实践产生非常关键的影响。当政府提出要全社会多元主体参与精准扶贫，社会组织在这种政策环境影响下也纷纷投入产业发展实践领域，但是部分社会组织参与产业扶贫的实践更多的是基于利益关系或政治压力，而非社会责任。这导致产业发展过程中多元社会主体的扶贫行动与社会需求之间存在脱节问题。

第一，典型扶贫视野中贫困群体内部分化。在实践中，绝大部分情况下贫穷状况和脱贫能力往往是相反的，因为贫穷状况是脱贫能力的现实反映。在精准扶贫实践中，部分社会组织、经济组织往往以创造扶贫"典型"的方式获取政府补助或者与政府相关部门建立关系。一方面，众多主体将扶贫的注意力投向可能或者初步具备发展能力的个体贫困户或者乡村，而广大的贫困户却无法得到辅助。另一方面，各个社会主体也会将个别贫困户作为制造典型的对象，通过典型案例的创建来吸引政府的关注。L 县 GG 村杨某家境贫寒，高中未读完即辍学外出打工，早年因煤矿事故左腿高位截肢，妻子智力残疾，全家生活困难。1995 年孩子的出生为生活加重了负担；2007 年 L 县遇特大山洪，土坯房成为危房，为修建房屋致使生活更加艰难。但他身残志坚，为了改变贫困面貌，种植玉米、红薯、花生等农作物；上山采集板栗、野核桃；在自己后院还做香菇种植。因为没本钱，所有支出一切从简，就拿香菇种植来说，从袋料填装、消毒到菌种的植入均由其一人完成。不仅如此，他还积极参加香菇学习，无论多远，只要听说有香菇培训，他都起早贪黑，远赴几公里去参加培训。经过近几年的发展，他家从深度贫困，到年收入 4 万元，不但还清了建房欠的债，生活也得到了改善。他用自强不息的拼搏精神摆脱了贫困，也为当地贫困群众起到了榜样作用，当地群众纷纷效仿，他也甘于奉献，免费传授香菇种植技术。在他的带动下，全村 284 户群众发展香菇种植，占全村户数的 90% 以上；其中贫困户 103 户，占贫困户总数 86%，人均增收 3700 元以上；其余贫困户也主动与驻村工作队联系，计划在政府的帮助下发展黑猪养殖。县扶贫办和电商办也积极为他提供服务，通过淘宝平台干起了电商生意，既出售自家产的山货，也帮助乡邻出售野生菌类、板栗和猕猴桃。随着生意越来越好,远在昆山打工的儿子也回到 L 县,父子一同创业。

第二,帮扶与救济思维混合导致贫困户对扶贫产生消极影响。精准扶贫工作从 2015 年开展到现在,全国上下都处在精准扶贫的激烈竞争中,然而市场及社会主体的参与热情远不如政府那样积极。但各方扶贫理念与乡村社会真实需求之间的差异无疑是导致扶贫治理脆弱性的关键因素。帮扶是指在政府或者其他力量的帮助下,激发贫困主体的经济发展能力,通过经济发展和产业发展帮助贫困地区或者贫困群众改变贫困落后的面貌。救济则是指用财物帮助战胜阶段性困难。两者的根本区别是前者是通过激发贫困群体的内生发展能力的"造血式"扶贫,后者则是通过直接给与金钱的"输血式"扶贫,前者是一种可持续的扶贫方式,而后者则具有贫困治理的脆弱性,随着金钱或物资消耗,接受救助者极易返贫。在精准扶贫实践中,部分政府部门或者帮扶干部往往会通过逢年过节赠送礼品的方式来帮助贫困户,他们会认为给钱给物以满足贫困人口一时之需就是扶贫,后期通过广泛报道,来展现自己的扶贫领域的作为。归其原因,"造血式"帮扶是一项综合性的系统工程,既要激发贫困群众的内生动力,又要根据贫困家庭的家庭结构有针对性地辅导技能、安置就业,还要考虑贫困家庭生产生活的稳定性,制定政策做托底保障。可见"造血式"帮扶需要政府、企业、社会统合发力,消耗资源多、周期长、见效慢。而慰问、文化下乡、送钱送物等"输血式"救济因仅需消耗政府资源,便于协调;实施周期短,往往当天可完成;短期效果明显,有形馈赠便于宣传,贫困群众也喜闻乐见等因素,在精准扶贫中仍没有有效杜绝。一方面,贫困群众更容易接受,在不付出劳动和精力的情况下能取得收获是人性真实的诉求。另一方面,帮扶干部更容易实施、更容易宣传,拿着东西,带着人到贫困村、贫困户家中走一圈,聊聊天、送钱物、办晚会、发春联,既简单易行,又彰显"党的关怀",更能留下影音资料大肆宣传。在"输血式"救济的思维下,精准扶贫在政府官员潜意识中演化成政府向贫困群众的救济和恩赐,而贫困群众在长期获得馈赠的情况下,助长了好逸恶劳的思想,更难以激发内生动力。此消彼长,不仅贫困群众的生活不能得到彻底改变,而且在扶贫过程中贫困群众的尊严被忽视了。

第三,扶贫行动的碎片化。在产业扶贫过程中,由于缺乏系统化的整合机制,扶贫行动陷入"碎片化"困境。近年来,随着社会扶贫体制机制的健全,

第 5 章　产业扶贫中的政社协同：由被动参与到协商共治

越来越多的社会力量参与扶贫，对扶贫战略的实施发挥了非常积极的作用，社会力量参与扶贫开发的广度和深度明显提高。但是各种参与力量并没有能够形成系统化的帮扶力量，结果导致扶贫资源流向出现高度同质化、积聚性等问题。从贫困户个体角度来看，扶贫过程中很多的村民在发展产业的时候，往往缺乏先进的生产技术和管理技术，依然沿袭祖辈上传下来的较为落后的生产方式，在种植、养殖方面往往力不从心，很难经受住自然环境风险的冲击。而且在融入市场的过程中，个体的农户需要面对市场选择和竞争压力，往往会因市场供需信息不对称、闭塞而最终造成"谷贱伤农"的局面。L县大力发展核桃种植，乡镇政府牵头，成立多家核桃合作社，在全县范围内大力推广核桃种植，并安排农技人员到田间地头现场指导种植技术，对核桃苗进行补贴，对于核桃销售进行"兜底"，保证产品有销路。当地农户将传统种植的玉米等作物全部改种核桃树，核桃种植规模迅速扩大，产业发展同质化严重。但随着全国核桃种植规模的扩大，核桃供大于求，核桃价格开始下跌，种植第三年核桃刚开始结果，核桃价格已经跌至5年前的价格水平，而L县的核桃品种壳硬仁小，适合做深加工原材料，而不宜直接作为成品出售，且该地区物流成本较高，在市场不景气期间，产品销路就难以保证。政府主导产业发展，看似帮助困难群众铺就了产业发展的康庄大道，帮助发展了生产，但政府行为不可能完全代替市场作用，在产业发展过程中，势必要经历市场运行中一次次考验，而缺乏企业和社会力量的参与，产业发展在市场经济中极易遭遇挫折，此时消耗的不仅仅是财政资金，还有政府信誉。

从社会组织角度来看，在产业扶贫的过程中，L县普遍采用"公司+基地+贫困户""企业+贫困户"等扶贫模式，地方政府通过引导贫困群众加入合作社或与龙头企业合作，将龙头企业或者农村经济组织的成功经验与普通贫困户的辛勤劳作整合起来。采取"公司+农户"的合作模式对产业发展具有诸多益处：其一，贫困户可以依托村级经济组织和龙头企业的技术和管理优势，将分散的民众聚合起来，将单个的贫困户的力量凝聚在一起，将个体的小项目融入大产业，通过个体积累，扩大产业规模。其二，贫困户可以在与社会组织合作的过程中获得比较先进的生产经营技术。然而，在L县两地的实地调查中，我们发现这种合作模式依然存在两点不足：一是这种合作社只是把一部分有能力脱贫或者有劳动能力的贫困户聚合在一起，并非全民性质的合作关系，很多农户并不在合作关系之内。二是如果把某一合作社+农户化约为一个个体，在产业扶贫过程中就会出现一个个独立的个体在从事农业产业发展，由于信息沟通不畅和资源整合机制不完善，难免会出现同质化、重复性建设，最终伤害了群众的生产积极性。

  第四，扶贫监督效果不理想。L县通过四项举措强化行政监督与群众监督。一是增加编制，定岗定责。该县针对扶贫办人员不足的问题，新增加事业编制5个，同时在全县范围内先后选拔11名优秀年轻干部到脱贫攻坚工作领导小组办公室挂职锻炼，为抓实抓牢全县扶贫工作奠定人力资源基础；全县19个乡镇全部成立扶贫办公室，配备专职工作人员4—6人，每个乡镇明确一名副职领导分管扶贫工作，其中16个乡镇配备专职扶贫副书记，进一步明确乡镇干部责任，确保工作任务能落细落实。二是明确奖惩机制，严格考评。坚持在脱贫攻坚一线选拔干部，严格考评。在2016年5月份乡镇党委换届中，在乡镇脱贫攻坚一线选拔干部78人（其中2名优秀村支书直接提任副乡长）；11月份在脱贫攻坚一线提拔重用干部24人（其中提拔13人，重用11人）；对因涉及脱贫工作不力，免职或降格调整使用6人。对完成易地搬迁回购房任务较好的5个乡镇分别给予了10万元到30万元的奖励，对工作先进的7家单位进行通报表彰，对工作不力的29个单位通报批评。三是发动群众参与监督。印制发放给贫困户"精准扶贫政策宣传单"3万余份，"脱贫攻坚明白卡"7万余张；发放《脱贫攻坚政策100问》3万余份，达到每个帮扶责任人和贫困户人手一册。使贫困户了解扶贫政策，了解帮扶单位、驻村帮扶队、帮扶责任人的工作任务和内容。贫困户作为直接受益者，了解政策和具体内容，发现问题能直接提出，广泛参与监督。四是加强基层党组织建设，提高基层党组织的战斗力。为充分激发贫困群众、广大党员干部和行业部门的内生动力，该县深入开展"百村示范千村提升"工程、"寻找最美党员增辉脱贫攻坚"等活动，定期举办"大讲堂"（每月1次），聘请著名专家教授现场授课，对全县各级党员干部开展脱贫攻坚思想层面的培训，目前已举办10期8400余人次；在海关总署的支持下，组织56人赴上海海关学院进行为期8天的专题学习，增长见识，更新观念。但从实际情况来看，依然存在"上级监督远，同级监督软，下级监督难"的困境，监督效果有待提高。

5.3 产业扶贫中的政社协同治理优化

5.3.1 理念层面：合作服务与信任接纳

政府主导下的产业扶贫中，行政控制与服从命令等理念造成社会（农户）对政府的不信任，甚至导致产业发展目标与基层社会需求目标脱节。因此，政府需要转变角色，从管理者向服务者转变，进而带动社会（农户）的理念转变，建立政社之间的信任与接纳关系。

产业扶贫治理目标的外部嵌入与贫困户可承接能力会存在一定张力。在产业扶贫的过程中，由于乡村社会的自组织能力和自主发展能力较低，外部力量嵌入可以打破乡村社会封闭的治理系统，有助于乡村治理变革，基层政府往往通过外部嵌入的方式来确定乡村产业发展的轨迹。帮扶单位作为乡村外部嵌入的主要力量，单位所掌握的资源会直接导致乡村产业差异化的效果。帮扶单位更倾向于利用自身资源为对口帮扶村制订产业发展计划，而对乡村特质、市场需求缺乏调查研究，与精准施策的要求仍有差距。L县的扶贫工作队148个，其中省派驻3个、市派驻48个、县派驻97个，做到了驻村帮扶全覆盖。在实践中，各单位均利用各自政府资源为帮扶村的乡村产业发展做出了巨大贡献。例如交通运输部门在"道路村村通""班车村村通"等项目上起到了有力的推动作用；住建部门在饮水安全、违反改造方面也做出了巨大贡献；自然资源部门也能积极为帮扶村的贫困群众划定退耕还林地，进而使其得到退耕还林补贴；水利部门通过立项开展农田水利建设，提高当地农田质量；农业农村部门也带来专项资金、专项补贴等。政府部门利用手中掌握的政府资源为帮扶村的产业发展奠定了基础。但往往帮扶目标在于如何快速提升农户的经济收入，实现快速脱贫，尽快完成精准扶贫考核，帮扶措施多数集中在基础设施建设上想办法，在国家专项补贴资金上做文章，对于乡村本土自主发展能力的培育并没有给予太多重视。

为了有效解决以上问题，就需要以市场需求为导向重构治理结构。在产业扶贫实践中，政府要确立专业化的工作思维：一方面，在政府资本基础上完善乡村基础设施、盘活资本市场，吸引企业和社会资本进入村庄，发展乡村生产；另一方面，在乡村公共事务治理和矛盾化解领域，除了要做强"村两委"班子，还需要政府以购买公共服务的形式吸纳社工组织等参与乡村产业扶贫。

5.3.2 组织层面：文化培育与能力发展

产业扶贫中，组织要素起着重要的监督管理以及服务创新的作用。不同地区由于地理区位、资源禀赋等需要调整产业结构，同时需要培育贫困群众的自主发展能力。

在产业扶贫的过程中，政府除了要加大对基层社会产业发展的支持力度，还需要不断完善和优化产业结构，以防止政府产业扶贫政策偏离预期目标。在压力型体制下，上一级官员一般将政策内容分化为具体的考核指标以保证基层政府能够及时有效地落实相关政策内容。所谓"上有政策，下有对策"，基层政府为了完成上级政府的指标考核，在具体的政策执行中往往采取"变通性"和"短期性"行为，甚至只要有助于完成上级的任务指标的手段和方法都可以为之所用。然而由于政府上下级之间、政府与社会之间信息的不对称性，上级政府部门和民众很难对这些行为进行有效监督和制约。这些行为虽然提高了政府政策的执行效率，却以政策的科学性、适应性和回应性损失为代价。

培育贫困群众的自主发展能力。一是要强化村民的经济决策能力。提升村民的经济发展能力是培育村民内生能力的核心和关键，直接决定贫困农民在市场经济发展中的生存状态。二是贫困农民必须要具备独立的生产决策能力。市场的供需结构和产品价格始终处于变化状态，贫困农民需要进一步提高生产决策能力，采取恰当的方案应对市场变化，保障劳动价值最大化。三是要提高农民的农业生产技术能力。生产技术能力的提高和革新是优化农民内生发展能力的核心结构和要素。在产业扶贫中，大部分贫困户依然固守传统的种植和养殖技术，生产过程也不讲究科学方法，生产成本高，缺乏市场竞争力。四是要培养贫困群体的经营管理能力。要具备良好的农业经营管理能力就需要贫困群体积极参与市场竞争，从市场中去获取真实的需求信息，在认真把握市场价格变动规律的基础上依据市场需求做出相应的生产计划。经营管理能力欠缺是制约贫困户脱贫致富的最为关键的要素。五是要提升贫困人口的主体认知。在产业扶贫过程中，笔者发现贫困主体普遍自信心不强，自我评价较低，有被边缘化的心理或情绪。这些消极因素对于贫困群体参与扶贫治理行动的积极性和能动性产生了非常消极的影响。不仅如此，在中国几千年的发展历史中，旧的人情世故和人情世俗关系在中国大地上根深蒂固，在一些贫困落后的地方还存在红白喜事大摆排场、互相攀比的陈规陋习，给贫困人口带来了非常大的经济压力，因为这些事情随礼而返贫的人口很多。因此在乡村，我们要加强农村精神文明建设，破除陋习，树立新风，构建积极向上的农民主体性文化。在产业扶贫的过程中，政府应当有意识地规范和引导贫困人口的行为，引导他们建立良好的道德文化基础。此外，要积极地为贫困人口参与乡村公共生活创造条件，采取多种方式激发贫困群众的公民意识。此外，还需进一步完善乡村民约等规范，为村民参与公共生活提供制度保障。

5.3.3 制度层面：结构调整与政策激励

产业扶贫中，制度因素起着重要的约束与激励作用。其中，文化是非正式制度非常重要的一方面，因此，需要通过乡村文化培育提升贫困群体的适应能力，同时需要政策激励提高社会（农户）的参与积极性。

乡村文化培育。其一，加强农村精神文明建设。基层党组织、扶贫队员、帮扶责任人，入户宣讲村规民约，移风易俗，支农惠农政策；并通过文化宣传栏宣传农村精神文明建设、科普、法律、环保、道德、政策等文化常识，使群众能及时了解国家政策、掌握党委政府工作部署、加强思想道德建设、知晓村务政务、学习科技文化知识，逐渐提高认知能力。其二，加强农村地区，尤其是偏僻村落的科学文化素质教育。改善偏僻村落的科学文化素质教育基础设施，加强和重视农村基础教育工作，完善成人教育和职业教育，改善农村教学设备，依据农民群众的需要设置相应的课程。在提升农民的科学文化素质的同时强化他们的自主发展能力和发展意识。其三，地方政府要注重培育和推动地方文化产业发展。积极挖掘地方文化产业发展资源，推动其市场化转型，并为农业产业发展形成协调。

通过驻村工作队等一系列措施，激活村组织，以使其在产业发展中发挥更大的功能。农村基层党组织发源于社会，天然地具有服务社会的属性。但是在现实中农村基层党组织往往肩负了来自县乡政府的行政事务，在某种意义上会导致政府科层制逻辑延伸到基层。为了重新激发农村基层党组织领导乡村经济社会事务发展，沟通政社关系的作用，需要在维护执政党组织结构整体完整的基础上鼓励基层党组织因地制宜、灵活定位其角色和功能。要积极吸纳"懂农业、爱农村、懂农民"的乡村治理精英进入党组织，提升基层党组织的管理能力和社会资源调动能力，增强基层党组织的战斗力。

5.3.4 技术层面：有效沟通与信息共享

产业扶贫中，政府与社会（农户）之间存在明显的信息不对称问题，容易产生供给与需求的偏差。因此，通过有效沟通与信息共享能够打破二者之间的信息障碍，提高产业扶贫效率。

在产业扶贫实践中，很多贫困村庄处于大山深处，与外界的互动机会寥寥无几，流动的市场资本很难光顾这些地区，因此政府的扶持成为这些村庄发展产业、增加收入的最关键途径。但正因为如此单一的资源供给机制使得政府与社会公众之间存在信息不对称问题，直接影响到产业扶贫资源作用的发挥。在行政占据主导地位的条件下推进产业扶贫，扶贫资金的来源主体往往是由政府来提供的，因为在国家推进产业扶贫的地区，正是那些基础设施条件差和经济发展环境恶劣的贫困村落，资本和社会力量基于逐利动机很难愿意在这些地方投资。2018年政府工作报告中强调，中央财政五年投入专项扶贫资金2800多亿元。2015年11月27日，习近平总书记在中央扶贫开发工作会议上的讲话中提出，当前，经济下行压力较大，财政增收不乐观，但扶贫资金不但不能减，中央和省级财政还要明显增加投入。然而，政府的财政资源总是有限的，不可能无穷尽用于扶贫，因此需要以政府财政资金撬动社会资金流入扶贫领域。如L县通过对金融扶贫的创新，采取政府、银行、省农业信贷担保公司、省中小企业担保集团按比例分摊风险，对农户采取2∶1∶5∶2的比例分摊风险，对扶贫企业或合作社采取2∶2∶4∶2的比例分摊风险，政府设立5000万元的风险补偿金，与合作的银行、担保机构按照相应的比例承担贷后风险。L县2018年全年新增金融扶贫贷款3.83亿元，累计投放达到13.93亿元。其中，建档立卡贫困户当年新增5251户2.49亿元，累计达到12232户6.06亿元；合作社155家3.8亿元、龙头企业25家4.07亿元。政府通过与社会企业合作，运用金融杠杆，撬动大量资金流入扶贫领域，直接作用于扶贫产业发展。

5.4 小 结

政府主导与社会（农户）被动参与的非均衡政社关系是产业扶贫中社会（农户）主体参与不足的重要原因。通过整合参与构建政社协同关系，克服产业扶贫中社会（农户）参与不足是提高产业扶贫效能的有效途径。促进政府与乡村社会力量的协调合作是提升产业扶贫质量的关键步骤，这不仅要求党和政府广泛调动经济、社会、人力资源等投身于乡村发展并建立与基层社会多元力量的互惠合作机制，而且还需要强化对社会分散力量的整合能力，协调多元利益冲突，维护基层治理秩序稳定。虽然在国家宏观战略层面有意改变传统的粗放式的扶贫方式，强调依据贫困地区的经济社会发展条件，因时因地采取相应的方式，以达到让贫困户增强内生发展能力的目的。然而笔者在调研中发现，政社协同不足导致丰富的资源禀赋未能产生经济红利，贫困村前后经济发展反差较大等现象。

本章研究得出以下结论：第一，产业扶贫中，政府与乡村社会力量的非均衡关系是造成扶贫质量不高的重要原因。政府与乡村社会力量作为产业扶贫的两大主体，各自遵循不同的行为逻辑，即行政逻辑与自治逻辑，在行政逻辑主导的情境下，政府与社会主体在产业扶贫中的非均衡关系造成扶贫质量不高。第二，产业扶贫中，政府与乡村社会力量的协同关系有助于破解贫困治理难题，提升产业扶贫效果。具体包括：理念层面，政府转变角色，构建服务型政府以赢得社会（农户）的信任和接纳，进而引导社会（农户）转变观念（农户既是被扶贫者，又是扶贫主体），积极参与产业扶贫。组织层面，加强乡村文化培育，发展乡村文化产业，不断提高社会（农户）的自主发展能力。制度层面，通过产业结构调整以适应不同地区、不同资源禀赋的产业发展，通过对基层党组织的政策激励筑牢基层党组织堡垒。技术层面，通过有效沟通与信息共享能够打破二者之间的信息障碍，提高产业扶贫效率。第三，未来在乡村振兴战略实施中进一步提升产业扶贫绩效需要考虑加强政社之间的互动沟通，在促进二者就行动目标达成共识的基础上保障政策实施精准，匹配社会需求。

第6章 产业扶贫中的企社协同：
从自主组合到有效联动

扶贫最终要落脚在贫困群众身上，落脚在贫困群众的能力提升上。虽然产业扶贫的前提是产业，但关键则在于通过产业开发来提升贫困群众应对市场风险的能力。在这个意义上，国家特别强调在产业扶贫发展中要充分发挥市场型农业经营主体（如龙头企业）与社会型农业经营主体（如农民专业合作社、互助资助组织、家庭农场和小农户等）的作用。

产业扶贫的首要特点在于"扶贫"，即扶助贫困群众，增强其脱贫能力，进而实现可持续脱贫的目标，它具有明显的社会公益性。但产业扶贫的要义在于"产业"，而产业是要落脚于市场的。正如卡尔波兰尼所说，"市场体系快速地发展着，它吞没了空间和时间"[①]。这就意味着，产业发展要遵循市场体系的基本规律。这两者之间存在着内在的张力，也正是这种张力，不仅市场与社会有着各自的运转逻辑，而且使得在扶贫实践中，市场型农业经营主体与社会型农业经营主体之间也存在巨大的张力，再加上国家的脱贫攻坚考核压力，使得"大部分地区产业扶贫措施比较重视短平快，考虑长期效益、稳定增收不够，很难做到长期有效"[②]。

产业是扶贫的"根本之策"，大力推进产业扶贫的发展就成为势所必行，也就必须要突破社会和企业的张力。那么，社会和企业主体之间如何实现合理的分工？如何通过建立有效的协同治理机制来促进产业扶贫的成功？本章将在进一步厘清产业扶贫中的社会和市场协同的困境基础上，通过考察地方政府促成两者协同的有力举措，进一步从理念、制度、组织和技术四个层面尝试破解

---

① ［英］卡尔·波兰尼.大转型：我们时代的政治与经济起源［M］.冯钢，译.杭州：浙江人民出版社，2007：112.

② 中共中央党史和文献研究室.习近平扶贫论述摘编［M］.北京：中央文献出版社，2018：83.

产业扶贫中企业与社会主体的协同困境，提升产业扶贫治理成效。

6.1 产业扶贫中企社合作的执行逻辑

自党的十八大以来，国家聚力精准扶贫精准脱贫，在解决好"怎么扶"的问题上实施"五个一批"工程[①]，排在首位的是产业扶贫，也是脱贫最核心的内容。对于产业脱贫，强调"对贫困人口中有劳动能力、有耕地或其他资源，但缺资金、缺产业、缺技能的，要立足当地资源，通过扶持发展特色产业，实现就地脱贫"[②]。这表明要通过产业发展实现贫困群众脱贫，一是要让产业适应当地资源和发展需要，二是要让产业适应市场的需要，两者是缺一不可的。市场型经营主体（主要是企业）是市场经济运作中的核心主体，他们是应市场而生，也是紧跟市场的节奏变化的。作为市场变化的"晴雨表"，他们是产业扶贫中使产业适应市场的重要主体性力量。而社会型经营主体则主要来自农村社区，其中个体性的经营主体主要是指贫困农户，它们是自身发展的当然承载主体，但是由于主客观因素的作用，其主体性很难得到真正生发，也就很难以确定自身的潜力所在，更难以确定自身的能力所及。相比来说，合作型或集体型经营主体则克服了贫困农户个体性的不足，而能主导其生存的关键则在于发展产业带动农民增收，也就必然具备对适应当地资源和贫困农户发展能力的充分评估。在具备足够的政府资助和农户支持的情况下，合作型经营主体甚至能够在市场环境中与市场型经营主体具备相当的市场发展能力。

在产业扶贫的理想形态中，应是在政府的支持和推动下，市场型经营主体与社会型经营主体能够各自发挥其所长，形成一种"互动参与、协调发展、共同进步"的发展模式。市场型经营主体充分对接市场的变化，社会型经营主体中的合作型经营主体作为连接市场与贫困农民的中介，充分发挥其"地方性"的特点，而作为个体性的经营主体则既作为扶贫的客体，同时又是作为脱贫的主体积极参与产业扶贫实践。当然，这些主体的互动并不是静态的，

---

① 十八大以来重要文献选编（下）[M]．北京：中央文献出版社，2018：40-43．
② 十八大以来重要文献选编（下）[M]．北京：中央文献出版社，2018：40．

而有着动态的弹性，这与产业扶贫的二元性有着密切的关系。然而，在实践中，理想型的呈现是极其困难的。张海鹏认为，贫困人口需要借助外力融入产业发展过程，但是外部经济主体并非天然都具备帮扶贫困人口的主动性[①]。胡振光、向德平认为，在产业扶贫中政府一直处于主导地位，龙头企业与贫困农户的合作关系也是经由政府参与才达成的合作关系，之所以结果没有达到政策的预期目标，原因是在于农户在参与此事上的低水平性和被动性，这主要在于各方的参与互动缺乏信任基础[②]。蒋永甫、龚丽华等则认为，面对市场风险的约束，地方政府基于产业扶贫资金安全与管理的考虑，会倾向于让龙头企业来参与经营扶贫产业，从而使得产业扶贫资金可以实现资本化运作。这种产业扶贫的资本化运作模式会使农户在短期内实现按期脱贫的现实目标，但就长远的现实状况而言却又达不到可持续性[③]。黄承伟、邹英等则认为，新型农业经营主体（专业合作社）是目前产业扶贫中的重要主体，由于这种专业合作社往往会被龙头企业或者农业大户所掌握，最终是很难以达到产业扶贫益贫性的效果，其根本原因在于这些龙头企业或者大户所追求的市场逻辑与脱贫的合作性或利他性逻辑本身就存在矛盾[④]。

综合来看，学界的研究都关注到了市场型经营主体或社会型经营主体与贫困群众之间存在的利益、信任等多方面的问题，但是并没有系统阐述市场型经营主体、社会型经营主体与贫困群众这三者之间的协同困境。本部分将在既有研究的基础上，进一步厘清产业扶贫中企业与社会协同的多元层面上的困境，以为实现企业与社会的有效协同打下基础。

6.1.1 目标导向的角逐：利益与道德的背离

从世界贫困的发展史来看，贫困已经从人性问题转化为社会性问题，这也

---

① 张海鹏. 制度优势，市场导向与产业扶贫 [J]. 社会科学战线，2018（6）.
② 胡振光，向德平. 参与式治理视角下产业扶贫的发展瓶颈及完善路径 [J]. 学习与实践，2014（4）.
③ 蒋永甫，龚丽华等. 产业扶贫：在政府行为与市场逻辑之间 [J]. 贵州社会科学，2018（2）.
④ 黄承伟，邹英等. 产业精准扶贫：实践困境和深化路径——兼论产业精准扶贫的印江经验 [J]. 贵州社会科学，2017（9）.

第6章 产业扶贫中的企社协同：从自主组合到有效联动

就意味着越来越需要来自贫困者自身以外力量的帮助。作为贫困者来说，他本就蕴含着摆脱贫困、实现更好生活的愿望，但这种愿望的实现因为社会性障碍而难以发挥，从这个意义上说，它需要来自贫困者自身与外在性力量的共同作用。但在现代社会，除了现代国家之外，其他外在性力量很难说具有参与扶贫的积极性。

首先，对于市场型经营主体来说，它本就是应市场而生，因市场而活，资源配置经济效益的最大化是其自主性追求。他们所思考的首要问题在于所从事的产业是否能够适应市场的发展需要，是否能够维持持久的盈利空间，进而在不断做大做强产业的过程中实现逐利的最大化。然而，企业作为市场主体，追求市场利益的最大化是其天然本性。但企业的组建离不开社会，从这个意义上它又具有来自社会的责任。正如孟宪昌等所指出的，"企业的生存和发展既依赖于社会又受到社会的约束，既要从社会中谋求自身利益又必须承担相应的社会责任"[①]。这表明，对于现代企业来说，除了要追求经济利益之外，也需要追求社会效益。从另一个层面上看，追求社会效益的过程也在间接为企业创造经济利益，这方面的现实案例也不胜枚举。企业参与产业扶贫的过程就是承担社会责任的过程，是实现社会效益的重要内容。作为市场经济的重要主体，它参与产业扶贫有着天然的优势。现代社会的贫困者要摆脱社会排斥和处境的贫困，必须要增强面对市场风险的能力，而作为市场经济中的主体，现代企业与市场有着产业上的紧密联系，如果企业能够尽心尽力投入产业扶贫，其所产生的效力将是不言而喻的。

然而，其中所蕴含的内在张力使得企业很难以在扶贫中积极作为。企业发展的市场主义逻辑培育的是一种典型的自利倾向，而参与扶贫的社会道德逻辑则要求一种典型的利他倾向，自利与利他的冲突如何协调，成为参与扶贫的市场型经营主体必须面对的问题。在市场型经营主体参与的产业扶贫中，最突出的就是自利性对利他性的替代。这主要体现在：一是产业扶贫的资本化运作。产业发展的关键在于充足的资本，但是资本具有天然的逐利性，承载资本的市场型经营主体也是如此。虽然在国家的政策环境和脱贫攻坚的大背景下，企业不得不承担起产业扶贫的重任，但是产业的运作本身逃脱不了市场化行为。即

[①] 孟宪昌，戴毅. 论企业的社会责任[J]. 理论与改革，1999（2）.

便是对贫困群众就业的吸纳,对贫困群众参与产业的支持等,这些看似帮扶的行为背后,可能蕴含的是对贫困者的"剥夺"。借助于企业的中介,贫困群众仍然没有直接参与市场经营行为,而是通过企业寻求到了一个相对安全的经济增收方式。不过,企业作为连接市场和贫困群众的中介,作为资本运作的主体者,可能会因对资本的屈从而放弃本身所承担的社会责任。从形式上看,参与产业扶贫的市场型经营主体是积极的参加者,但从实质上看,它可能只是资本的积极附属者,贫困群众虽然也从中获得了一些可见的经济利益,但适应市场风险的能力没有任何增加。二是产业扶贫的消极化运作。脱贫攻坚中,为了吸纳市场型经营主体参与产业脱贫,各级地方政府都出台了一系列的奖励措施,目的是要推动市场型经营主体带动贫困群众脱贫。可以说,地方政府的本意是要改变简单地给钱给物的传统扶贫方式,着重的是贫困群众能力的培育。而且,为了避免简单以社会责任动员市场型经营主体,也为了减少其对贫困群众可能的"剥夺",政府的扶持资金或政策优惠力度都是较大的。但是,这里有一个难以衡量的问题,市场型经营主体的积极参与,是基于社会责任下的感召而享受政策扶持,还是以政府的资金或优惠为目标。如果是后者,市场型经营主体参与扶贫仍然是以自利倾向为主导,只不过这种自利不是指向市场的,而是指向政府的奖励。如果政府的支持是倾向于事前的激励而不是事后的安排,市场型经营主体也就很难以投入真正的精力于产业扶贫中。

其次,对于社会型经营主体来说,这里主要是指农民专业合作组织、农村集体经济组织、农民大户等,从生成上说,他们与市场型经营主体不同,是深嵌入社会结构之中的,也就具有天然的社会道德优势。但是,他们的组建和运行本身是为了能够在市场经营中走得更远,从而实现经济利益的最大化,在这个意义上,他们的持续则又是依靠市场的。相比于市场型经营主体来说,他们的优势在于对地方社区的熟悉,所发展的产业也必然能够适应地方社区的特点,能够为民众所接受。"在农业产业化扶贫中,产业的内生性(契合贫困村资源条件、由贫困村内部进行产业探索等)是确保产业可持续发展和带动贫困人口稳定脱贫的重要一环"[①]。在这个意义上,作为社会型经营主体具备了

---

① 陆汉文,黄承伟.中国精准扶贫发展报告(2018).稳定脱贫的深层挑战与有效途径 [M]. 北京:社会科学文献出版社,2018:48.

参与产业扶贫、帮助贫困农民脱贫的天然优势。

然而，问题的关键仍然是张力的问题。作为社会型经营主体，一旦它具备经营的性质，就必然蕴含着追求经营效益最大化的目标。虽然它的产业具有社区适应性，也必然能够适应社区的贫困群众，但是对经营利益的追求往往容易形成对社会道德的替代。贫困群众作为社会弱势群体，这种弱势不仅体现在经济能力上，也体现在社会能力上，尤其是很多贫困户存在劳动能力弱的状况。从社会型经营主体的组建来看，虽然具有很强的社区性，但是一般是将作为弱势者的贫困农民排除在外的。脱贫攻坚中，为了增强作为个体的家户在市场中的发展能力，组建社会型经营主体是可行的方式，它虽然不会对贫困群众形成排斥，反而是以吸纳贫困群众为主要目的。不过，社会型经营主体的运营必须要适应市场，就必须要依靠适应市场变化的精英人物的具体运作。在这种状况下，即便社会型经营主体充分吸纳了贫困群众参与产业实践，具备了社会道德上的制高点，但这并不能左右市场。产业的市场化运作又容易排斥贫困群众，尤其是缺乏劳动能力，只能通过土地或简单劳动参与的贫困群众，其结果只能是，社会型经营主体虽然参与了产业扶贫，但说到底并不是真正使得贫困群众受益，而是被精英所掌握，学界通常称之为"精英捕获"[1]。也就是说，真正受益的并不是贫困群众，而是地方精英，这当然不是产业扶贫的应有之义。

与此相对的是，是否可以充分建构社会型经营主体的社会道德性呢？也就是说，利用社会型经营主体的社区性，通过强化贫困群众的参与性和分利性来达成其脱贫的目标。对于贫困群众的参加，不设定任何资格门槛，将实际贫困的农户都纳入其中；对于贫困群众的参与，无论是否有劳动能力，都尽可能地进行适应性的工作安排。如此，社会型经营主体的道德性相当充分，但核心问题是社会型经营主体的市场持续性没有得到任何保证。在较短的时间内，贫困群众的经济收入和脱贫能力或许有所增加，但是过于忽视社会型经营主体的市场化运营，必然的结果是难以持续的。从这个意义上说，扶贫可实现的基础前提就是社会型经营主体能够产业市场化运作。如果缺乏这种保障，它所能产生的扶贫效力是难以长久的。

---

[1] 左停，杨雨鑫，钟玲．精准扶贫：技术靶向、理论解析和现实挑战［J］．贵州社会科学，2015（8）．

综合来说，不论是市场型经营主体，还是社会型经营主体，它们参与产业扶贫，首要克服的是一种内在的市场利益与社会道德的背离问题，这种背离既体现为一种天然的张力，也与人为的干预密切相关。在国家脱贫攻坚之下，产业扶贫的目标导向在于在产业发展可持续的基础上增强其社会道德性，也就是说，产业的市场化运作是前提，也是扶贫的基础。没有这种基础，产业化扶贫是很难以持续下去的，那么作为根本性的扶贫之策也就是一句空话。不过，对于市场型经营主体和社会型经营主体来说，应该有所区分，有所侧重。市场型经营主体的市场利益性强，但社会道德性相对较弱，必须要在强化可持续运作的基础上，增强其社会道德性的内容。而对于社会型经营主体来说，它们立足于社会的特性使其本就带有社会道德性的因子，但是如果不能加强市场化适应能力，其在产业扶贫中的参与也将是昙花一现。

6.1.2 利益的竞争：目标错位与群体分化

在现代社会，贫困者的脱贫始终离不开政府的介入。在中国的产业扶贫中，政府始终是最重要的扶贫力量。由此，产业扶贫往往是通过自上而下的行政逻辑展开的，"被规划"的产业扶贫开发往往资源落到非目标群体身上，项目实施偏离项目初衷扶贫目标，因为路径依赖而严重扭曲①。实际上，在政府的"规划"之下，扶贫产业不仅偏离了贫困对象的实际需求，甚至也背离了市场的实际需要，其结果必然是扶贫产业面临的市场风险难以有效化解，也就难以可持续地推进贫困群众的脱贫②。

中国政府成为脱贫攻坚的自主主体，来自党和政府的初心和宗旨。正如习近平总书记所指出的，"全面建成小康社会……最艰巨的任务是脱贫攻坚……我们中国共产党人从党成立之日起就确立了为天下劳苦人民谋幸福的目标。这就是我们的初心"③。虽然政府主导下的产业扶贫有诸多的问题，但对于中国来说，问题的关键不在于要不要政府的介入，而在于如何在政府主导下

---

① 孙兆霞. 脱嵌的产业扶贫——以贵州为案例[J]. 中共福建省委党校学报，2015 (3).
② 蒋永甫，龚丽华等. 产业扶贫：在政府行为与市场逻辑之间[J]. 贵州社会科学，2018 (2).
③ 《在中央政治局常委会会议审议〈关于二〇一六年省级常委和政府扶贫开发工作成效考核情况的汇报〉时的讲话》(2017年3月23日).

充分发挥市场型经营主体和社会型经营主体的作用。因为如果没有政府的介入，市场和社会主体很难自动生成脱贫的主动性。不过，为了充分调动市场型经营主体和社会型经营主体的积极性，政府通常会采取利益诱导的方式。从前文市场型和社会型经营主体的利益与道德的背离中可以发现，利益的诱导是引领其参与产业扶贫行动的重要推动力。不过，在实践中，这种利益诱导虽然调动了市场型和社会型经营主体的积极性，但是否能将其效用发挥到最大，是否能够让贫困群众获得真正的利益和能力提升，仍是一个问号。

首先，政府的诱导可能引发市场型和社会型经营主体之间的无序竞争。政府的产业扶贫通常以"项目制"的方式自上而下地推进，它的直接目标是农户经济收入的增长，其明确的考核目标中通常蕴含着时间要素。所以，政府的推进往往因为这种时间紧、任务重、考核明确的压力，首要考虑的不是长效产业的建立，而是短期见效产业的实施。但发展产业仅仅依靠政府的力量是难以充分把握市场的，利益诱导型的方式就被通常采用，这说明政府是希望充分借助市场和社会的力量的，只不过在规划性上做得不够。所以，政府的项目一旦发布，再加上可见利益的刺激，作为市场型经营主体和社会型经营主体往往以尽可能符合政府要求的方式蜂拥而入，为了拿下政策资源，相互必然产生激烈竞争。然而，问题的关键不在于竞争，而在于这些竞争并不是以市场需要和自身优势来定位，而是以政府的目标需要来定位。这就意味着市场型经营主体可能放弃了自身的市场优势，而社会型经营主体则抛弃了对地方社区的真正认识。由于缺乏对这些优势的强调，其结果要么是不同经营主体之间的资本量较量，要么是来自乡村社会的人情关系等的比拼。无序的较量和比拼虽然造成的是"轰轰烈烈"，扶贫产业的市场适应性和地方适宜性都被抛在了脑后，变成了有产业"上马"就是任务的完成，有产业的经营必然会带来贫困群众的脱贫致富，但这只是或然性的事情。

其次，政府的诱导难以消除经营主体与贫困群众之间的利益竞争。产业扶贫最终要落脚在贫困群众身上，但即使是政府诱导市场型经营主体和社会型经营主体发挥积极性参与产业扶贫，但这些经营主体与贫困群众之间的利益张力的客观性存在和主观性造成都将影响产业扶贫的效力。在客观性上，经营主体的经营性是以市场为导向的，其目标是市场利益的获得；贫困群众则是以自我为导向的，其目标是自我的脱贫致富，这两者之间的张力是自然生发的。在主观性上，存在两大困境。一是经营主体的现代经营方式与贫困群众的传统参与方式之间的不适应。孙兆霞的研究指出，农业龙头企业往往采取现代工业流水线式的生产方式，更科学化、专业化的这种管理方式难以与半劳动力家庭生产的"零星时间"对接①。孙兆霞所揭示的这种矛盾揭示的是贫困群众传统的农业经营方式与经营主体的现代经营方式之间的不适应。在传统的农业经营方式之下，农户并不是以市场为导向的，而是以满足自身的需求为导向的，在有限的土地耕作的情况下，这种满足表现出了极大的自由性，这种自由性养成了农民的散漫性。而现代经营主体虽然也从事农业产业，但它的生产不是以满足自己的生存为目标，是以市场获利为取向的，必然要求超越于传统自由经营的集中化、高效化的经营方式。对于产业扶贫来说，不论是哪种经营主体，都需要将其部分利益导向贫苦群众，但吸纳贫困群众的参与如果不能克服传统经营方式所培育的散漫特性，必然会引发两者之间的诸多矛盾。二是贫困群众对经营主体的利益期待与实际的利益获取之间的差距较大。不论是政府，还是贫困群众，都对产业扶贫抱有极大的期待。尤其是在政府的利益诱导之下，贫困群众对政府的未来预期抱有极大的信心，从而也就相信经营主体理应为其带来切实可见的利益。然而，在实践中，一方面，正如孙兆霞所指出的："农户将土地流转出去，有意识地认为'产生的利润'及'政府补贴'与农户自身收益无关，其往往会支差应付的工作。"② 另一方面，作为经营主体和政府都无法为产业的市场化销售"打包票"，也就无法保障合同文本的利益能够及时地兑现。经营主体与贫困群众临时构建的这种利益关联可能因为利益的难兑现或利益的转换而变化，正如吴毅所指出的，"支撑经济合同有效性的那种本体论意义上的契约的神圣和不可变更，在乡土社会还是入根很浅的，一切契约化的约定都可能随着比较利益的变化而变通，变通的结果则由双方的实力较量所决定"③。很显然，分散化的贫困群众往往是弱势的一方，但是"原子化状态的老百姓要么顺从于现实，要么因为不能顺从而相应地发展出一套弱势群体所特

---

①② 孙兆霞. 脱嵌的产业扶贫——以贵州为案例 [J]. 中共福建省委党校学报，2015（3）.
③ 吴毅. 小镇喧嚣：一个乡镇政治运作的演绎与阐释 [M]. 上海：生活·读书·新知三联书店，2018：148.

有的'缠闹的政治学'逻辑"①。经营主体与贫困群众的产业发展关系的变化自然影响到产业的进一步发展，很可能导致政府精心推出的产业扶贫的失败，最终只能是政府、经营主体和贫困群众三者都受到损害。

6.2 产业扶贫中企社协同的实践表达

6.2.1 案例介绍

6.2.1.1 扶贫资金打造产业基地

产业扶贫基地是联系市场与贫困群众的重要载体，是增强贫困群众脱贫能力的"加油站"和"充气站"，也是推进贫困群众增收的重要助手。打造扶贫产业基地成为各地政府在产业扶贫中的重要举措。河南省西部L县在产业扶贫中实施了产业扶贫基地"十百千"工程，要求建设180个产业就业基地，安排贫困人口1000人就业，直接带动3500人脱贫；建设产业扶贫增收大棚1800个，安排贫困人口1800人转移就业，直接带动4000人脱贫。在具体的扶贫基地建设要求上，具体包含两个方面的内容，一个是建设特色农业产业基地，另一个是新建或改造产业设施，比如大棚等。无论是基地建设还是大棚的建造或改进，都要求吸纳一定的贫困人口就业，或对应帮扶一定贫困人口。比如在产业就业基地中，要求新建基地要占到70%以上，单个产业就业基地安置就业人员不低于30人，其中贫困人口要达到用工人数的30%以上。产业扶贫增收大棚由新型经营主体经营的，每个大棚直接带动贫困人口不低于2人。而由贫困户直接经营的，可单户经营。

为了强化产业扶贫基地的作用，L县政府开展了大规模的资金奖补。对直接到乡、村新建产业扶贫增收大棚的投资主体，每建一个产业扶贫增收大棚，在市奖补1万元的基础上，市财政给予0.5万元的建设补助。对乡、村的现有大棚扩建且达到标准的，享受同等政策。自筹资金建成温室养殖大棚，每建成

---

① 吴毅. 小镇喧嚣：一个乡镇政治运作的演绎与阐释[M]. 上海：生活·读书·新知三联书店，2018：148.

一个，奖补10万元。同时，为了强化实际效用，实行奖补的分期支付方式。对于产业就业基地项目奖补，实行先建后补政策，奖补资金的发放分3次进行，以公司与贫困户签订的用工合同为依据。基地建设完成并验收后，发放市级财政奖补资金的60%；第一批贫困人口完成培训并稳定务工3个月，且领取工资（以公司与贫困户签订的用工合同和工资单为依据），发放市本级奖励资金的50%；稳定务工12个月，且领取工资（以公司与贫困户签订的用工合同和工资单为依据），发放市级财政剩余40%奖补资金及市本级奖补资金。对于产业扶贫增收大棚项目奖补，在大棚建设完成并验收后，贫困人口在产业扶贫增收大棚稳定务工3个月，并领取工资（以公司与贫困户签订的用工合同和工资单为依据），发放市本级奖励资金；稳定务工12个月，且领取工资（以公司与贫困户签订的用工合同和工资单为依据），或贫困户自主经营产业扶贫增收大棚的，经营期满1年，发放市级财政奖补资金及市本级剩余奖励资金。

实际上，L县的政府奖励办法不是个案，也是地方政府在推进产业脱贫中的通行做法。马克思指出，"凡是有某种关系存在的地方，这种关系都是为我而存在的"[①]。不论是作为企业还是经营大户而言，他们的最主要目的是在市场中获得自身利益的最大化，而扶贫则具有很强的社会公益性，所以才会出现企业利益对社会公益的替代。为了尽力减少这种替代，L县采取的是以政府的资金奖励形式来弥补企业和经营大户在产业扶贫中的利益损失。不过，为了进一步保证脱贫的有效性，政府采取的是分期财政补助的形式，分期的标准是以贫困群众能够稳定就业的不同阶段来决定。相比于通过简单的资金激励，政府的差异化支持方式在并不影响经营主体的市场化运作的同时，强化了经营主体与贫困群众的利益关联，而这种关联也必将转化为贫困群众的稳定脱贫。

6.2.1.2 融资平台为企业注入资本动力

与L县不同，河南西部的S市则从经营主体的资本问题着手。资本是市场运行中的核心内容，但是在实践中，中小企业（包括新型农业经营主体及双创主体）融资难、融资贵的问题是制约企业发展壮大的关键因素。河南省西部S市在脱贫攻坚中，一方面为了最大限度地发挥企业的带贫效应，同时缓解

---

① 马克思恩格斯选集（第一卷）[M]. 北京：人民出版社，1995：81.

企业"融资难""融资贵"问题,强力推进信用体系建设,建立全市所有中小企业（新型农业经营主体及双创主体）①的信用档案,建设企业信用数据库,健全信用评级机制,构建"征信＋评级＋信贷"的综合业务模式。

在信用额度上,对实际授信额度在 300 万元以下、200 万元以上的带贫企业,带动贫困户不得低于 25 户;对实际授信额度在 200 万元的带贫企业,带动贫困户不得低于 20 户;对实际授信额度在 150 万—200 万元的带贫农业企业,带动贫困户不得低于 15 户;对实际授信额度在 100 万—150 万元的带贫农业企业,带动贫困户不得低于 10 户;对实际授信额度在 50 万—100 万元的带贫农业企业,带动贫困户不得低于 5 户。对实际授信额度在 300 万元（含）以上的带贫企业,带贫户数参照上述标准类推执行。根据信用额度执行情况,设置四个等级的有效信用,即 A、AA、AAA、AAA＋。企业每年信息更新时,根据评审情况,提高或降低信用等级。对不同信用等级信用企业实行差别授信。授信中小企业和龙头企业享受免抵押、免担保,按照同期贷款基准利率上浮不超过 20% 的原则,保险费率不高于 2%,由企业承担;授信农民专业合作社、家庭农场（种养大户）,享受免抵押、免担保,按照同期贷款基准利率上浮不超过 20%、县级财政贴息 3% 的原则,保险费率不超过 2%,由各类主体承担;授信双创主体,属于担保不贴息的,由创业担保贷款担保基金提供担保,经办金融机构发放,借款人承担利息,个人最高贷款额度 30 万元,合伙经营和组织就业最高贷款额度 50 万元,小微企业最高贷款额度 200 万元,按照同期限贷款基准利率上浮 20% 原则,贷款期限最长不超过 1 年。属于不担保不贴息贷款的,由创业贷款担保中心向经办金融机构推荐,借款人承担利息,贷款最高额度由经办银行确定,按照同期限贷款基准利率上浮 20% 原则,贷款期限最长不超过 1 年。对 A 级以上（含 A 级）信用企业向银行申请贷款时,经办银行须简化流程,提升服务,开辟金融扶贫绿色通道,优化业务流程,主动上门服务,实行"一次核定、随用随贷、利率优惠"政策,切实让

---

① 根据 S 市关于印发《全市中小企业（新型农业经营主体及双创主体）授信评级管理实施方案》的通知中附件一中小企业（新型农业经营主体及双创主体）范围中规定：一是中小企业包括涉农中小企业和非涉农中小企业。二是新型农业经营主体,它包括龙头企业、农民专业合作社和家庭农场（种养大户）。三是双创主体,主要是指针对城镇登记失业人员、就业困难人员（含残疾人）、复员转业退役军人、刑满释放人员、高校毕业生。

信用企业享受国家的扶贫政策红利。

相比来说，通过资金支持来激发经营主体参与产业扶贫的积极性，如果这种激励放在事前，可能会产生经营主体的市场性行为对社会道德性行为的代替，但放在事后的分期支付中，可以更有效地确保经营主体真正将精力放在帮助贫困群众脱贫上。不过，经营主体与贫困群众之间的张力可能让经营主体不愿意参与产业扶贫，因为并不代表贫困群众在扶贫产业中的参与就能够达到经营主体的现代经营要求，如果达不到，政府的资金激励对于企业来说可能就是一张"空头支票"。相比来说，S市的信用评级针对的是经营主体的资本问题，这是任何从事市场经营活动的主体无法逃避的问题。在实践中，大多数经营主体为了解决自身的运作问题，必然要从银行贷款，S市的做法就是与银行联合，通过对经营主体带动贫困群众脱贫的状况来评定其信用等级，一方面，契合了经营主体对资本的期望，也就必然会尽力参与产业扶贫，并将这种带动脱贫发挥到最大化；另一方面，也化解了经营主体的利益与道德的背离问题，使得经营主体不得不主动来承担与贫困群众构建利益联结的重任。

6.2.2 实践表达：产业扶贫中的企社协同困境与探索

马克思指出，"把他们连接起来的唯一纽带是自然的必然性，是需要和私人利益"[①]。在带动贫困农户脱贫的主体上，不论是企业还是专业合作社等组织，都必须强化不同主体之间、扶持主体与贫困农户之间的利益联结。河南省L县在创新不同脱贫主体的利益联结上创新了多元的方式。坚持把带动贫困户增收作为产业扶贫基地建设的出发点和落脚点，各乡镇要按照"奖励引导、投资拉动、金融支持"原则主动培育和扶持市场主体，按照"龙头企业＋合作社＋基地＋农户"的运作方式，盘活和撬动社会资源，发展和壮大优势产业，引导贫困户入股联营、劳务就业参与发展，紧密市场主体与贫困户的利益联结，最大限度地促进产业发展，带动贫困户稳定增收。同时，立足资源，合理布局，坚持"抓龙头、建基地、活机制、带农户"工作思路，以科尔沁牛业、雏鹰农牧、河南信念、昊豫实业、德青源、河南三阳等龙头企业自建基地

---

① 马克思恩格斯全集（第3卷）[M]. 北京：人民出版社，2002：185.

为核心，带动全县发展100个以上不同规模的标准化生态养殖基地①。而河南西部S市则积极推广"龙头企业+基地+农户""专业合作社+农户+金融""政府+基地+合作社+龙头企业+农户+保险"等带贫模式，引导支持贫困群众通过直接帮扶、托管帮扶、合作帮扶等帮扶模式融入产业链条，实现贫困户与现代农业发展有机衔接②。

实际上，关于各地创新组织联结方式的案例很多。如吴理财、瞿奴春认为湖北省鹤峰县探索出了一条"公司发展、农民致富"的长效、稳定、健康的帮扶之路，实现了扶贫企业与农户之间的合作由最初的"公司+基地+农户"的方式发展成了"1+6"运作模式，即企业+加工厂+农户的"车间前移"与"驻点扶贫"相结合模式、公司+合作社+农户的"集约经营"与"对焦扶贫"相结合模式、公司+基地+农户的"源头管理"与"集中扶贫"相结合模式、公司+大户+农户的"产品创新"与"示范帮扶"相结合模式、企业+就业+农户的"企业用工"与"爱心扶贫"相结合模式、企业+电商+农户的"市场拓展"与"智慧扶贫"相结合模式③。胡守勇认为，张家界市以农业产业化龙头企业为载体，采取"龙头企业+合作社+基地+贫困户"的产业扶贫模式④。许旭红在总结多样化产业扶贫模式的基础上，根据参与主体和组织形式的不同，将扶贫模式概括为三种模式，即"公司+农户"模式、"合作社+农户"模式和"公司+合作社+农户"模式，并认为各地都结合自身的资源禀赋衍生出来一系列新模式⑤。

然而，联结的关键不是组织模式的差异，而是蕴含在组织模式背后的利益联结机制的差异，这是产业扶贫中各类经营主体参与的重要基础。根据许旭红的研究，经营主体与贫困农户之间的利益联结形式有三种：一是合同方式，即以龙头企业与贫困户签订合同的形式，维持产品价格稳定，有效避免"谷贱伤农"等现象发生；二是合作方式，即贫困户以土地、技术、资金等资本参

---

① 详情可参考《LS县产业扶贫工作意见（试行）》．
② 具体可参考《S市脱贫攻坚领导小组关于加快推进产业扶贫工作的若干意见》．
③ 吴理财，瞿奴春．反贫困中的政府，企业与贫困户的利益耦合机制［J］．西北农林科技大学学报（社会科学版），2018（3）．
④ 胡守勇．共享发展视角下产业扶贫的问题及长效机制建设［J］．湖南社会科学，2018（2）．
⑤ 许旭红．我国从产业扶贫到精准产业扶贫的变迁与创新实践［J］．福建论坛（人文社会科学版），2019（7）．

股企业的合伙人，形成按劳分配与按股分红的双重分配机制；三是资产收益方式，它将贫困人口的土地经营权、集体资产以及财政支农资金等作为贫困户在农村新型经营主体中的股份，通过股权纽带，使贫困户与乡村其他经营主体联结起来，共享发展成果①。

  无论如何，对于产业扶贫来说，合理的利益分配都是各类主体能够协同参与扶贫并保障可持续的核心动力所在。对于市场型经营主体来说，它必须要争取尽可能大的利益，这种利益包含直接的物质利益，也包括不可见的社会效益。如果直接的物质利益不能最大化，做大社会效益也能够间接达成其物质利益的目标。对于社会型经营主体来说，它的物质利益追求也是首要的，但是它的可持续性离不开对社会道德的关注，因为它的存续和发展是离不开地方社区，也就使得它的发展带有很强的社区烙印。而对于贫困群众来说，实现经济收入的提高，进而达到脱贫致富是其主要目标。实际上，不同主体之间的目标既具有相一致的地方，而更多的是有相互冲突的地方，这就要有切实可行的、能够满足不同主体需要的利益联结和分配机制才能够让各类主体积极参与产业扶贫。而这些经营主体之间、经营主体与贫困群众之间关系的构建，离不开政府的推动，缺乏政府的力量，企业和社会主体的协同也是一句空话。然而，政府除了采取一定的措施调动各方主体的积极性之外，更重要的是要协调企业和社会主体之间可能产生的冲突，既要让企业能够走得更远，也要让社会型经营主体能够发展得更好，更要让贫困群众的脱贫具有可持续性，这是一个重大的命题。

6.3 产业扶贫中的企社协同治理优化

6.3.1 理念层面：共建共享与合作共赢

  企业与社会（农户）之间的行动逻辑冲突造成企业的争利现象和农户的

---

① 许旭红. 我国从产业扶贫到精准产业扶贫的变迁与创新实践 [J]. 福建论坛（人文社会科学版），2019（7）.

不信任，企社的这种非均衡关系导致产业扶贫不可持续。因此，从理念层面，政府需要引导企业兼顾效率与公平，消解市场与社会主体之间的冲突与张力，达成合作共赢与主动参与的企社协同关系。

效率是一种社会发展机制，而公平是一种社会稳定机制，两者之间蕴含着天然的张力。过于追求效率，会对社会公平造成损伤。虽然各个个体能够在效率理念的指导下创造更大的社会利益，但是由于不同主体的能力、客观条件、资源等多方面的差异，必然会在效率的追求中产生发展差距，从而蕴藏危害社会稳定的因子。从这个意义上说，公平理念是社会发展的基石。政府推进的产业扶贫就是要引入效率原则来推进公平的实现。国家积极聚力脱贫攻坚是对公平价值的追求，但这种追求绝不意味着对效率的忽视，我们所实现的公平也是基于效率基础上的公平。然而，正如陈忠言所指出的"公平与效率难以兼得，在产业项目的选择上要因地制宜有所侧重"[①]。在产业扶贫实践中，是要以牺牲效率为代价来推进公平的实现，还是采取一定的方略实现效率与公平的兼顾，实际上后者的难度很大，但效力则更大。关键就是如何在产业扶贫中突破公平与效率的矛盾，实现两者的协同。

一是对产业扶贫来说，效率与公平何者为先的问题。正如张海鹏所说，"产业扶贫获得成功的关键在于产业发展和帮扶脱贫。因此，不仅要关注产业发展的自生能力和盈利水平，还要关注贫困人口在产业发展过程中的参与程度和持续受益水平"[②]。实际上，张海鹏的论述是将效率和公平同等对待，但兼顾的关键并不在于"同等"，而在于不可偏废下的可持续性问题。这就意味着必须要以效率优先，不论是市场型经营主体，还是社会型经营主体，其投入产业扶贫，必须保障产业在市场中的效益的可持续性。也惟其如此，才能够保证对贫困群众的帮扶具有可持续性。以免采用"短平快"的强制措施而出现缺乏长期稳定的产业效益，更难以做到长期有效的局面。在产业可持续性的基础上，不断增强贫困群众的参与，或者加大对贫困群众的帮扶力度。不以目的来偏废产业，而要以产业来支撑根本目的的实现。

---

① 陈忠言. 产业扶贫典型模式的比较研究——基于云南深度贫困地区产业扶贫的实践 [J]. 兰州学刊，2019（5）.

② 张海鹏. 制度优势，市场导向与产业扶贫 [J]. 社会科学战线，2018（6）.

二是要将产业扶贫发挥好，必须设定好效率的下限和公平的上限问题。效率开发的是人本性中的潜在的自我利益追求，正因为如此它具有超越时空的强势性。相比来说，公平则试图打破这种自然本性，它更多地具有社会道德性，很难激起市场和社会经营主体的积极性。所以，经营主体在实践中往往容易因对前者的追求而忽视后者的价值，但如果过于强调后者又因缺乏激励性导致不可持续性。所以，要保证经营主体参与的有效性，就必须设定经营主体参与的界限。不论是市场型经营主体，还是社会型经营主体，在投入产业扶贫过程中，为了避免因对产业的利益性追求而造成对扶贫的社会道德性的忽视，就必须在经营主体的效率追求上明确一个下限，也就是对效率的追求不能损害贫困群众的产业收益，至少使得贫困群众不致因产业扶贫而产生主观或客观的"剥夺感"；与此相对的是，政府或贫困群众对公平的要求不能以损害产业的市场性发展为上限，因为一旦损害了产业的市场发展性，产业扶贫的可持续性就会受到损害，公平价值也就自然消失。由此，对公平和效率上下限的设定就规划了市场和社会经营主体在产业扶贫中的行动空间，这种空间所呈现的弹性必然会加强产业扶贫的效力。

6.3.2 组织层面：利益联结与统筹安排

产业扶贫中，企业与社会（农户）的不同行为逻辑导致二者之间存在利益冲突和各自为政的问题。因此，从组织要素来说，需要协调企业和社会（农户）之间的利益冲突，政府发挥引导者、监管者的主体作用，对企业和社会（农户）进行统筹安排以达到组织协同的目的。

首先，在产业扶贫的主体利益配置上，要创新共赢发展可持续的利益联结机制。由于扶贫产业是要通过面向市场来创造可能的利益，进而通过产业扶贫来实现利益的再分配。这就意味着在产业扶贫中蕴含着一个利益创造过程和一个利益分配过程。利益创造过程要在市场中完成，而利益分配过程则要运用社会的逻辑。但通过市场创造利益的先导性往往规避了主体间的利益分配，正如卡尔·波兰尼所指出的，"它意味着要让社会的运转从属于市场。与经济嵌入社会关系相反，社会关系被嵌入经济体系之中"[1]。如此，产业扶贫则更多地呈现市场型特点，由此产生的是产业与扶贫往往处于"脱嵌"状态[2]。防止"脱嵌"的有效方式是社会主体的参与，只有通过社会主体的力量来限制市场逐利性的不断扩张，才不至于让产业发展与扶贫的张力越来越大，以避免产业扶贫变成新一轮的产业对贫困群众的"剥夺"。由于市场和社会主体在扶贫上的利益指向不同，就需要建构一种超越于主体利益自发扩张的有效利益联结机制。这种联结机制要在两方面展开：一是利益创造的联结机制，它强调要聚力市场型经营主体、社会型经营主体和贫困群众的共同力量，发挥各自的长处和优势来实现将扶贫产业做大做强的目标，从而推进利益的不断再生产。二是利益分配的联结机制，即通过产业扶贫进行利益的分配，这种分配必须要让经营主体持续增利，要让贫困群众有效获利，让政府的脱贫目标有序实现。同时，在利益分配的联结上，要进一步为利益再创造留下足够的资本空间，就必须克服个体的利益分化倾向对产业开发的整体利益要求的替代。这就意味着在利益分配的配比中应该构建有效的协商机制，克服因利益的分化导致的协同困境。

其次，在产业扶贫主体的统筹安排上，要建构相互激励的分享型合作机制。市场主体和社会主体的参与是产业脱贫能够取得成功的重要社会基础。但如果这种参与是以一种利益的相互竞争和角逐的方式进行，就是在建构一种抑制扶贫的反向力量。实际上，脱贫攻坚不仅是一场自上而下的政治性使命，也是全社会协同的一次重要训练。正如习近平总书记所说，"脱贫致富不仅仅是贫困地区的事，也是全社会的事。要更加广泛、更加有效地动员和凝聚各方面力量"[3]。然而，各方力量的参与是首要的，更重要的是避免各方主体在参与中的"内耗"。在国家的脱贫攻坚战略之下，已经创造性地实施了多元化的激励机制，但这只是引发市场和社会主体的积极参与。对于市场和社会主体来说，更重要的是要增强主动性，要自觉增强在脱贫攻坚战中经受历练的意识，这需要来自对贫困群众的鼓励，更需要通过积极的示范带动来形成分享型的合作机制。

---

[1] [英] 卡尔·波兰尼. 大转型：我们时代的政治与经济起源 [M]. 冯钢, 译. 杭州：浙江人民出版社, 2007：50.
[2] 蒋永甫, 龚丽华等. 产业扶贫：在政府行为与市场逻辑之间 [J]. 贵州社会科学, 2018 (2).
[3] 中共中央党史和文献研究室. 习近平扶贫论述摘编 [M]. 北京：中央文献出版社, 2018：50.

6.3.3 制度层面：目标刚性与执行弹性的协调

地方政府往往在处理政策统一性和政策执行特殊性之间关系时缺乏灵活度，会形成政策执行层面的异化及政策目标的偏离等。为此，地方政府应该选择一条既符合政策规范，又契合村庄伦理秩序和群众道义观的"中间道路"，策略性地执行产业扶贫政策①。

然而，在产业扶贫中，政府的策略性执行并不仅仅强调政府去做好产业的适应性工作，它意味着引入市场和社会主体的力量来强化执行的弹性，从而建构一种"政府引领、市场主体、社会协力、群众参与"的协同化制度体系。其一，政府是脱贫目标的制定者，但在产业扶贫中，政府应该承担起调动市场和社会主体参与产业开发积极性的重任。不过，应该引起重视的是，要警惕政府为了脱贫的政治目标任务而追求产业发展的盲目行为，这就要明确政府在产业扶贫中的干预限度。在这个意义上说，应该将产业扶贫的主体责任转交给市场和社会主体，政府只作为产业发展的"守夜者"角色，创造有利于市场和社会主体实现自身利益和进行扶贫开发的有利氛围，化解市场和社会主体在发挥自身的功能优势上遇到的根本性困难。其二，市场主体既强调充分发挥市场型经营主体和社会型经营主体在产业发展上追求市场利益最大化的积极性特点，同时又强调"以龙头企业为代表的新型农业经营主体是实施产业扶贫、带领贫困户脱贫致富的不可替代的市场主体"②。之所以特别强调市场的主体性作用，就在于产业扶贫的立足点在产业，在于产业的市场适应性。其三，社会协力，则着重强调社会型经营主体的作用，它来自地方社区，又走向市场，将是市场型经营主体的有力补充。如果社会型经营主体能够与市场型经营主体进行有力配合，组织贫困群众，化解产业发展在地方上的不适应问题，而市场型经营主体，尤其是龙头企业能够为产业发展提供充足的资金支持和广阔的市场需求，这两者的协力将成为产业脱贫可持续的强劲动力。其四，贫困群众的

---

① 金江峰.产业扶贫何以容易出现"精准偏差"——基于地方政府能力视角[J].兰州学刊，2019（2）.

② 蒋永甫，龚丽华等.产业扶贫：在政府行为与市场逻辑之间[J].贵州社会科学，2018（2）.

参与。正如习近平总书记所指出的，"各类扶贫项目和扶贫活动都要紧紧围绕贫困群众要求来进行，支持贫困群众探索创新扶贫方式方法"①。因为脱贫最终要落脚在贫困群众能力的提升上，没有贫困群众的主动参与，或者参与仅限于通过土地流转等简单化的分利方式，那么脱贫的可持续性将是难以实现的。要通过劳动用工、土地入股、技能培训与提高等多元化的方式，增强贫困群众与经营主体的利益关联性，由此所产生的分利效果更大。

不过，在协同化的制度体系建构基础上，必须要进一步明确脱贫的刚性目标与执行的弹性之间的统一并不是在过程上的统一，而是要实现结果上的统一。如果立足于过程上的统一，这种执行弹性很可能因为政府自上而下制度化的考核压力而使得弹性"流于形式"，这就意味着政府既定的脱贫目标要服务于脱贫质量，更要注重与脱贫结果的统一。正如习近平总书记所指出的，"要坚持时间服务质量"，这是一个前提性内容。为此，"需要提高精准扶贫政策考核的弹性，要给予地方政府'申诉'的权利，留有地方政府发挥自主性的余地"②。只有在政府自上而下的考核制度体系上明确留足地方政府发挥自主性的空间，才能留足地方政府调动市场和社会主体协同推进产业扶贫的可能余地。总的来说，要实现市场和社会的协同，首要的是要推进政府的考核制度体系从过程取向转向结果导向，进而在留足地方自主性空间的基础上才能有效推进"政府引领、市场主体、社会协力、群众参与"的协同化制度体系的建设，也才能真正实现产业扶贫的扶贫目标。

6.3.4 技术层面：信息对接与技能培训

产业扶贫中，如果产业的发展直接面向单个的家户，那么，以家户为单位的产业发展，由于资金、技术等客观性的因素，以及对市场难以把握等主观性原因的共同作用，它很难以形成产业集群，也就难以形成在市场中的有效竞争力。党的十九大报告指出，"促进小农户与现代农业发展有机结合"要求必须

---

① 十八大以来重要文献选编（下）[M]. 北京：中央文献出版社. 2018：50.
② 金江峰. 产业扶贫何以容易出现"精准偏差"——基于地方政府能力视角 [J]. 兰州学刊，2019（2）.

要建构小农户与现代市场的有机衔接机制,这就需要加强产业实施中的衔接性建设,通过信息对接和技能培训形成企业与社会(农户)的技术协同。

首先,产业的衔接必须要突破信息滞后的难关,强化多元主体的信息交换机制是必要方式。扶贫产业作为连接贫困群众与市场的中介,它的市场化导向表明首先是深嵌入市场体系的,也就必然受制于市场自发调节的滞后性和经营主体信息掌握的有限性的束缚。由政府直接面向市场推进的扶贫产业之所以难以持续,也与对千变万化的市场把握不充分有关。然而,相比于政府来说,市场型经营主体作为深嵌入市场体系的重要载体,它在市场信息的掌握上具有先天的优势,但这种先天的优势却在找寻适应于贫困群众的产业项目上有着自身的局限,也就必须要依靠来自地方社区的社会型经营主体的参与,由它来突破产业与地方社区相适应中的信息困境。从扶贫产业的发展角度来说,也必须强化市场型经营主体与社会型经营主体之间的信息交换,唯有实现两者之间的信息融通,才能建立起既适应市场又适应贫困群众发展需要的产业信息。当然,这种信息交换机制必须建立在有效的利益联结基础上,如果缺乏紧密的利益共同体的建立,即便建立了有效的信息交换机制,也将会因自我利益的追求而产生发展的背离,产业扶贫终将落于产业竞争的境地,其结果不仅不利于产业的发展,也很难产生扶贫效益。

其次,产业的衔接必须要突破人才不足的难关,推进技能型人才的培训是必要路径。贫困群众之所以走向贫困,按照阿玛蒂亚·森的说法,"在于可行能力的不足"[1]。要提升贫困群众的"可行能力",李志平的研究也指出,从长期来看,GTP路径("送猪崽")要优于GSP路径(折现金)[2]。也就是说,要采取有效措施将贫困群众纳入产业体系,远比简单地给钱给物的效用更大,也比通过给贫困群众资金由其自主选择产业项目的效力更强。但是,将贫困群众纳入产业体系,就必须让贫困群众在能力上能够跟上现代产业发展的要求。长期生活于乡土社会的贫困群众,受传统生产生活经营方式的影响极大,难以直接适应现代产业的发展要求,这就要推进技能型培训。当然,这种培训不仅是

---

① [印]阿玛蒂亚·森.以自由看待发展[M].任赜,于真,译.北京:中国人民大学出版社,2002:16.

② 李志平."送猪崽"与"折现金":我国产业精准扶贫的路径分析与政策模拟研究[J].财经研究,2017(4).

一种增强工作能力，更重要的在于一种理念上的转变，按照习近平总书记的论述，就是要"培育贫困群众依靠自力更生实现脱贫致富意识，培养贫困群众发展生产和务工经商技能，组织、引导、支持贫困群众用自己辛勤劳动实现脱贫致富，用人民群众的内生动力支撑脱贫攻坚"[①]。

6.4 小　　结

企业的利益逻辑与社会（农户）的不信任是产业扶贫成效不高的主要原因，克服企业参与产业扶贫利益冲突难题的关键在于构建企业与社会（农户）有效联动的协同关系。产业扶贫作为助力贫困群众脱贫的根本之策已经成为基本共识，但要将产业扶贫做好，必须要在把握产业的市场性的基础上增强其扶贫的社会道德性。但很显然，这两者之间不仅有着各自的运行逻辑，也表现为经营主体与被扶助主体的需求张力。产业扶贫的可持续性必须克服市场与社会各自为政的局面，这种各自为政既体现为相互围绕利益的竞争，更重要的是在利益与道德的抉择中呈现背离的倾向，当然，这种背离更多的是生成市场利益性对社会道德性的替代。与此同时，市场和社会不同主体之间也蕴含着多元张力，这种张力虽然在地方政府普遍的利益刺激之下都趋向于扶贫实践，但对各自利益的追求有可能产生分利倾向而不愿意在产业扶贫中进行有效的合作。要解决这些问题必须要创新社会与市场的协同治理机制。

然而，市场型经营主体和社会型经营主体并不会自觉自愿参与产业扶贫实践，本章通过对政府开创的差异化激励机制和创造的多元联结机制的案例分析揭示了实现市场和社会的协同的可能路径。不过，实现两者从自主组合、各自为政到有效联动的核心仍在于利益的联结，而政府作为与市场和社会主体相对的力量，也成为导引两者协同的关键。在案例分析的基础上，本章提出要实现社会和市场的协同必须要从理念、制度、组织和技术层面优化产业扶贫过程。市场和社会的协同首要的是在理念上实现效率与公平的兼顾，这种兼顾是以不可偏废下的可持续性为目标，为此必须设定效率的下限和公平的上限，从而明

---

① 中共中央党史和文献研究室. 习近平扶贫论述摘编 [M]. 北京：中央文献出版社，2018：58.

确产业扶贫的范围边界。不过，这种边界通常会受到政府脱贫目标的刚性要求而呈现出公平有余、效率不足的状况，而要确保有效，又必须建构一种"政府引领、市场主体、社会协力、群众参与"的协同化制度体系，确保政府扶贫目标与扶贫结果的统一，而不是让政府关注过程的效力，实现产业扶贫的时间服务于质量。明确了政府行动空间的同时，也就要进一步强化市场和社会协同在组织上的有效结合，创新共赢发展可持续的利益联结机制和建构相互激励的分享型合作机制是确保市场和社会通过组织积极沟通、有效协力的关键。但要打通贫困群众与市场的通道，又必须在技术层面上突破产业在适应市场和契合农户需求上的信息有限性，而落脚在贫困群众面向市场的风险能力的提高则又必须推进技能型人才的培训，唯有如此，才能让贫困群众真正适应现代产业的发展要求。

本章研究得出以下结论：第一，产业扶贫中，企业与社会力量之间的冲突是扶贫不可持续的重要原因。企业主体的利益逻辑与社会主体的道德逻辑之间的逻辑冲突导致二者缺乏有效的协作，特别是企业的退出。第二，产业扶贫中，创新社会与市场的协同治理是破解利益与道德背离难题，弥合市场和社会不同主体之间多元张力的主要方式。具体包括：从理念层面，政府需要引导企业承担社会责任（而非单纯争利），社会（农户）主体信任政府和企业，从而形成合作共赢与主动参与的协同扶贫格局。从组织层面，需要协调企业和社会（农户）之间的利益冲突，政府发挥引导者、监管者的主体作用，对企业和社会（农户）进行统筹安排以达到组织协同的目的。从技术层面，企业与社会（农户）主体需要信息对接以形成完整的产业链，同时加强社会（农户）主体的技能培训，提高产业能力。从制度层面，通过政策目标刚性与政策执行弹性的协调以避免政策流于形式。第三，随着脱贫目标的全部完成，企业与社会（农户）主体需要建立并完善相关协同合作的体制机制，以保证产业发展的长效性、可持续性。

第 7 章　产业扶贫中的政企社协同：理论逻辑与现实路径

贫困问题是全球性治理难题。我国处在决胜全面建成小康社会的关键时期，精准扶贫进入攻坚阶段时，贫困问题呈现出动态性和反弹性等特征。产业扶贫中存在着诸如产业扶贫制度之间缺乏良性互通、主体之间缺乏协同参与、职能部门之间缺乏协同联动，以及产业扶贫资源缺乏有效整合，扶贫工作绩效评估碎片化等一些比较突出的问题[①]。这些难题究其根本就是，重开发、轻管理、少治理，管控有余、治理不足，甚至违规操作，导致扶贫效率低下。通过以上各章分析可知，产业扶贫中不同主体之间的双向协同是多主体协同的前提，但双向协同并不必然导致多主体协同，产业扶贫中多主体协同遵循着特定的理论逻辑和现实路径。

7.1　产业扶贫中政企社协同的理论逻辑

协同治理理论中所蕴含的现代治理理念能够为产业扶贫提供理论和实操方面的指导，从主体多元性、利益共同性、权力公共性、行为互动性、价值合作性等方面分析，笔者认为，产业扶贫中政企社协同的理论逻辑主要表现为以下几个方面。

7.1.1　扶贫主体的多元性

我国产业扶贫中存在的一个突出问题是：贫困人员缺位、政府越位和社会

---

① 杨雪英. 协同治理视角下的农村精准扶贫工作机制探析［J］. 广东行政学院学报，2017（5）.

组织参与不足并存，这凸显了扶贫治理中扶贫主体单一化的倾向。多数扶贫政策并没有考虑到贫困人员在扶贫中的主体作用，而只是将贫困人员作为扶贫行动的被动配合者，这导致农村扶贫工作基础不稳且后续动力不足，出现"年年扶贫年年贫"等怪现象。贫困户原本应该是扶贫工作的承担者和受益对象，但是在扶贫实践中，贫困户仅仅被作为扶贫受益对象，只能被动地接受政府的扶贫安排，而不知也不能发挥自身在脱贫中的主动性。一些农村产业扶贫实地调研发现，村干部对扶贫项目引以为豪，可大多数村民对扶贫工作的认识只停留于：扶贫就是政府发放一些米面油等生活用品或者现金，养成了扶贫"等、靠、要"消极思想。甚至，一些地方政府片面地认为在扶贫工作中，贫困户只需配合接受政府的"恩惠"就行，这导致产业扶贫成了政绩工程、统计游戏，扶贫形式主义严重。

因此，要更清醒地认识到贫困户的主体性地位，而不仅仅是将其看作扶贫对象。在产业扶贫过程中，加速培育新型农民，开发农村潜在人力资源，多做扶贫项目宣传，使得贫困人员真正成为贫困治理的真正参与者。同时，如何有效引入市场力量与社会力量参与扶贫已经是社会主体崛起、财政压力紧张、公共事务繁重的内在要求[①]，也应成为产业扶贫的着力点。2013 年，中央办公厅发布的《关于创新机制扎实推进农村扶贫开发工作的意见》，提出在巩固加强定点扶贫、东西部扶贫协作、军队和武警部队扶贫，充分发挥其示范引领作用的基础上，大力推动各民主党派、工商联和无党派人士、企业、社会组织、个人扶贫。国务院 2014 年 11 月发布的《关于进一步动员社会各方面力量参与扶贫开发的意见》开篇即指出"广泛动员全社会力量共同参与扶贫开发"。2015 年 10 月，在出席 2015 减贫与发展高层论坛的主旨演讲中，习近平再次强调："坚持动员全社会参与，发挥中国制度优势，构建了政府、社会、市场协同推进的大扶贫格局。"这正是多元治理主体协同扶贫的顶层制度设计，这是一种政府、市场、社会协同推进的大扶贫开发格局。协同治理强调治理主体的多元性，所谓治理主体多元就是指针对一定的公共问题或事务，政府、市场、社会和公民等多元治理主体参与治理过程。显然，我国党和政府倡导的大扶贫工作

---

① 杨平璋，蒋永甫. 协同治理范式下精准扶贫的理念变革及路径转向［J］. 广西大学学报（哲学社会科学版），2018（1）.

格局,其理念与协同治理理念的主体多元性原则是极其契合的。

7.1.2 扶贫利益的公共性

贫困不仅仅是个人性的问题,甚至根本不是个人问题,而是具有社会性的问题,贫困是社会的产物。马克思认为"所有人共同享受大家创造出来的福利"①。扶贫工作以提高和保障民生发展水平为目标,将贫困群体与贫困区域作为治理对象,能够促进社会公平,具有显著的公共利益性。从本质上来讲,扶贫就是一种公共品,它具有明显的正外部效应,可以消除社会不公平,进而可以维护社会稳定,还可以"扩大内需、刺激消费、创造经济增长新动力"②。

协同治理的主体虽是多元的,但并不是解决私人问题,而是为了解决公共问题。也就是说,公共性是协同治理的基本价值取向。多元主体参与公共事务,其目的在于通过各种等级的调节和整合,在社会系统内不同的层次和范围将无序转化为有序,换句话说,就是保障国家的和平与繁荣、社会的和谐与稳定、公民的有序和团结。在协同治理中,各个组织间需要协同,协同治理过程是权力和资源的互动过程,其直接目的就是弥补政府和市场的失灵,实现各种资源的协同增效。社会的协同治理就是将社会的各种要素(包括政府、社会组织、市场、公民、信息、流程等)关联起来,使这些要素能够为了完成共同目标任务而进行的协同运作,形成一种"1+1>2"治理协同效应,其目的在于对有限资源的最大化开发利用,实现公共利益的最大化,并消除在协同运作过程中产生的各种壁垒和障碍。由此可见,协同治理的公共利益价值取向与产业扶贫工作的公共品本质是完全一致的。

7.1.3 权力运行的协同性

在产业扶贫工作中,还存在着这样的严重缺陷:扶贫项目开发、项目审批、资源配置、资金监管、政策配套等方面存在着诸多问题,扶贫领域中庸

---

① 马克思恩格斯选集(第1卷)[M]. 北京:人民出版社,2012.
② 马晓河. 穷人的困境[J]. 中国发展观察,2017(2).

政、懒政、怠政等现象比较突出，形式主义严重，更有甚者扶贫资金等贪污腐败现象时有发生。这也是扶贫中最受诟病的地方。在当前农村扶贫工作中，一方面，地方政府管得过多过细、大包大揽的越位和错位现象突出；另一方面，政府部门作为扶贫工作的主导者和决定者，其行为却缺乏制度性约束和有效监督，寻租、贪污腐败常发。同时，我国其他各类社会组织发育滞后，自身掌握资源较少，其内部常常又存在管理混乱、资金使用不明等问题。再者，政府、贫困户和社会组织之间的公平协商对话机制缺乏，扶贫信息不够公开透明，导致部分民众对扶贫工作充满了不信任。究其原因，正是权力的公共性理念未得到真正确立。政府掌握着绝对多数的扶贫资源，具有其他社会组织都没有的强大资源动员能力，却反而使扶贫工作呆板僵化，难以适应产业扶贫的实际需要。

将协同治理理念运用于产业扶贫，就是不仅要推进治贫工作的社会化，还要在扶贫过程中推动赋权的务实化，其本质正是对公共治理权力的回归。所谓"赋权"就是指赋予个体或群体权利权威。在扶贫中，参与主体没被赋权，也就是被无权或去权，就会使其在政治上不主动参与，经济上缺乏安全感，权利上不能有效利用，以及自我实现上感觉无助等，去权导致了种种消极状态。被称为"穷人的经济学家"的著名学者阿玛蒂亚·森曾指出："贫困、饥荒的出现并不仅仅是因为粮食供给的匮乏，而是对贫困者支配粮食的能力具有决定作用的权利失败的发生。"[1] 权利的失效或者丧失正是造成贫困的根源，而扶贫中的赋权其实就是赋予获取资源的权利，赋予贫困人口参与发展的权利和表达空间。

此外，公共权力本是公民的共同权力，为全体公民共同所有。在现实社会中，公共权力只能由其代表（或委托人）来行使。在我国，人民是公共权力的"主权者"，权力的执行者是人民的"公仆"[2]。公共权力的产生是为了处理公共事务、维护社会公共秩序、增进社会公共利益。不过，"制度供给提供的是一个集体物品，理性人寻求的是免费确保自己的利益，就仍然会有制度供给的失败，搭便车的动机会逐渐削弱组织解决集体困境的动机"[3]。公共权力存

---

[1] [印]阿玛蒂亚·森. 贫困与饥荒：论权利与剥夺[M]. 北京：商务印书馆，2001.

[2] 高建华. 论公共权力的异化与反异化——兼论服务行政理念的确立[J]. 行政与法，2005(8).

[3] Robert Bates. Contra Contractarianism: Some Reflections on the New Institutionalism [J]. Politics and Society, 1988 (16): 387 – 401.

在着异化的风险，比如以权谋私、腐败、权力滥用等。因此，就要重视对扶贫治理各个主体，特别是政府行为的规范与监督，明确各个主体责任，厘清各个主体基本职能。没有监督，就不可能有可信承诺。因此，要加强扶贫工作的监督，避免出现寻租、贪污腐败，影响政府公信力。作为对公共行政的现代性反思，协同治理强调让公共权力回归其本位，也就是公民本位和社会本位，强调让公共权力在协同理性和公共理性的基础上运行。

7.1.4 行为过程的互动性

在产业扶贫领域，存在着一些错综复杂的社会心态现象，比如：支援方无功无利不作为，害怕出错保守无为，非行政一把手不作为；受援方则"等、靠、要"思想严重，不主动参与，内生动力不足。究其原因，在于扶贫模式上，行政维度指向性强，且单向性特征明显，没有形成良好的多元互动扶贫格局。政府推行产业扶贫工作时，往往只考虑当地是否有承接扶贫项目的资源条件，却较少调研当地居民是否具备相应的素质或参与意愿，长期单向灌输扶贫，并没有激发贫困户的脱贫主动性。

协同治理不但强调治理主体的多元性，也强调治理要素的多元化。协同治理中的多样化要素就是治理系统中的各种控制参量，其本质就是各个治理主体所具有的各自的社会资源、价值判断以及利益需求。传统的公共事务管理，都是以管理人员和服务提供者为中心，作为公共服务对象的公民，只是公共服务的消费对象，基本上只能被动接受被给与的公共服务。协同治理的公共服务理念则认为，民众不仅是公共服务的消费者，也是治理者。这就要求社会的协同治理中，应以公民需求为导向，让公民自由表达真实需求。协同治理框架下的精准扶贫，贫困群体是贫困治理的参与主体，其多元化需求被更多地关注到。要保证政府、市场力量、社会组织和贫困群体在同一个平台上交流，使得各利益方能够自由表达意愿，促进共识形成，推进产业扶贫工作的各方协作和分工合作。

政府自身是有局限性的，其政府能力也是有限的，政府不可能随意将自己的意志强加于其他行动主体。其他主体也有实现自主的要求，这就是自由，同时也是责任。同治理理论要求削弱政府管制、减少控制，甚至要求政府从某些社会领域撤出。协同治理过程是权力和资源的互动过程，其直接目的就是弥补政府和市场的失灵,实现各种资源的协同增效。对于协同治理来说,协同治理主体间通过合作、协调、竞争、冲突与博弈,形成协同效应,从而达到治理效果。因此,行为主体间的协商、协作、互动是必需的。同样地,对于产业扶贫来说,也应该充分发挥扶贫领域的自组织协同运行机制,比如提升贫困人口的劳动技能和文化素质或发展贫困地区的特殊产业等"自我发展"能力,促使实现贫困治理效益的最大化。依据协同治理的行为互动性理念,就要加强政府相关各部门的联合互动,做到信息的共享与互通;也要加强贫困户与精准扶贫部门以及其他社会组织之间的互联互动;还要建设贫困户间的合作沟通机制,让贫困户之间实现脱贫信息和经验的共享。这正是党的十九大报告中所提倡的"打造共建共治共享的社会治理格局"在产业扶贫领域的具体体现。

7.1.5 价值导向的合作性

在中国,党和政府一直很重视扶贫工作,多年来扶贫实践经历了"输血"与"造血"两种基本模式,以及两种模式的综合运用。随着扶贫的环境和条件的深刻变化,我国扶贫经历了改革、开发、攻坚、定点、精准等的扶贫历史变迁,贫困的发生也由面到线到点不断减少。不过,随着扶贫模式的转变和优化,也反映出贫困发生的复杂性和贫困治理的复杂性。致贫有客观原因,也有主观原因。贫困有物质贫困,也有权利贫困,更有思想和观念的贫困。一些贫困地区的干部群众要保贫困帽子,不愿意摘贫困帽,恰恰反映了思想观念的贫困。这种等待、懒惰、保守、落后的思想观念,导致了贫困地区群众消极应对贫困,甚至让扶贫工作成为一项政府的"单相思"工程。

对于协同治理来说,社会资本作为一种无形资产,对社区治理、公民社会和国家福利、经济增长都具有重要意义。而社会资本是对社会主体间紧密联系的状态及其特征,其表现是规范、信任、权威、行动共识以及社会道德等。我国传统是典型的"关系"社会,但是其中有太多消极、负面的东西,对"熟人"依赖和信任,但是并没有很好地将伦理道德延伸于"陌生人",因此社会整体诚信度低、潜规则多,连接网络的紧密度低,社会资本积累不足且质量不可靠。这些都妨碍了产业扶贫中各参与主体的紧密合作,而是各自为政,从而降低了扶贫工作的质量和效率。党和国家近些年来已经采取多种举措,比如打造社会主义核心价值观等，来推动传统社会资本的转型和现代社会资本的发育，以促进社会资本的积累。在产业扶贫领域，扶贫先扶智的理念已经深入人心，引导贫困群众树立自立自强意识，促使贫困群众主动参与脱贫行动，积极主动与政府和市场合作，这才能够从根本上根除贫困的症结。

在协同治理理论范式中，"协同"正是体现了一种合作性的价值导向。现代治理理念也强调合作主义的理论逻辑，认为在现代社会中多元治理主体是并存的，多样治理权威是同在的，在此基础上，各个治理主体走向合作，实现互利共赢，最终促进公共价值的实现。改善产业扶贫工作，不仅要有政府的有效主导，也要有贫困户的积极参与，还要有相关社会组织的协助。具体来说，合作机制主要体现在以下几个方面：建立政府与社区、贫困群体之间的官民合作机制，拓宽"第三领域"，促进结构性参与；建立贫困农户之间的经济合作机制，提高自组织能力，促进市场化参与；建立农户经济组织与"村两委"之间的社区合作机制，优化资源配置，促进职能性参与；建立政府扶贫资源的部门间合作机制，整合部门力量，促进体制性参与[1]。由救济式扶贫治理到开发式扶贫治理，再到参与式扶贫治理，正体现了协同治理理念中的一种合作性价值导向。

7.2 产业扶贫中政企社协同治理优化

在多主体共同参与的产业扶贫中，每一主体都发挥重要作用。承接前述分析，笔者认为三者协同也需要在理念、组织、制度和技术方面进行考量。通过更新观念，进行有效的组织联结、完善的制度建设和运用现代技术建立三者之间的协商合作平台，才能够优化当前的产业扶贫成效。

7.2.1 理念层面

中国的扶贫之路不同于西方，西方学者偏向将贫困定义为经济发展问题，认为贫困问题将会在经济发展过程中得以解决。因此，中国的产业扶贫从理念

---

[1] 林万龙，钟玲，陆汉文. 合作型反贫困理论与仪陇的实践[J]. 农业经济问题，2008 (11).

上要对政府、企业和社会三者的角色关系予以明确。

首先,政府角色。从理念层面来看,人们对贫困的认识最初源于现代化理论,消除贫困的关键在于实现现代化,根本路径在于经济发展,基本手段是依靠外部力量的支持。此种理论基本把贫困问题等同于经济问题,认为解决了经济问题,贫困问题自然而然地就解决了,把实现经济增长和提高收入作为基本目标。而中国扶贫理念特别强调国家和政府的作用,中国政府一直以来主导着扶贫的内容和方式,中国的扶贫实践之中首要强调的是国家行政力量的主导与政府的作用[①]。在社会主义市场经济背景下,政府应该承担产业扶贫的主导角色,发挥政府行政主导的作用,通过引导、支持企业,实现贫困农户的内生增长。在产业扶贫过程中,处于主导地位的企业,应处理好政府与市场的关系、外来输血与自我造血的关系、产业扶贫主体与客体的关系、政府主导与多元主体参与的关系[②]。相比较其他扶贫方式,政府更加偏好于产业扶贫,但由于政府的主导地位,产业扶贫的过程始终处于政治行为与市场逻辑之间。由于不确定的市场风险存在,政府考虑到资金安全与管理问题,偏向于将产业扶贫资金交由龙头企业来管理和经营,以实现资本化运作。但由于企业行为的市场逻辑,这种方式短期内能帮助农户实现脱贫,但缺乏可持续性,企业退出后容易造成农户返贫现象发生。因此,应通过政府购买服务的方式,引入市场力量、社会因素,构建市场主体、基层治理主体与贫困农户的利益联结机制,发挥产业扶贫的长效功能[③]。有学者通过产业扶贫的三种运作模式(大户+公司、农户合作、干部承揽)的考察发现,由于中央扶贫政策的设计目的与地方政府政策能力、政策动力,产业发展逻辑与扶贫理念之间的差异导致产业扶贫在具体的实践上被扭曲,最终扶贫效果大打折扣。因此,一方面,中央在政策设计中要更多考虑地方政府的角色,注重培育地方政府的施策能力,提高地方政府的施策动力;另一方面,地方政府要改变大包大揽的扶贫方式,转变扶贫理

---

① 许汉泽. 行政主导型扶贫治理研究:以武陵山区茶乡精准扶贫实践为例 [J]. 中国农业大学(社会科学版), 2018 (6).
② 张春敏. 产业扶贫中政府角色的政治经济学分析 [J]. 云南社会科学, 2017 (6).
③ 蒋永甫, 龚丽华, 疏春晓. 产业扶贫:在政府行为与市场逻辑之间 [J]. 贵州社会科学, 2018 (2).

念,加强多主体之间的协商与合作①。压力型体制下,基层政府面临着扶贫考核的短期性与产业扶贫长期性的矛盾张力,因此地方政府往往第一考虑的是目标考核,其次才是农户脱贫,即变通式的政策执行。产业扶贫在政策变通执行的情况下,呈现出阶段性的特征,即初期由于政府投资、市场环境能够迅速受益,但随着政府、企业的退出,产业扶贫的不可持续性就凸显出来②。

其次,企业角色。改革开放以来,我国贫困治理大致经历了三个阶段:体制改革推动扶贫阶段、大规模的农村开发式扶贫阶段、"开发式扶贫"和"保护式扶贫"共同发挥作用的新阶段。第一个阶段,从贫困治理的方式来看,主要是通过政府放松甚至解除各种约束和管制,给农村社会创造财富足够的制度空间。第二个阶段,一方面,农村社会不断扩大创造财富的空间,尤其发展了人口流动创造的财富空间;另一方面,政府开始通过设立财政专项、划定国家级贫困县等财政和行政治理手段来直接干预贫困治理。第三个阶段,国家采用的扶贫治理手段更趋复杂多样。因此,企业在扶贫中发挥着越来越重要的作用③。企业参与产业扶贫,不仅能从中获得企业效益,而且能够发挥社会责任。有学者从资源依赖理论出发,研究了某公司2016—2017年参与产业扶贫的典型案例,发现企业加大产业精准扶贫投入能够提高财务绩效,并且,在市场化程度较低的地区,产业精准扶贫投入对企业绩效的影响效果更好;进一步研究发现,产业精准扶贫投入水平和企业价值之间也同样呈现出类似的关系④。有学者通过研究提出产业链嵌入式扶贫,即将贫困人口固定到扶贫企业主导的产业链条之中,并通过促成产业要素的集成和产业价值的大幅增长而促进贫困人口增收,这种扶贫模式兼顾了企业、贫困户及其他新型经营主体的多方利益,是企业主动参与扶贫的一个有效选择⑤。

---

① 梁晨. 产业扶贫项目的运作机制与地方政府的角色[J]. 北京工业大学学报(社会科学版), 2015(5).
② 袁明宝. 压力型体制、生计模式与产业扶贫中的目标失灵——以黔西南L村为例[J]. 北京工业大学学报(社会科学版), 2018(4).
③ 李小云. 我国农村扶贫战略实施的治理问题[J]. 贵州社会科学, 2013(7).
④ 张玉明, 邢超. 企业参与产业精准扶贫投入绩效转化效果及机制分析——来自中国A股市场的经验证据[J]. 商业研究, 2019(5).
⑤ 郭晓鸣, 廖祖君, 张耀文. 产业链嵌入式扶贫:企业参与扶贫的一个选择——来自铁骑力士集团"1+8"扶贫实践的例证[J]. 农村经济, 2018(7).

最后，社会角色。产业扶贫中除了政府、企业之外，还存在着一股重要的力量——社会，这里的社会力量既包括农民组织，又包括农户本身尤其是贫困户，以及其他第三方组织。社会力量不仅拥有大量的资源、信息与技术，而且具有整合力量的功能，在产业扶贫中发挥着重要的社会作用。但在产业扶贫中，社会主体与政府、企业也存在着诸多矛盾与冲突。村庄调研发现，产业扶贫中，基层村庄精英存在主动侵占扶贫资源和被动获得扶贫项目两种精英俘获方式，精英俘获造成了产业扶贫内卷化现象，这已经严重影响到了农户脱贫。在乡村社会急剧变迁背景下，村庄社会结构阶层分化、村庄治理结构悬浮、村庄权力结构精英垄断等因素是精英俘获扶贫资源的社会基础。因此，在产业扶贫过程中，重视与乡村社会的沟通与互动，将乡村社会政治、经济、文化变迁等因素考虑进扶贫和研究工作中[①]。有学者将脱贫目标下的政府干预纳入农户参与产业扶贫项目的行为选择分析框架，研究表明：由于产业扶贫的高风险性降低了贫困户对致富项目的预期评估，而贫困户倾向于选择低风险、低收入的传统经营方式；此外，政府干预也会影响贫困户的选择意愿，政府在进行干预时应特别注意边界问题，因为会使良好的扶贫意愿与农户的行为选择产生偏差[②]。有学者基于某省产业扶贫的实践，对比几种典型模式的扶贫绩效。研究表明：能人＋合作社型产业扶贫资金使用效率最高；资源禀赋型扶贫项目比市场需求型整体扶贫绩效更好；本地投资主体比外地投资主体的扶贫绩效更加稳定和均衡。因此，基层政府要根据资源禀赋、产业基础、人力资本以及自身优势等情况选择优势互补的扶贫模式以提升产业扶贫绩效[③]。

7.2.2 组织层面

主体往往是以组织化方式行动的，在产业扶贫中，各参与主体参与共同治

---

① 朱战辉. 精英俘获：村庄结构变迁背景下扶贫项目"内卷化"分析——基于黔西南 N 村产业扶贫的调查研究［J］. 天津行政学院学报，2017（9）.

② 金媛，王世尧. 政府脱贫目标与农户行为选择偏差——理论与产业扶贫项目的经验证据［J］. 财经研究，2019（6）.

③ 陈忠言. 产业扶贫典型模式的比较研究——基于云南深度贫困地区产业扶贫的实践［J］. 兰州学刊，2019（5）.

理同样也是组织化参与。不同组织有自身的特点和优势,多主体的产业扶贫就是通过发挥各组织的优势,通过互动和嵌入使得整个扶贫过程能够推进,取得良好成效。因此,我们说,在当前的扶贫治理中,产业扶贫在组织层面的协同,就是通过对不同组织优势进行分析,对产业扶贫中的组织功能进行优化,使得不同组织之间能够相互衔接。整体上看,产业扶贫中,在协同扶贫的政策平台上,将政府公共组织、市场组织和社会组织的作用有效发挥,形成良性互动的治理格局。

一是政府组织和市场组织之间的关系。政府是权力组织,在中国传统的扶贫过程中,政府一直是主导,而且起着重要的领导和组织作用。随着计划经济的解体,政府实现从组织管理生产向服务社会转变。扶贫工作中,政府也成为主要的调节者和服务者。主要包括政策制定、资金引入、市场引导和过程控制等作用。而企业作为市场主体,在扶贫资源的配置中具有重要作用。产业扶贫也要以市场规律运行,因此,产业扶贫工作中,不同村镇要根据自身需要,通过市场化方式引进相关企业,这是产业扶贫中市场组织进入村庄的前提。而政府作为服务者,并不是盲目地为企业提供服务,服务的前提是要能够有利于多方利益,达到多方共赢。因此,政府需要对企业进行一定程度的引导,使那些市场竞争能力强、具有社会责任感、能够带来农户长期脱贫的企业进入村庄。政府组织与企业组织的互补性就在于,一个是产业扶贫的服务主体,另一个是产业扶贫的参与主体。政府在扶贫中要对现有的市场化资源进行优化,通过引入、购买等措施,既要实现市场效益,又要兼顾社会效益。对于企业组织来说,企业本身具有资本优势,其逐利性本质意味着与政府目标和农户目标可能呈现出不一致等状况;也可能呈现出政府与企业共同挤占农户和社会组织利益的情况。因此,需要对政府和企业之间的关系进行明确。

二是政府组织和社会组织的关系。社会组织重要的特点在于其灵活性,以及与农户关系的直接性。农户是扶贫中的弱势群体,在产业扶贫中,自己正当利益的获得,不能仅仅寄希望于政府和企业的道德同情,更需要利用自己的优势形成自己的组织化力量,以争取自身的利益。就社会组织来看,农民自发形成了合作社、协会等组织,具有较强的专业性,能够实现小农户与大市场之间的有效衔接。在产业扶贫中,通过社会组织,政府能够获得农户的真实需求,通过社会组织更好地推动扶贫政策的制定和实施,乃至实现对产业扶贫过程的监督。但是,社会组织的活跃性同样也会引发不稳定性,导致扶贫效果不佳。

因此，在政府组织与社会组织的关系处理中，一方面政府要向社会组织进行适当授权，通过制度对社会组织的角色进行限定，对社会组织的行动边界予以明确；另一方面，要与社会组织进行有效衔接，通过社会组织了解农户需求，让社会组织积极参与产业扶贫，减少扶贫制度运行的阻力。

三是市场组织和社会组织的关系。农村社会组织与市场组织虽然是不同类型的组织，但具有利益的共同性。因此，两者之间的关系是既存在竞争，又具有互补性。农村社会组织内生于村庄内部，是代表农民利益的组织。当前部分农村经济类社会组织已经具有明显的市场组织的特征，因此，在产业扶贫中需要调整其与市场组织的关系。另外，也需要注意两类组织之间的竞争性引发的冲突。更多的情况下，两者之间应该是互补型社会组织，市场组织作为外部组织内嵌于村庄需要借助于内生于村庄的社会组织，所以，通过有效的机制，使社会组织成为产业扶贫在村庄内部的有效载体，通过社会组织的灵活性和乡土性，促进两类组织的有效衔接，也是产业扶贫的必然要求。

7.2.3 制度层面

利益均衡是产业扶贫的核心，产业扶贫中实现政府、企业、社会三者之间的协调关键在于平衡彼此的利益关系。而现实中三者之间的利益关系较为松散，这是引发协同失败的根本。而三者之间关系的维持，不能仅仅从组织关系层面进行职能的划分，需要通过制度将其固定下来。从利益联结的角度看，作为产业扶贫主体，应当为最大受益者——贫困户，在产业扶贫中受到政府政绩效应的影响和企业等强势资本主体的排挤而导致利益受损。产业扶贫中协同制度建设的出发点就是保护弱者的利益，而政府是协同治理的主导者，也是制度的主要制定者。因此，要发挥政府在制度制定中的主导作用，企业和社会参与制度制定的有效机制，完善产业扶贫的各项制度。从制度的类型来看，由于中国农村社会是关系社会、血缘社会，非正式制度在产业扶贫中发挥着重要作用。所以，一方面，要结合农村实际，充分发挥村庄内部的村规民约等现有的乡土制度的调节作用；另一方面，要通过相关政策、法律法规等正式制度的制定，规范和调节产业扶贫中各主体之间的关系。

首先，要建立科学的决策参与机制。产业扶贫中涉及多元主体，多元主体之间是平等的合作关系。因此，政府、企业和社会都是有效的参与者，在扶贫决策中具有参与权和知情权。政府是产业扶贫项目的发起者、政策的主要制定人，企业和社会组织是主要的执行人，而农户是主要的受益人。政府在产业政策制定之初，首先要进行调研，与企业和农户进行有效沟通。企业除了与政府进行产业规划外，还要懂得农户的需求。因此，产业扶贫科学决策应以农户需求为前提。科学的决策制度要依据村庄内部的条件，充分依靠农户、村干部。村干部通过村庄内部的决策机制，由村民大会或者村民代表大会、各种协商型会议收集群众意见和建议，并将其作为决策的主要依据。可以尝试建立村干部、村民代表、企业和政府相关人员组成的协商议事制度，制定科学的决策制度。政府要改变传统的管理模式，要善于在决策中主导和引导。既要通过现有的驻村帮扶队员和村干部了解村庄的真实需求，更需要做好前期调研，如向村庄内部的新型经营主体、种粮大户和合作社的负责人了解真实情况。根据村庄的不同需求，制定不同的政策。要善于与企业主体对接，尊重企业的正当利益要求，充分利用企业的资金和资本优势，可以委托企业进行市场调研，认真听取企业负责人的政策建议，力求在决策之初能够照顾多方利益需求。

其次，要建立有力的制度执行机制。科学的决策机制是协同治理的前提，但制度的执行是解决问题的关键。在产业扶贫中虽然存在"制度过密化"等问题，更多的却是制度执行中的不规范、不到位等问题。产业扶贫属于资本下乡的一种形式，在制度执行中最可能出现的情况就是权力与资本的合谋，对社会组织和农户等弱势群体利益的侵犯。因此，一是要在执行之初，向农户进行宣传，就产业扶贫中可能出现的风险对农户进行告知，或者委托村干部向农户传达；二是政府和企业在执行制度的过程中要严格要求，按照产业规划和相关配套制度规定作为；三是在执行中存在的争议和冲突，要综合利用村规民约、法律、政策等多种机制进行解决，充分考虑到政策执行过程的平稳性，避免项目流产。从各主体来看，政府要切实担负起主要责任，在政策执行中，要严格按照相关配套制度要求，承担起中间人的角色。在农民的利益保护方面，政府要予以充分的关注，在企业和社会出现利益纠纷时，积极介入，解决争端。企业作为营利性社会组织，除获得自身的合法利益外，要承担相应的社会责任。还要从长远的角度支持农村产业的发展。如企业可以通过创新与社会组织和农户的合作方式，培养更多的能人，促进农村产业的长远发展，从而获得长期利益。对于农户来说，当前最紧迫的问题，是要建立现代契约意识。在制度的执行过程中，避免利用"弱者的武器"破坏正常的产业扶贫进程。

再次，要建立有效的制度监督机制。多主体参与的产业扶贫，不仅涉及上级转移支付的大量资金，而且还涉及政府权力与企业资本权力在争取利益的过程中是否能够保持稳定等一系列问题。因此，有效的监督制度是协同治理必不可少的。从当前产业扶贫中的监督制度来看，注重政府自上而下的监督，缺乏过程性的监督。这种监督存在的主要问题是政府和企业对农户利益的侵占。虽然扶贫带有公益性特征，但政府有着自身的经济利益，权力寻租的可能性依然存在。

最后，协同治理中相关配套机制不仅仅包括以上各方面，还包括社会参与机制、评估机制、贫困户退出机制等，需要不断完善，实现治理效果最优。

7.2.4 技术层面

一是建立三者之间协同治理的平台机制。协同扶贫平台是以村庄社区为基础，优化村庄治理效能的重要载体，各主体作用的发挥都是建立在这一平台基础上，而政府是这一机制的负责主体。在平台的设计、宣传以及在督促各主体按照规范开展工作中负有责任。而平台建立的初衷是多主体之间的交流与互动，因此，要在现有的扶贫信息沟通平台的基础上，开发更多的功能，如政府、企业和社会三方主体能够参与的板块，相互之间能够实时互动，及时解决产业扶贫中存在的问题。此外，还"可开发起脱贫宣传微信平台、社交媒体平台、论坛平台、党建网络平台等互联网+平台以及传统媒体的专门栏目，让社会、公民、贫困户拥有更好的参与平台，能够平等公开地进行扶贫信息的交流，有利于保证扶贫信息的透明性、及时性和互动性"[①]。

二是通过信息技术对产业扶贫中的三者作用进行有效评估。如当前扶贫资金使用和扶贫政策的评估，更多是通过政府内部层级之间的有效管控和自上而下的考核，即便通过第三方评估，也具有一定的依附性。缺少不同主体之间，尤其是农户和社会组织的技术协同。而在更大范围内利用现代信息技术进行政

---

① 李书雨. 扶贫治理中多元主体的协同合作机制研究——以来宾市为例 [D]. 广西大学 2018.

策评估的缺失也是产业扶贫中影响政企社三者技术协同的重要原因。因此,一方面,政府部门要建立责任清单制度,使得产业评估有据可依。如在产业扶贫之初,要利用现代云技术"明晰扶贫办及各个相关责任部门精准扶贫翔实具体的责任清单,并且在'四看法'识别和建档立卡工作基础上,进一步完善建档立卡信息与不动产登记、低保和公安系统等信息的衔接机制,建立多维贫困识别体系,以精准识别促精准扶贫"[①]。只有建立起产业扶贫评估的完整体系,才能够进行有效的监督。另一方面,要建立以产业扶贫质量为核心的评估机制。政策执行中不可避免地会出现以政策的灵活性为借口不执行政策的行为,导致政策执行效果大打折扣。产业扶贫要重效果,尤其是长远效果。因此,要侧重于对产业扶贫的长效评估就需要摆脱利益相关主体的影响。因此,更多的是需要引进第三方的评估和监督。

三是要通过现代技术建立三者协同的产业扶贫激励机制。农村产业扶贫的关键在于基层干部,不仅要在扶贫过程中通过制度将基层干部的责任予以明确,而且要建立相应的激励机制。对于在产业扶贫中未完成的相关任务,通过"区块链"等技术,查找相关资料予以完成。对政策执行不到位的干部进行惩罚,对于在产业扶贫中能够保质保量完成任务的干部给予一定的奖励,从而引导干部积极作为,提高干部的工作积极性,而这些都需要技术协同的支持。同时,也要对产业扶贫中相关企业行为进行有效监管。企业在扶贫中承担更多的是社会责任,在产业扶贫中要充分利用大数据优势,对严格执行制度,能够促进农民有效扶贫的企业要给予必要的物质和精神奖励,对于违反制度,在扶贫过程中只注重企业利益,甚至产生扶贫腐败的企业进行惩罚。

7.3 小　　结

产业扶贫的根本目的是通过外力的输入实现特定地域内农户的长效脱贫,其参与主体与传统的扶贫不同在于企业组织的参与。而在当前我国的市场经济

[①] 靳永翥,丁照攀. 贫困地区多元协同扶贫机制构建及实现路径研究——基于社会资本的理论视角[J]. 探索,2016 (6).

条件下，产业扶贫要尊重市场逻辑和道义逻辑。因此，用协同治理理论来解决这一问题有着明显的优势。扶贫主体的多元性，需要政府、企业和社会各自发挥自身的优势，形成合力，实现长效扶贫的目标。扶贫利益的公共性，是彰显中国社会主义制度优势的重要表现，这就意味着，政府在产业扶贫中要发挥主导性，通过中国政治制度的优势，提升扶贫效率。政府、企业和社会作为不同的参与主体，三种类型的组织具有不同的特点，通过组织功能契合才能协同三者之间的关系。三者之间关系不是仅仅停留在静态上，而是体现在扶贫过程中。在产业扶贫中，通过过程的协调，实现三者利益的均衡。产业扶贫的过程性，要求主体之间的适应是具有过程性的，这是一个适应的过程，也是一个互动的过程。在此理论逻辑下，笔者认为，我们在现实中依然要从理念、组织、制度和技术四个方面对三者之间的协调关系进行分析。在理念上，要对三者之间的角色和利益关系进行剖析，组织上要对扶贫中三者之间的作用和功能进行明晰，制度上我们应该从三者之间互动适应的过程对决策机制、执行机制和监督机制等配套制度予以完善；在技术上，要充分利用现代信息技术，打造信息平台，评估和激励机制，规范约束主体行为，促进产业扶贫的持续开展。

第8章 产业扶贫中的政民协同：组织化及其反贫困效应

8.1 产业扶贫中的新视角：农民组织化

中国是一个农业大国，也是一个农村人口占比较大的国家。由于农业的弱质性（产业）和农民的弱势性（地位），贫困问题始终是制约农民生存与农村发展的突出问题。2012年，党的十八大报告提出，到2020年全面建成小康社会。在"精准扶贫"推动下，农村贫困人口加速减少，从2012年的9899万人减少到2016年的4335万人，累计减少5564万人，平均每年减少1391万人①。不可否认，中国反贫困成效是非常明显的。但在决胜全面建成小康社会的关键时期，如何消除4000多万农民的绝对贫困以及防止农民返贫，仍是摆在我们面的艰巨任务。农民是反贫困的重点对象，农民的参与尤其是组织化参与，对产业扶贫的效果具有重要的积极作用。产业扶贫中的政府和农民的协同，具体体现在农民的组织化问题。

贫困类型的多维性和致贫原因的复杂性与多变性，决定了反贫困措施和脱贫路径的多样性和动态性②。中国反贫困经历了"被动输血型"与"积极造血型"反贫困模式的转换，经历了"扶贫到社"（人民公社）、"扶贫到县""扶贫到村"与"扶贫到户"反贫困载体的变迁，经历了"制度反贫困""金融反贫困""移民反贫困"以及"教育反贫困""产业扶贫"等反贫困手段的不断

---

① 国务院扶贫办. 全国农村贫困人口已减少5564万 [N]. 法制晚报, 2017-08-29.
② 乐章, 刘二鹏. 家庭禀赋、社会福利与农村老年贫困研究 [J]. 农业经济问题, 2016 (8).

转变①。不同时期、不同模式的反贫困效果明显不同。其中，两个时期效果最为明显：一是 1978 年到 1986 年，二是 2012 年到 2016 年。这两个时期年均脱贫人口超过 1000 万人，但原因并不相同。前一个时期，是以"大包干"为核心的富民政策充分调动了农民的积极性；后一个时期，则源于政府强力推动下的"精准扶贫"战略。

贫困是一种"社会病"，有效治理农民贫困问题，需要"确诊"农民贫困的"病因"与"病根"，并以此为基础开出合理的"药方"。回顾历史不难发现，中国反贫困在取得举世瞩目成绩的同时也存在明显的不足，即过多关注农民贫困的"病因"，而较少重视农民贫困的"病根"。阿玛蒂亚·森的能力贫困理论启示我们，农民贫困的根本原因是农民可行能力差②。而可行能力差的根本原因是农民的个体化和分散化，即农民贫困的根源是农民组织化程度低③。因此，有效治理农民贫困问题，根本出路是提高农民组织化水平进而增强农民可行能力。农民组织化不应局限于经济方面的组织化，还应包含政治与社会方面的组织化④。

关于农民组织化的相关研究，集中在三个方面：一是农民组织化的必要性。农民组织化可以化解"小生产"与"大市场"之间的矛盾⑤，增强农民市场中的讨价还价能力、降低交易成本⑥，提高农村问题决策的民主化⑦等。二是农民组织化的类型。俞可平从职能上把农村组织划分为权力组织、服务性组织和附属性组织⑧。王景新把农村组织划分为正式组织、合作经济组织、维权

---

① 肖金成，孙宝臣. 对当前反贫困政策的反思 [J]. 经济学动态，2005（10）.
② 阿玛蒂亚·森. 任赜，于真，译. 以自由看待发展 [M]. 北京：中国人民大学出版社，2002.
③ 王桐岳，李果，吴洪凯. 组织化水平与规模效益——农民组织化与"三农"问题的解决 [J]. 社会科学论坛，2012（11）.
④ 乐章，许汉石. 小农组织化与农户组织参与程度研究 [J]. 中国人口·资源与环境，2011（1）.
⑤ Smith, J. A. & Todd, P. E. Does Matching Overcome LaLonde's Critique of no Experimental Estimators [J]. *Journal of Econometrics*, 2005（12）.
⑥ Sivramkrishna, S. & Jyotishi, A. Monopsonistic Exploitation in Contract Farming: Articulating a Strategy for Grower Cooperation [J]. *Journal of International Development*, 2008（3）.
⑦ 程同顺，黄晓燕. 中国农民组织化问题研究：共识与分歧 [J]. 教学与研究，2003（3）.
⑧ 俞可平. 中国公民社会：概念、分类与制度环境 [J]. 中国社会科学，2006（1）.

组织和功能性组织①。三是农民组织化的实现路径。Berdegué 认为,农民组织化是国家支持下乡村秩序建构的产物②。陈建甫认为,加拿大"新乡村地区治理"模式和韩国"新村运动"模式,可资借鉴③。Hellin 认为,南美洲的咖啡生产、印度牛奶产业,是较为成功的农民组织化实践模式④。

进入 21 世纪以来,农民组织化快速发展。但农民组织化对农民贫困影响及机制是什么?已有研究并未告诉我们答案。从分析方法和研究内容看,已有研究较多采用规范分析的方法,实证研究非常少。从研究重点看,已有研究较多关注农民组织化"过程"层面的问题,如乐章、许汉石分析了农民组织参与的决定因素,而较少从实证角度分析农民组织化"结果"层面的问题⑤。本章拟利用来自全国的基层调查数据,实证分析农民组织化对农民贫困的影响效应与机制,以期弥补现有研究的不足,并为有效推进"精准扶贫"提供政策启示。

8.2 农民组织化:概念测量与现状分析

8.2.1 农民组织化的测量

农民组织化,应该从广度与深度两个维度来衡量。农民组织参与广度,是指农村人口中有多少农民及其生产生活的哪些方面实现了组织化,反映了农民组织化的广泛性和普遍性,实现组织化的农民越多,所占比重越高以及组织化

---

① 王景新. 我国乡村新型合作经济组织的类型、特征和发展趋势 [J]. 农村工作通讯, 2005 (7).

② Berdegué, J. "Learning to beat Cochrane'streadmill: Public Policy, Markets and Social earning in Chile's Small – Scale Agriculture". In: Leeuwis and Pyburn (eds.). Wheel barrows Full of Frogs: Social Learning in Rural Resource Management. International Research and Reflection, University of Wageningen, Holland, 2001: 333 – 348.

③ 陈建甫. 全球化下的新乡村权力关系:乡村治理的内涵与行动策略 [M]. 台北:台湾乡村社会学会九十二年年会, 2003.

④ Hellin, J & Higman, S. "Feeding the market: South American Farmers, Trade and Globalization". London, UK: ITDG Publishing and Latin American Bureau, 2003.

⑤ 乐章, 许汉石. 小农组织化与农户组织参与程度研究 [J]. 中国人口·资源与环境, 2011 (1).

的领域越广,农民组织化水平就越高;农民组织化的深度,是指农民在多大程度上真正融入组织,参与有组织的政治、经济、社会等组织活动的积极性及其对组织的依赖性,反映农民组织化的深入性。由于农民组织化涉及农民生活的方方面面,为全面反映农民组织化水平,我们根据实地考察以及已有研究文献①,选取14个测量指标,从广度与深度两个维度,反映农民组织化水平,如表8-1所示。

表8-1　　　　　　农民组织化的测量指标体系

指标数量	组织类型	组织参与广度	组织参与深度
1	公共事务管理监督组织	1. 没有这种组织;2. 有组织没有参加;3. 参加了	1. 从不参加;2. 消极参加;3. 动员参加;4. 积极参加
2	党团等活动组织	1. 没有这种组织;2. 有组织没有参加;3. 参加了	1. 从不参加;2. 消极参加;3. 动员参加;4. 积极参加
3	妇联残联等组织	1. 没有这种组织;2. 有组织没有参加;3. 参加了	1. 从不参加;2. 消极参加;3. 动员参加;4. 积极参加
4	权益维护组织	1. 没有这种组织;2. 有组织没有参加;3. 参加了	1. 从不参加;2. 消极参加;3. 动员参加;4. 积极参加
5	专业(如茶叶蔬菜)合作社	1. 没有这种组织;2. 有组织没有参加;3. 参加了	1. 从不参加;2. 消极参加;3. 动员参加;4. 积极参加
6	行业(养殖种植)协会	1. 没有这种组织;2. 有组织没有参加;3. 参加了	1. 从不参加;2. 消极参加;3. 动员参加;4. 积极参加
7	股份合作经营(代购供销)	1. 没有这种组织;2. 有组织没有参加;3. 参加了	1. 从不参加;2. 消极参加;3. 动员参加;4. 积极参加
8	经纪人中介(代购代销)组织	1. 没有这种组织;2. 有组织没有参加;3. 参加了	1. 从不参加;2. 消极参加;3. 动员参加;4. 积极参加
9	公司加农户(订单农业)组织	1. 没有这种组织;2. 有组织没有参加;3. 参加了	1. 从不参加;2. 消极参加;3. 动员参加;4. 积极参加
10	劳务输出组织(中介与培训)	1. 没有这种组织;2. 有组织没有参加;3. 参加了	1. 从不参加;2. 消极参加;3. 动员参加;4. 积极参加
11	修谱祭祖等宗族组织	1. 没有这种组织;2. 有组织没有参加;3. 参加了	1. 从不参加;2. 消极参加;3. 动员参加;4. 积极参加
12	庙会祷告等宗教组织	1. 没有这种组织;2. 有组织没有参加;3. 参加了	1. 从不参加;2. 消极参加;3. 动员参加;4. 积极参加

① 吴琦. 农民组织化:内涵与衡量[J]. 云南行政学院学报, 2012(3).

续表

指标数量	组织类型	组织参与广度	组织参与深度
13	文化体育方面的组织	1. 没有这种组织；2. 有组织没有参加；3. 参加了	1. 从不参加；2. 消极参加；3. 动员参加；4. 积极参加
14	其他社会组织	1. 没有这种组织；2. 有组织没有参加；3. 参加了	1. 从不参加；2. 消极参加；3. 动员参加；4. 积极参加

8.2.2 农民组织化的数据来源

调查数据来自2012年全国10个省份所做的"农村劳动与社会保障问题"千户农民问卷调查。调查采取经验分层和系统随机抽样方法收集调查数据。首先，根据不同地区社会经济发展水平，分别在东、中、西部地区选取代表性省份，其中东部地区三个省份（江苏、浙江、山东），中部地区四个省份（河南、湖北、湖南、安徽），西部地区三个省份（陕西、四川、贵州）；其次，根据该省份社会经济发展情况，选取有代表性的县区，每个省份选择3个县，每个县选择1个村；最后，根据系统随机抽样原则，选取被调查农户，进行入户结构式问卷访问，入户调查对象选择的依据是年龄距离调查当日最近的成年农民。本次调查共发放问卷1000份，有效回收问卷875份。调查样本基本情况如表8-2所示。

表8-2　　　　　　调查对象的个体特征

项目	类别	频数（个）	百分比（%）	项目	类别	频数（个）	百分比（%）
性别	男	509	58.2	民族	汉族	952	92.9
	女	366	41.8		少数民族	71	7.1
文化程度	没上过学	137	15.7	年龄	18—29岁	107	12.3
	小学	247	28.4		30—44岁	266	30.5
	初中	316	36.3		45—59岁	260	29.8
	高中中专	134	15.4		60—74岁	199	22.7
	大专以上	37	4.2		75岁以上	41	4.7

续表

项目	类别	频数（个）	百分比（%）	项目	类别	频数（个）	百分比（%）
健康状况	非常健康	302	35.0	婚姻状况	未婚	77	8.9
	比较健康	323	37.4		已婚	708	81.5
	一般	176	20.4		离异	12	1.3
	不太健康	62	7.2		丧偶	72	8.3

8.2.3 农民组织化的总体情况

表8-3统计结果表明：尽管农村在经济体制改革之后，涌现出多种多样的社会组织，但总体来看，无论是农民组织参与广度，还是组织参与深度，都显得明显落后。从农民组织参与广度看，有60%左右的农村地区没有任何社会组织（或有组织不知道），超过30%的农民，即便当地有组织也没有参加。参加不同类型组织的农民所占比例平均不到10%，这印证了农民的分散化和个体化特点；从农民组织参与深度看，超过60%的农民，从不参加任何社会组织，超过20%的农民是消极参加和动员参加，积极参加各类农村社会组织的农民所占比例还不到10%。农村地区发展最好的组织是党团组织和妇联残联组织，这也许是"政治挂帅"时代留下的"杰作"；农民最乐意参与的组织活动是修谱祭祖和庙会祷告等活动，这更多是"小农"思想的典型表现。

表8-3 农民组织化的总体情况 单位：%

组织类型	组织参与广度			组织参与深度			
	没有此类组织	有组织没参加	有组织参加了	从不参加	消极参加	动员参加	积极参加
公共事务管理监督组织	33.0	54.3	12.7	58.2	21.0	16.6	4.2
党团等活动组织	15.5	74.7	9.7	63.2	17.5	13.4	5.9
妇联残联等组织	20.8	73.5	5.7	63.9	19.1	9.4	7.6
权益维护组织	49.0	48.3	2.8	72.0	12.4	12.0	3.7
专业（如茶叶蔬菜）合作社	65.8	32.9	1.4	81.5	7.6	8.8	2.2
行业（养殖种植）协会	63.2	35.1	1.7	79.8	8.5	8.1	3.6

续表

组织类型	组织参与广度			组织参与深度			
	没有此类组织	有组织没参加	有组织参加了	从不参加	消极参加	动员参加	积极参加
股份合作经营（代购供销）	64.6	33.5	1.9	79.0	8.5	9.4	3.1
经纪人中介（代购代销）组织	65.9	32.7	1.4	78.2	8.4	9.4	3.9
公司加农户（订单农业）组织	65.6	30.7	3.7	77.1	8.2	9.8	4.9
劳务输出组织（中介与培训）	59.9	34.3	5.7	75.7	10.0	10.1	4.3
修谱祭祖等宗族组织	40.8	34.4	24.8	61.5	12.1	16.4	9.9
庙会祷告等宗教组织	43.2	43.7	13.0	65.0	13.9	11.4	9.8
文化体育方面的组织	42.7	47.3	10.0	64.4	15.0	12.7	7.8
其他社会组织	68.6	30.4	1.0	84.3	7.2	6.4	2.1

农民组织化的最终目标是保护农民利益、维护农民权益、改善农民福利，一言以蔽之，也就是消除农民的多维贫困，尤其是收入贫困问题。因此，深入分析农民组织化与农民贫困的关系，揭示农民组织化对农民贫困的影响效应与机制，不仅是我们推动农民组织化的内在动力，也是有效治理贫困问题的重要抓手。

8.3 农民组织化的反贫困效应：变量遴选与模型构建

8.3.1 农民组织化的测量指标缩减

本章选择 14 个指标来测量农民的组织化水平，由于测量指标较多，不同指标之间可能存在多重共线性，进而影响模型估计结果准确性。因此，需要对 14 个测量指标进行指标缩减，以消除可能存在的多重共线性问题。消除多个指标可能存在的多重共线性的方法有很多，其中，因子分析是探索多个指标之间内在结构的常用方法，它通过提取公因子替代原变量，使因子变量具有更强的可解释性,避免变量重复引起失真。因子分析的基本步骤是,首先通过相关性检验、KMO 值和 Bartlett 球形检验,判断因子分析适用性;其次提取公因子,计算因子得分及进行多元回归分析。因子分析结果如表 8-4 所示。

表 8-4　　　　　　　　农民组织化水平因子分析结果

组织类型	组织参与广度			组织参与深度		
	公因子 F1	公因子 F2	公因子 F3	公因子 F4	公因子 F5	公因子 F6
专业(如茶叶蔬菜)合作社	0.861	0.170	0.105	0.796	0.288	0.213
行业(养殖种植)协会	0.843	0.175	0.153	0.835	0.267	0.222
股份合作经营(代购供销)	0.827	0.204	0.147	0.852	0.251	0.205
经纪人中介(代购代销)组织	0.779	0.186	0.127	0.836	0.245	0.218
公司加农户(订单农业)组织	0.723	0.103	0.163	0.815	0.196	0.210
劳务输出组织(中介与培训)	0.660	0.016	0.167	0.813	0.161	0.217
其他社会组织	0.604	0.176	0.381	0.730	0.255	0.284
妇联残联等组织	0.032	0.825	0.047	0.354	0.705	0.257
党团等活动组织	0.126	0.820	0.053	0.069	0.841	0.003
公共事务管理监督组织	0.252	0.726	0.258	0.315	0.805	0.118
权益维护组织	0.475	0.580	0.037	0.467	0.733	0.148
庙会祷告等宗教组织	0.201	0.035	0.897	0.206	0.079	0.918
修谱祭祖等宗族组织	0.110	0.063	0.840	0.267	0.042	0.867
文化体育方面的组织	0.256	0.200	0.664	0.315	0.273	0.695
因子命名	经济组织	政治组织	社会组织	经济组织	政治组织	社会组织
特征根	4.491	2.440	2.296	5.274	2.879	2.534
方差贡献率(%)	32.075	17.426	16.402	37.669	20.562	18.332
累计方差贡献率(%)	32.07	49.501	65.903	37.669	58.231	76.332

续表

组织类型	组织参与广度			组织参与深度		
	公因子 F1	公因子 F2	公因子 F3	公因子 F4	公因子 F5	公因子 F6
因子分析适用性检验	KMO 值 = 0.86；Bartlett 值 = 6614.8 Sig. = 0.000			KMO 值 = 0.91；Bartlett 值 = 9630.5 Sig. = 0.000		

从因子分析结果看，KMO 值分别为 0.86 和 0.91（远大于 0.6），Bartlett 球形检验结果非常显著 sig. = 0.000。说明很适合做因子分析。从因子提取结果看，两个维度 14 个指标各提取三个公因子。结合公因子在不同指标上的载荷，可以把两个维度各自的公因子分别命名为经济组织、政治组织和社会组织。从累积方差贡献度看，组织参与广度三个公因子累积方差贡献率达 65.9%，组织参与深度三个公因子累积方差贡献率达 76.3%，均大于 60%。根据原始变量各个因子得分系数和标准化值，以三个公因子各自的方差贡献率作为因子得分权数，可以构建农民组织化水平的综合因子得分函数：

$$F_{(组织参与广度)} = 0.32075 \times F1 + 0.17426 \quad (8-1)$$

$$F_{(组织参与深度)} = 0.37669 \times F4 + 0.20562 \quad (8-2)$$

上述两个公式中，式（8-1）表示农民组织参与广度的综合因子得分，反映农民组织参与广度；式（8-2）表示农民组织参与深度的综合因子得分，反映农民组织参与深度。

8.3.2 贫困的测量与三种变量遴选

本章的解释变量，除了反映农民组织化的上述解释指标之外，为了避免因遗漏主要变量而高估农民组织化对农民的反贫困效果，结合已有研究控制变量的遴选原则[1][2]。本章将性别、年龄、受教育年限、健康状况、民族、所在区域、地理环境、村民互动等 8 个变量作为控制变量纳入回归模型。值得说明的是，由于年龄与个人能力的关系并不是完全线性关系，而已有分析大多把年龄

---

[1] 乐章，刘二鹏. 家庭禀赋、社会福利与农村老年贫困研究 [J]. 农业经济问题，2016（8）.
[2] 刘生龙，李军. 健康、劳动参与及中国农村老年贫困 [J]. 中国农村经济，2012（1）.

当成连续变量来处理，这是不够科学的。因此，本章对年龄进行了重新编码，转变为分类变量。

本章的被解释变量是贫困，贫困是一个多维度的概念[1][2]。自20世纪初以来，生存（Subsistence）、基本需求（Basic Needs）、相对剥夺（Relative Deprivation）三种定义贫困的思路对世界各国反贫困行动开展和社会政策制定产生广泛的影响[3]。贫困度量方法也多种多样，有经济性指标，常用的有收入指标和消费指标[4]；有非经济性指标，如健康、营养、教育等[5]。本章从收入角度来度量贫困，收入视角下的贫困度量是最常用的度量方法[6]。贫困度量函数如下：

$$Pov_i = \frac{Inc_i - Exp_i}{PovLine_t \times FamSiz_t} - 1, （Pov_i>0，贫困不发生；Pov_i<0，贫困发生）$$

(8-3)

其中，Pov_i 代表贫困发生率，Inc_i 代表家庭总收入，Exp_i 代表家庭经营性支出、税费支出、固定资产投资及折旧以及赠送支出等。$PovLine_t$ 代表入户调查当年的贫困线，$FamSiz_t$ 表示调查时的家庭规模大小。变量选择情况如表8-5所示。

表8-5　　　　　　　　　变量选择及其统计描述

变量分类	变量名称	变量含义与赋值	最大值	最小值	均值	标准差
被解释变量	贫困发生率	Pov_i =（总收入－支出）/贫困线×家庭规模－1与0比较。小于0，则贫困发生，反之，贫困不发生。	1.00	0.0	0.29	0.45

---

[1] 顾昕. 贫困度量的国际探索与中国贫困线的确定 [J]. 天津社会科学, 2011 (1).
[2] 石智雷、邹蔚然. 库区农户的多维贫困及致贫机理分析 [J]. 农业经济问题, 2013 (6).
[3] Townsend, P. The International Analysis of Poverty [J]. The British Journal of Sociology, 1995 (1).
[4] Alcock, P. Understanding Poverty. New York：Palgrave Macmillan, 2006.
[5] Jeni, K. A Sour-book for Poverty Reduction Strategies [M]. Washington. D. C：The World Bank, 2002.
[6] 顾昕. 贫困度量的国际探索与中国贫困线的确定 [J]. 天津社会科学, 2011 (1).

续表

变量分类	变量名称	变量含义与赋值	最大值	最小值	均值	标准差
解释变量	公因子 F1	经济组织参与广度。由根据因子分析得分系数和标准化值计算得来。	2.82	-1.8	0.00	1.00
	公因子 F2	政治组织参与广度。由根据因子分析得分系数和标准化值计算得来。	3.33	-2.9	0.00	1.00
	公因子 F3	社会组织参与广度。由根据因子分析得分系数和标准化值计算得来。	2.61	-1.6	0.00	1.00
	$F_{(组织参与广度)}$	农民组织参与广度总体水平。由公因子 F1、F2 和 F3 及其方差贡献度计算得来。	1.09	-0.6	0.00	0.40
	公因子 F4	经济组织参与深度。由根据因子分析得分系数和标准化值计算得来。	4.03	-2.4	0.00	1.00
	公因子 F5	政治组织参与深度。由根据因子分析得分系数和标准化值计算得来。	4.05	-2.4	0.00	1.00
	公因子 F6	社会组织参与深度。由根据因子分析得分系数和标准化值计算得来。	3.32	-1.3	0.00	1.00
	$F_{(组织参与深度)}$	农民组织参与深度总体水平。由公因子 F4、F5 和 F6 及其方差贡献度计算得来。	1.90	-0.3	0.00	0.47
控制变量	性别	被调查对象性别。男=1，女=0。	1.00	0.0	0.58	0.49
	年龄	青年农民（18-29 岁）=1；壮年农民（30-44 岁）；中年农民（45-59 岁）=3；老年农民（60-74 岁）=4；高龄农民（75 岁及以上）=5。	5.00	1.0	2.77	1.08
	教育年限	被调查对象受教育年限。	19.0	0.0	6.62	4.06
	健康状况	被调查对象健康自评。非常健康=1；比较健康=2；一般水平=3；健康较差=4；健康很差=5。	5.00	1.0	2.00	0.93
	民族状况	被调查对象民族状况。汉族=1；少数民族=0。	1.00	0.0	0.92	0.27
	所在地区	被调查对象所在地区。东部地区=1；中部地区=2；西部地区=3。	3.00	1.0	1.93	0.78
	地理环境	被调查对象所在村地理环境。平原=1；山区=0。	1.00	0.0	0.37	0.48
	村民互动	村民日常互动情况。很好=1；比较好=2；一般=3；比较差=4；非常差=5。	5.00	1.0	2.50	0.68

注：值得说明的是，分类变量计算均值是没有实际意义的，这里只是用于反映该指标的基本分布。

8.3.3 农民组织化反贫困效应的评估模型

在本章中,农民贫困有"发生"与"不发生"两种可能,是一个二分类变量,不满足线性回归的基本要求。因此,本章使用二元 Logistic 回归模型进行数据处理。假设农民贫困发生率为 Pov_i。其一般模型设定如下:

$$Pov_i = \beta_0 + \beta_1 X_i + \beta_2 \gamma_i + \beta_3 \tau_i + \varepsilon_i \tag{8-4}$$

其中,Pov_i 表示农民贫困发生率,如果贫困发生赋值为 1,否则赋值为 0。X_i 代表农民个体特征向量,包括性别、年龄、教育年限、健康状况、民族状况、所在地区、地理环境和村民互动情况;γ_i 代表农民组织参与广度变量,包括经济组织参与广度、政治组织参与广度和社会组织参与广度三个方面;τ_i 代表农民组织参与深度变量,包括经济组织参与深度、政治组织参与深度和社会组织参与深度三个方面。β_0 为截距项,β_1、β_2、β_3 分别代表个体特征向量、组织参与广度向量和组织参与深度向量中变量的待估计系数,反映自变量对因变量的影响程度,ε_i 为随机扰动项。

8.4 农民组织化反贫困效应:实证检验与估计结果解释

8.4.1 农民组织化反贫困效应的模型估计结果

为了清晰地揭示农民组织化的反贫困效应及其机制。本章通过逐步回归方法,分别呈现分析结果。表 8-6 中模型 1 主要分析 8 个控制变量对农民贫困的影响;模型 2 是在控制个体变量的基础上,加入农民组织参与广度和农民组织参与深度变量;模型 3 和模型 4 是在控制个体变量的基础上,更进一步分析经济组织化、政治组织化和社会组织化对农民贫困的影响,以揭示农民组织化反贫困效应的内在机制。模型估计结果如表 8-6 所示。

表 8-6　　农民组织化反贫困效应的 Logistic 回归结果

变量分类	变量名称	模型1 β	模型1 Exp(β)	模型2 β	模型2 Exp(β)	模型3 β	模型3 Exp(β)	模型4 β	模型4 Exp(β)
控制变量	性别	-0.348**	0.706	-0.369**	0.691	-0.351**	0.704	-0.353**	0.702
	30—44岁	0.539*	1.714	0.676**	1.967	0.521*	1.683	0.656**	1.927
	45—59岁	0.743**	2.103	0.917***	2.502	0.735**	2.085	0.856***	2.354
	60—74岁	0.507	1.660	0.623	1.865	0.420	1.522	0.608	1.836
	75岁及以上	-0.269	0.764	-0.005	0.995	-0.296	0.744	-0.096	0.908
	教育年限	0.060**	1.062	0.056**	1.057	0.055**	1.056	0.056**	1.058
	健康状况	0.218**	1.244	0.161	1.174	0.227**	1.255	0.179*	1.198
	民族状况	0.221	1.247	0.420	1.522	0.222	1.255	0.343	1.410
	东部地区	-0.502**	0.606	-0.543**	0.581	-0.464**	0.629	-0.513**	0.599
	中部地区	-0.609***	0.544	-0.510**	0.600	-0.435**	0.647	-0.671***	0.511
	地理环境	-0.245	0.783	-0.336*	0.715	-0.267	0.766	-0.317	0.728
	村民互动	0.216*	1.241	0.254*	1.290	0.211*	1.234	0.269**	1.308
	常数项	-2.340***	0.096	-2.565***	0.077	-2.344***	0.096	-2.515***	0.081
解释变量	公因子F1	—	—	—	—	-0.172**	0.842	—	—
	公因子F2	—	—	—	—	0.049	1.050	—	—
	公因子F3	—	—	—	—	-0.095	0.909	—	—
	公因子F4	—	—	—	—	—	—	-0.002	0.998
	公因子F5	—	—	—	—	—	—	-0.005	0.995
	公因子F6	—	—	—	—	—	—	0.041	1.042
	$F_{组织参与广度}$	—	—	-0.468**	0.626	—	—	—	—
	$F_{组织参与深度}$	—	—	0.057	1.059	—	—	—	—
模型拟合效果	对数似然值	919.127		853.727		896.722		870.612	
	显著性水平	0.000		0.000		0.000		0.000	
	伪决定系数	0.048		0.057		0.054		0.052	
	调整后系数	0.069		0.082		0.077		0.075	

注：***、**和*分别表示变量在1%、5%和10%统计水平上显著。年龄参照项为18—29岁农民，所在地区参照项为西部地区。四个模型均是通过4次迭代后收敛。

8.4.2　农民组织化反贫困效应模型估计结果及解释

从模型拟合效果看，四个模型均通过了显著性检验。这说明四个模型中加入的解释变量和控制变量，至少有一个变量对因变量有显著的影响。四个通过显著性检验的模型中，模型1解释了农民贫困原因的6.9%，模型2解释了农民贫困原因的8.2%，模型3和模型4分别解释了农民贫困原因的7.7%和7.5%。

首先，农民组织化对农民贫困的影响。在纳入模型的主要解释变量中（见表8-6），农民组织参与广度对农民贫困有显著负向影响，即农民组织参与越广，农民贫困概率越低，农民总体组织参与广度每提高一个单位，农民贫困概率将降低59.7%。进一步深入分析发现，农民组织参与广度对贫困的影响，来自经济组织参与广度。经济组织参与广度越高，农民贫困概率越低，经济组织参与广度每提高一个水平，农民贫困概率将降低18.8%。而政治组织参与广度和社会组织参与广度对农民贫困的影响没有通过显著性检验。农民的组织参与深度以及经济组织、政治组织和社会组织参与深度等四个解释变量对农民贫困的影响，没有通过显著性检验，即农民的组织参与深度对农民贫困没有表现出显著影响。

可能的解释是：在农民自愿参与原则下，农民经济组织是直接代表农民利益的组织载体，如专业合作社、农业协会等，其目的就是维护农民自身的利益。农民专业经济组织发展，在一定程度上起到了弥补农民信息鸿沟、避免农民小生产与大市场之间矛盾的作用，增强了农民的市场谈判力量，对促进农民增收起到积极作用。政治组织虽然在农村发展较多，但政治组织是为了加强党的领导，并不是农民的经济利益，对缓解农民贫困未起到积极作用。农民参与社会组织，虽然丰富了农民的日常生活，有可能有助于农民的贫困缓解（系数为负），但现有社会组织，主要停留在庙会、修谱祭祖等封建迷信活动层面，而且发展很不规范。因此，社会组织参与对农民贫困缓解也未表现出应有的积极意义。

其次，控制变量对农民贫困的影响。8个控制变量中，有6个变量对农民贫困有显著影响。女性农民的贫困概率是男性农民贫困概率的1.42倍；相对于 18—29 岁青年农民而言，壮年农民（30—44 岁）、中年农民（45—59 岁）贫困概率更高，壮年和中年农民的贫困概率是青年农民贫困概率的 1.7 倍和 2.1 倍。可能的解释是：壮年农民和中年农民家庭负担更重，他们"上有老，下有小"，各种生活生产支出更多，因此这两个群体贫困发生率更高。朱静辉、朱巧燕[①]浙江省的调查印证了这一解释的合理性。青年农民与老年农民和高龄农民的贫困概率没有显著差异，可能是因为这两个群体负担较轻所致。

农民教育年限的增加，在这里并没有表现出积极的反贫困作用，反而随着教育年限的增加，农民贫困发生率更高了。教育年限每增加一年，农民的贫困发生率将增加 6.2%。可能的解释是：本章是从收入与支出差异的角度衡量贫困，受教育年限越长的农民，他们创业的可能性更大，经营支出可能越多，而且他们的消费水平也可能更高，增加他们贫困的概率。相对于西部地区而言，东部地区和中部地区有着更低的贫困发生概率。西部地区农民贫困的概率分别是东部和中部地区农民贫困概率的 1.72 倍和 1.84 倍。村民互动越差，农民贫困概率越高，村民互动每下降一个水平，农民贫困概率将增加 24.1%。不同民族和地理环境的农民，贫困概率没有表现出显著差异。

8.5 小　　结

本章基于全国 10 个省份 875 份农民的调查数据，利用因子分析和二元 Logistics 回归模型，实证分析了农民组织化的反贫困效应。主要结论与政策启示如下。

（1）农民组织化的总体水平不高。尽管改革开放以来，农村经济组织、政治组织和社会组织都有明显发展，其中，农民参与最积极的是修谱祭祀、庙会祷告等的社会组织，但总体来看，农民组织化水平仍然较低。有 60% 左右的农村地区没有任何农民组织，超过 30% 的农民，即便当地有组织也没有参加，参加不同类型组织的农民所占比例平均不到 10%。从农民组织参与表现

[①] 朱静辉，朱巧燕. 温和的理性——当代浙江家庭代际关系研究［J］. 浙江社会科学，2013(10).

来看，超过60%的农民，从未参加过任何社会组织，超过20%的农民是消极参加和动员参加的，积极参加各类组织的农民所占比例不到10%。因此，农民组织化的数量和质量均有待进一步提升。

（2）农民组织化显著影响农民的贫困概率。农民组织化对缓解农民贫困有显著的影响，农民组织化水平越高，农民贫困概率越低。农民组织化的反贫困效应不是来自农民的组织参与深度，而是来自其组织参与广度。值得注意的是，这并不能说农民组织参与深度起不到反贫困效果，而是当前农民组织参与深度较低，没有起到有效降低农民贫困的作用。农民组织参与广度对农民贫困的影响，主要来自农民的经济组织参与广度，而不是政治组织和社会组织参与广度。因此，加强农民组织化建设，着力点在于大力发展专业合作社、种（养）植业协会、订单农业等专业经济组织，同时也要提高农民经济组织参与深度。考虑到政治组织对于发展基层民主和坚持党的领导的重要性以及发展社会组织对于丰富农民生活的积极意义，在大力发展专业经济组织的同时，也应该加强政治组织和社会组织建设。

（3）农民的贫困概率具有明显的个体差异。农民贫困概率的个体差异，主要体现在性别、年龄、教育年限、健康状况、所在地区和村民互动之间。女性农民的贫困概率是男性农民贫困概率的1.42倍，30—44岁的壮年农民和45—59岁中年农民的贫困概率，分别是青年农民贫困概率的1.7倍和2.1倍，健康状况越差、西部地区和村民互动差的农民贫困概率更大。这启示我们：有效治理农民贫困问题，应把有限的资源重点用于女性、30—59岁健康状况较差和西部地区的农民（这与以往重点关注老年人的建议明显不同）。事实告诉我们，他们的压力才是最大的，对他们的支持，将带来生产性而非分配性效果；政策引导村民之间增强互动，将降低农民的贫困概率。提高农民的受教育年限，短期内可能难以达到良好的收入与支出视角下的反贫困效果，但对于农村地区的长远发展具有重要意义。

第9章 产业扶贫中的资源整合：土地规模经营及其反贫困

产业扶贫不仅需要政策、资本、劳动等因素的投入，还需要生产资料的投入。土地是产业扶贫中的重要生产资料。产业扶贫中的土地资源参与，不仅决定产业扶贫的成效，甚至决定产业扶贫的实现路径。但是，中国是一个人口众多的发展国家，耕地总量虽然与美国等发达国家接近，但是人均土地占有量却非常少。而且源于20世纪70年代末期的农村经济体制改革，即家庭联产承包责任制度的推行，使农村的土地使用方式从过去的"集体所有，集体耕作"转变为现在的"集体所有，家庭耕作"。土地的分散经营，对农业生产效率的提升以及新型产业的发展都具有重要的制约作用。因此，在大力推进乡村振兴战略的背景下，如何盘活农村的土地资源，不仅是提高农业生产效率的关键，也是有效解决产业扶贫发展困境的重要任务，更是有效推动乡村振兴的关键路径。

9.1 产业扶贫中的土地资源：从分散经营到规模经营

英国古典政治经济学创始人威廉·配第（William Petty）曾经典地指出："土地是财富之母，劳动是财富之父。"这句话充分说明，土地是财富的重要源泉，大力推进产业扶贫离不开土地资源的有效参与。同时，对于农民而言，土地不仅是农民最重要的生产资料，也是推动农村地区产业扶贫的资源载体。土地利用效率的提高，不仅关系到农村经济的健康发展和数亿农民的基本生存问题，也关系到产业扶贫的实践效果和乡村振兴战略的实施进程。充分利用产业扶贫中的土地资源，需要把农村土地的分散经营模式转换到规模经营的模式。农村土地的规模经营，并不是发达国家的那种超大规模化（如大农场模式）的土地经营模式，而是要转向适度规模经营的模式。

土地资源参与农村地区的产业扶贫，主要有两种路径：一是分散经营，二是规模经营。中国当前的农业生产经营模式，存在两个明显的现实问题：一是土地细碎化的特点非常明显；二是劳动力老龄化的问题较为突出[1]。土地的细碎化经营，不仅大大增加了农民对农田作业的管理成本，还阻碍了农业现代耕作技术（如机械化、智能化）的快速推广；农村劳动力的老龄化问题，不仅影响农业现代技术的广泛应用，还会影响农业生产的科学化管理。二者既不利于土地利用效率和农业生产效率的提高，也不利于产业扶贫效率的提高和乡村振兴战略的顺利实施。因此，尽快改变中国农村小农经营的格局，建立适度规模经营基础上的现代农业，成为应对中国农业现代化、国家粮食安全、农民增收等现实问题的不二法门[2]。

推进土地资源的适度规模经营已成为农业发展的必然趋势[3]。由于中国农村经济体制改革之后，土地被分配到单个家庭之中，因此，推进土地资源适度规模经营的前提是推进土地流转。关于土地流转问题，中央层面对农村土地流转问题高度重视，早在2005年的中央一号文件就明确强调，坚持依法、自愿、有偿，防止片面追求土地集中。此后的13年，有12年的中央一号文件（2011年的中央一号文件重点关注的是水利建设问题）都对农村土地流转原则、方式及政府责任提出明确的要求。中央对农村土地流转的态度，也从最初的规范流转、防止片面集中，转向积极鼓励引导土地流转。但是，实践中农地流转的比例较低和经营规模较小的问题并存[4][5]。近年来，特别是2012年农业部开展农村土地承包经营权流转规范化管理和服务试点以来，土地流转速度有所加快，但是截至2016年底全国土地流转的比例也只有35.1%左右。

农村土地流转涉及所有权和经营权问题，由于土地的所有权归集体，经营权归农民个人，因此，土地流转的实质是经营权流转，即保留承包权、转让使用权。一般而言，土地流转的决定权在农民（部分地区存在强制农民流转土

---

① 贺雪峰. 保护小农的农业现代化道路探索——兼论射阳的实践. 思想战线, 2017, (2).
② 贺雪峰. 论农地经营的规模——以安徽繁昌调研为基础的讨论[J]. 南京农业大学学报（社会科学版）, 2011 (2).
③ 韩长赋. 土地流转和适度规模经营发展已成趋势[N]. 经济日报, 2016-11-24.
④ 赵阳. 城镇化背景下的农地产权制度及其相关问题[J]. 经济社会体制比较, 2011 (2).
⑤ 史清华, 徐翠萍. 农户家庭农地流转行为的变迁和形成根源——1986—2005年长三角15村调查[J]. 华南农业大学学报（社会科学版）, 2007 (3).

地的现象)。因此，农民对土地流转的态度，直接影响土地流转效率[①]。随着我国工业化和城镇化的快速发展，农民群体已经成为一个严重分化的群体[②]，包括人口分化、职业分化和经济分化多个方面[③]。从人口分化的角度看，农村老年人是农村非常重要的一个群体。这源于两点：一是老年人规模庞大；二是老年人已成为农业生产劳动的主力军，劳动力老龄化问题是这一问题的具体反映[④]。因此，农村老年人的土地流转意愿，将影响甚至决定土地适度规模经营能否顺利实现，进而影响产业扶贫的成效和农业现代化以及乡村振兴战略的进程。那么，农村老年人愿意流转土地吗？农村老年人土地流转意愿的影响因素及其背后的原因是什么，这显然是一个值得深入探讨的重要议题。

9.2 土地适度规模经营路径：实现前提与研究进展

由于中国农村地区的土地被分散给每个家庭，甚至分配到每个农民手中，是一种分散经营的模式。因此，要实现土地适度规模经营，必须通过土地流转的形式，把土地重新集中起来进而实现适度规模经营。这也就是说，土地流转是农村土地适度规模经营的实现路径。那么，关于土地流转问题，目前是一个什么样的研究进展？农民是否愿意流转自己的土地？农民是愿意流入土地，还是流出土地？什么因素影响了农民的土地流转意愿？这些是推进农民土地流转必须回答的问题。

农民的土地流转意愿是一个多维度的概念，至少涉及五个方面的问题：一是土地流转的维度，包括土地流入和土地流出两个方面，土地流入是指他人的土地流入自己手中，而土地流出是自己的土地流转给他人耕种和经营。土地流入和土地流出问题，彰显的是土地对每个农民的重要程度和稀缺程度。二是哪

---

① 乐章. 农民土地流转意愿及解释——基于十省份千户农民调查数据的实证分析 [J]. 农业经济问题，2010 (2).
② 张梦琳，舒帮荣. 农民分化、福利认同与宅基地流转意愿 [J]. 经济体制改革，2017 (3).
③ 刘同山，牛立腾. 农户分化、土地退出意愿与农民的选择偏好 [J]. 中国人口·资源与环境，2014 (6).
④ 何凌霄，南永清，张忠根. 农业劳动力老龄化是否必然导致家庭农业经营收益下降？——基于村公共品供给的视角 [J]. 南京农业大学学报 (社会科学版)，2016 (2).

些农民愿意流转土地,这些农民有什么样的个体人口学特征,什么样的家庭结构特征,什么样的职业特点,什么样的资源禀赋等。三是有多少农民愿意流转土地,愿意进行土地流转的农民是一个普遍的群体,还是一个小众的群体。四是农民土地流转意愿的影响因素是什么,哪些是主要因素,哪些是次要因素。五是农民土地流转意愿背后的原因是什么,他们为什么愿意或不愿意流转土地?

关于农民的土地流转意愿,学术界已经有较多的研究,从研究的进展来看,已有文献在研究土地流转意愿时,大多同时关注农民的土地流入和流出意愿两个方面。钱文荣以浙江省为例[1],曹建华等以中部六省为例[2],陈成文、赵锦山以中部三省为例[3],乐章利用全国十个省份的千户农民调查数据等[4],分析农民的土地流出和流入意愿。也有一些学者分析农民某一方面的土地流转意愿,如殷志扬等利用计划行为理论,分析农民的土地流出意愿[5]。李放、赵光未区分土地流出和流入意愿,而是从总体上分析农民的土地流转意愿[6]。在中国,对农地流转市场供给方(特别是老年人)的考虑至关重要:长期以来农地流转市场需求大于供给[7],只要农户愿意出租土地,总能找到租入土地的人[8]。

如今,农民分化已成为农村地区的普遍现象,从农民分化的角度分析他们的土地流转意愿具有重要的现实意义。经验研究中,也有学者已经关注到这一角度下的农民土地流转意愿问题。例如,徐美银从农民阶层分化的角度[9],陈

---

[1] 钱文荣. 浙北传统粮区农户土地流转意愿与行为的实证研究[J]. 中国农村经济, 2002(7).

[2] 曹建华, 王红英, 黄小梅. 农村土地流转的供求意愿及其流转效率的评价研究[J]. 中国土地科学, 2007(5).

[3] 陈成文, 赵锦山. 农村社会阶层的土地流转意愿与行为选择研究[J]. 湖北社会科学, 2008(10).

[4] 乐章. 农民土地流转意愿及解释——基于十省份千户农民调查数据的实证分析[J]. 农业经济问题, 2010(2).

[5] 殷志扬, 程培埋, 王艳, 袁小慧. 计划行为理论视角下农户土地流转意愿分析——基于江苏省3市15村303户的调查数据[J]. 湖南农业大学学报(社会科学版), 2012(3).

[6] 李放, 赵光. 现阶段农村养老保险制度能有效提高农民土地流转意愿吗?——来自江苏沭阳县30镇49村的初步证据[J]. 南京农业大学学报(社会科学版), 2012(4).

[7] 钱忠好. 农地承包经营权市场流转:理论与实证分析——基于农户层面的经济分析[J]. 经济研究, 2003(2).

[8] Michael Carter; 姚洋. 工业化、土地市场和农业投资[J]. 经济学(季刊), 2004(3).

[9] 徐美银. 农民阶层分化、产权偏好差异与土地流转意愿[J]. 社会科学, 2013(1).

会广和张耀宇从农村妇女职业分化的角度①,分析农民的土地流转意愿问题。也有一些学者从农户而非农民的角度,分析他们的土地流转意愿②③④⑤。其实,农民的分化不仅表现在阶层分化和职业分化,还体现在人群特征的严重分化,如中青年人群和老年人群。现实情况是,农村大量青壮年农民常年外出打工或迁居城市,大量老年人留守在农村并成为农业生产的主力军⑥,但是,还鲜有针对农村老年人土地流转意愿问题的研究。农村老年人是农村土地的实际耕种者和经营管理者,他们的土地流转意愿对农村土地流转的实现是一个至关重要的问题。

关于农民土地流转意愿的高低,已有的研究结论呈现出明显的"跳跃式"特点。其中,2010年之前的研究表明,农民土地流转意愿普遍较低。例如,钱文荣对浙江的研究表明,农民不愿意流转土地占46.7%、流入土地占24.8%、流出土地占22.5%⑦。乐章对全国十个省的研究表明,无论是流出意愿还是流入意愿,选择不愿意的农民均占绝大多数(80.2%)⑧。然而,2010年之后的大多数研究结论显示,农民土地流转意愿特别是流出意愿明显提高。例如,徐美银等对发达地区的研究表明,平均38.4%的农民愿意流出自己的土地⑨。李浩、余志刚对黑龙江的研究表明,农民总体的土地流转意愿为47.3%,部分地区愿意流转自己的土地的农民多达80%⑩。农

---

① 陈会广,张耀宇.农村妇女职业分化对家庭土地流转意愿的影响研究——基于妇女留守务农与外出务工的比较[J].南京农业大学学报(社会科学版),2014(4).

② 钱文荣.浙北传统粮区农户土地流转意愿与行为的实证研究[J].中国农村经济,2002(7).

③ 何国俊,徐冲.城郊农户土地流转意愿分析水——基于北京郊区6村的实证研究[J].经济科学,2007(5).

④ 周妮笛,李明贤.城市郊区农户土地流转意愿及其影响因素——基于长沙市8乡镇农户调查数据[J].湖南农业大学学报(社会科学版),2013(6).

⑤ 秦光远,谭淑豪.农户风险认知对其土地流转意愿的影响[J].西北农林科技大学学报(社会科学版),2013(4).

⑥ 何凌霄,南永清,张忠根.农业劳动力老龄化是否必然导致家庭农业经营收益下降?——基于村公共品供给的视角[J].南京农业大学学报(社会科学版),2016(2).

⑦ 钱文荣.浙北传统粮区农户土地流转意愿与行为的实证研究[J].中国农村经济,2002(7).

⑧ 乐章.农民土地流转意愿及解释——基于十省份千户农民调查数据的实证分析[J].农业经济问题,2010(2).

⑨ 徐美银.农民阶层分化、产权偏好差异与土地流转意愿[J].社会科学,2013(1).

⑩ 李浩,余志刚.基于北安市145户农民的土地流转意愿与规模化经营的实证研究[J].经济研究导刊,2015(24).

民土地流转意愿的动态变化，是农村地区客观现实环境变化的具体反应。因此，关注农民土地流转意愿的最新走向，对土地流转政策制定具有重要的参考价值。

关于农民土地流转意愿的影响因素，主要涉及四个方面的问题：一是土地因素，二是农民因素，三是市场因素，四是环境因素。从土地和市场因素两个角度的研究结果表明，复杂的"委托—代理"关系[1]、过高的交易成本[2]，是阻碍农民土地流转的重要因素。从农民和环境因素两个角度的研究，主要关注农民土地流转意愿的个体特征差异[3][4][5]、家庭资源禀赋差异[6][7]、区域环境差异[8]以及社会保障（覆盖面）差异对农民土地流转意愿的影响[9][10]。但对土地流转价格和养老金水平如何影响老年人土地流转意愿，还缺乏充分的研究。然而土地流转价格和养老金水平在农村地区又是一个不断变化的因素，对农民尤其是农村老年人的土地流转意愿可能会产生重要的影响，这是一个亟待探讨的问题。

深入探讨农民土地流转意愿背后的深层原因，是全面把握农村土地流转问题的重要内容，它为我们制定合理的土地流转政策提供重要参考价值。因为，如果说土地流转意愿的影响因素，反映了农民土地流转意愿的结构性差异

---

[1] 陈剑波. 农地制度：所有权问题还是委托—代理问题？[J]. 经济研究，2006 (7).

[2] 罗必良，李尚蒲. 农地流转的交易费用：威廉姆森分析范式及广东的证据 [J]. 农业经济问题，2010 (12).

[3] 焦玉良. 鲁中传统农业区农户土地流转意愿的实证研究 [J]. 山东农业大学学报（社会科学版），2005 (1).

[4] 林善浪，张丽华. 农村土地转入意愿和转出意愿的影响因素分析——基于福建农村的调查 [J]. 财贸研究，2009 (4).

[5] 乐章. 农民土地流转意愿及解释——基于十省份千户农民调查数据的实证分析 [J]. 农业经济问题，2010 (2).

[6] 叶剑平，蒋妍，丰雷. 中国农村农地流转市场的调查研究——基于2005年17省调查的分析和建议 [J]. 中国农村观察，2006 (4).

[7] 钱文荣，张忠明. 农户土地意愿经营规模影响因素实证研究——基于长江中下游区域的调查分析 [J]. 农业经济问题，2007 (5).

[8] 叶剑平，蒋妍，丰雷. 中国农村农地流转市场的调查研究——基于2005年17省调查的分析和建议 [J]. 中国农村观察，2006 (4).

[9] 何国俊，徐冲. 城郊农户土地流转意愿分析——基于北京郊区6村的实证研究 [J]. 经济科学，2007 (5).

[10] 包宗顺，徐志明，高珊等. 农村土地流转的区域差异与影响因素 [J]. 中国农村经济，2009 (4).

(即不同个体特征、资源禀赋和制度保障下的农民愿意流转土地）和"需求侧"问题；那么，农民土地流转意愿背后的原因，则反映了农村地区土地流转"供给侧"方面的问题。但已有研究大多停留在农民土地流转意愿的影响因素，对土地流转意愿背后的原因关注不够。乐章利用2009年全国10个省份的调查数据，总结了农民对土地流转意愿（流出和流入意愿）的解释[①]。研究结果表明，"常年外出务工没人种地""自家人要靠它吃饭"和"土地抛荒可惜"分别是农民希望流出土地、不希望流出土地和希望流入土地的首要原因。但这样的解释，对农村老年人来说显得解释力不够。

综合已有的研究进展来看，已有研究为本章从土地资源整合的角度审视产业扶贫问题提供了重要的参考价值，但也存在一定的不足。其中，农村老年人的土地转出意愿问题，是一个亟待研究的重要问题。由于农村老年人大多年老体衰，土地耕种对他们而言往往表现出的是负担而不是财富，因此，对于农村老年人而言，他们的土地流入意愿往往比较低，而土地流出意愿又往往比较高。因此，本部分将利用2016年全国12个省的最新调查数据，实证分析农村老年人的土地转出意愿及其原因，以期弥补已有研究存在的不足，并为农村土地流转政策制定提供经验证据。农村土地流转的顺利实现，也将为产业扶贫和乡村振兴战略的顺利实施，提供重要的基础条件和路径。

9.3 土地规模经营实践抓手：土地流转意愿与研究设计

9.3.1 土地流转意愿的研究假说与变量选择

农民的土地流转意愿和行为，有两种理论解释。一是生存理性；二是经济理性。Scott的"生存伦理"认为，"安全第一"和极力"规避风险"是支配

---

① 乐章. 农民土地流转意愿及解释——基于十省份千户农民调查数据的实证分析[J]. 农业经济问题，2010（2）.

农民经济行为的主要动机。这也就是说，农民首先考虑的不是追求经济利益最大化，而是生存问题。但农民的经济理性得到了更多学者的支持。Schultz指出，农民作为"经济人"的决策能力毫不逊色于任何资本主义企业家。Popkin也指出，农民是非常理性的，他们总是在权衡长期和短期利益之后，做出合理的抉择。其实，农民的生存理性和经济理性并不冲突，对于任何人来说，生存都是第一位的，农民也不例外。农民会在考虑生存问题的基础上，做出符合他们经济利益最大化的选择。

对于农村老年人而言，生存理性主要体现在，他们的经济行为会基于老年生活是否有合理的安全预期而做出。合理的安全预期，主要来自基于自身条件的家庭保障和社会保障水平；经济理性主要体现在他们的经济行为，是否能够给他们带来经济利益最大化。从土地流转角度看，农村老年人是否愿意流转土地，首先会考虑他们的基本生活是否严重依赖土地、自身是否有能力从事繁重的农业生产劳动，在此基础上，他们会考虑农业收益和土地流转收益。

对于兼顾生存理性和经济理性的农村老年人而言，家庭保障水平越高，他们的安全预期就越好，就越可能愿意转出土地，不再参加繁重的农业劳动而去颐养天年，农村老年人的家庭保障水平，主要体现在子女数量、家庭规模、家庭存款、代际关系；社会保障水平越高，农村老年人越可能愿意转出土地；土地收益对农村老年人土地流转意愿的影响可能是复杂的。种植收入越高，有两种情况：一种是年龄较低的老年人耕种的土地较多；另一种可能是种植经济作物而非粮食作物。这两种原因皆有可能在经济理性驱使下导致他们不愿意转出土地。按照当前的农业补贴政策，流转土地并不会减少补贴收入，但补贴收入却增加了农村老年人的生活保障水平，因此转移收入（补贴收入和私人转移收入）越高，老年人越可能愿意转出土地。出于经济理性的考虑，土地流转价格越高，农村老年人越可能愿意转出土地。

基于上述理论分析，本章提出如下研究假设：

假设1：子女数越多、家庭规模越大、代际关系越好、家庭存款越多的农村老年人，越愿意转出土地，反之，则越不愿意转出土地。

假设2：种植收入越多的农村老年人，越可能不愿意转出土地；补贴收入越多和土地流转价格越高，农村老年人越愿意转出土地。

已有研究表明，性别、年龄①、文化程度②、健康状况③，对农民土地流转意愿有显著影响。村干部是农村的精英，他们不仅善于管理村民，也可能精于农业耕作而带来更多农业收入，进而产生土地转出意愿的差异。中国是一个地区发展很不均衡的国家，不同地区老年人的土地转出意愿也可能存在很大差异。因此，本章把性别、年龄、教育年限、健康状况、干部身份和所在地区作为控制变量纳入模型。变量选择及其统计描述如表9-1所示。

表9-1 变量选择及其统计描述

变量分类	变量名称	变量含义与赋值	最大值	最小值	均值（注）	标准差
被解释变量	土地流转意愿	您希望把您的土地承包给他人吗？1=愿意；0=不愿意。	1	0	0.47	0.49
解释变量	儿子数量	请问您有几个儿子。	6	0	1.60	0.97
	女儿数量	请问您有几个女儿。	6	0	1.34	1.04
	家庭规模	和您吃住在一起的有几个人。	9	1	2.67	1.67
	家庭存款	家里有多少存款。1万元及以下=1；1万—3万元=2；3万—5万元=3；5万—7万元=4；7万—9万元=5；9万—11万元=6；11万元以上=7	7	1	2.25	1.52
	代际关系	老年人与儿子、儿媳、女儿和女婿关系的公因子。	3.84	-1.9	0.00	1.00
	养老保险	您的养老金水平。1=300元以上；0=300元以下。	1	0	0.06	0.23
	种植收入	您种植业收入每年有多少钱（百元）。	800	0	63.0	102.0
	补贴收入	您补贴和转移收入每年有多少钱（百元）。	700	0	34.0	66.4
	流转价格	土地转由他人经营，一亩地是多少钱（元）。	2000	0	636	407.8

---

① 乐章. 农民土地流转意愿及解释——基于十省份千户农民调查数据的实证分析 [J]. 农业经济问题, 2010 (2).
② 周妮笛, 李明贤. 城市郊区农户土地流转意愿及其影响因素——基于长沙市8乡镇农户调查数据 [J]. 湖南农业大学学报（社会科学版），2013 (6).
③ 叶男. 农民的土地流转意愿及其影响因素研究 [J]. 统计与决策, 2013 (9).

续表

变量分类	变量名称	变量含义与赋值	最大值	最小值	均值（注）	标准差
控制变量	性 别	被调查对象的性别。1＝男；0＝女。	1	0	0.53	0.50
	年 龄	被调查对象的实际年龄。	96	60	69.9	6.95
	教育年限	您一共上了多少年学。	14	0	3.04	3.16
	健康状况	您现在能否参加繁重的农业劳动。1＝完全能够；2＝能干大部分；3＝能干少部分；4＝几乎干不动；5＝不能参加农业劳动。	5	1	3.14	1.10
	所在地区	被调查对象所在地区。1＝东部地区；0＝中西部地区。	1	0	0.65	0.47
	干部身份	您是否或曾经担任过村干部。1＝是；0＝否。	1	0	0.13	0.33

注：分类变量计算均值是没有实际意义的，这里只是用于反映该指标的基本分布。

值得说明的是，在社会科学研究中，有序变量常常看作连续变量来处理（柯惠新和沈浩，2005）。因此，本章自变量，包括连续变量、有序变量和虚拟变量三种，均满足回归分析的条件要求。

9.3.2 土地流转意愿的计量模型设定

农村老年人的土地流转意愿，是指土地转出意愿。在实地调查时，把农村老年人的土地转出意愿操作化为"您希望把您的土地出租给他人耕种吗？"答案为：1＝希望，表示农村老年人愿意转出土地；0＝不希望，表示农村老年人不愿意转出土地。因变量是一个二分类变量，不满足线性回归的基本条件，采用二元 Logistics 回归模型加以分析。模型设定如下：

$$Y_i = \alpha + \beta \, Family \, Supports_i + \gamma \, Land \, Benefits_i + \delta \, Individual \, Characteristics_i + \varepsilon_i \tag{9-1}$$

其中，Y_i 代表农村老年人的土地转出意愿。Family Supports 是家庭保障变量，包括儿子数量、女儿数量、家庭规模①、家庭存款和代际关系；Land Ben-

---

① 值得说明的是，家庭规模与子女数，并不存在必然的关系，因为还存在分家问题。子女数量与家庭规模的相关分析表明，女儿数量、儿子数量与家庭规模的相关系数仅为0.048和0.088，非常微弱地相关。

efits 是土地收益变量，包括种植收入、转移收入和土地流转价格；Individual Characteristics 是个体特征变量，包括性别、年龄、教育年限、干部身份和所在地区。β，γ，δ 分别代表家庭保障、土地收益和个体特征变量的待估计系数，ε_i 为随机扰动项。

9.3.3 土地流转意愿测量的数据来源

本章数据来自2016年由中南财经政法大学社会政策研究所组织的全国12个省份36个县的"农村老年人养老保障现状与期望"问卷调查。调查按照分层随机抽样原则，首先，根据该省的社会经济发展情况，选择代表性省份。其中，东部地区三个省份（山东、福建、江苏），中部地区五个省份（湖北、河南、山西、安徽、广西），西部地区四个省份（贵州、甘肃、四川、陕西）。其次，按照相同的调查样本选择依据，在每个省份选择3个左右的县，每个县选择1个行政村和自然村。最后，按照等距随机抽样方式，选择被调查农户，以生日最接近调查日期的老年人作为访问对象，进行结构式问卷访问。共发放调查问卷1500份，回收有效问卷1395份，有效回收率93.0%。剔除本章个别变量有较多缺失值的情况后，样本量为1185份。调查样本基本情况如表9-2所示。

表9-2　　调查样本的基本情况

项目	类别	频数（个）	百分比（%）	项目	类别	频数（个）	百分比（%）
性别	男	624	52.6	干部身份	一般群众	1030	87.4
	女	561	47.4		村干部	148	12.6
教育年限	没上过学	410	37.1	健康状况（农业劳动能力）	完全能够	85	7.2
	1—5年	454	41.0		能干大部分	255	21.5
	6—9年	198	17.9		能干少部分	397	33.5
	10—12年	30	2.7		几乎干不动	307	25.9
	13年以上	14	1.3		不能劳动	140	11.8
分组年龄	60—69岁	624	52.7	所在地区	东部地区	403	34.0
	70—79岁	424	35.8		中部地区	596	50.3
	80岁及以上	135	11.4		西部地区	186	15.7

从表 9-2 统计结果来看，农村老年人的受教育年限普遍较低，接近 80% 的老年人教育年限在 6 年以下（小学水平），符合当前农村老年人的受教育特点。结合老年人性别、干部身份、教育年限、健康状况和所在地区分布，表明本次调查数据质量较高。

9.4 农民的土地流转意愿：现状、影响因素与原因

9.4.1 农民土地转出意愿的水平

表 9-3 分析结果表明，有 47.0% 的老年人希望把土地出租给别人耕种，有 53.0% 的老年人不愿意把土地出租给别人耕种。这说明，虽然不希望转出土地的老年人仍然占大多数，但希望把土地出租给别人耕种的老年人所占比例已相当高。这一统计结果，与李浩和余志刚[①]对黑龙江的研究结果极为接近，即 47.3% 的农民愿意流转土地。

表 9-3　　　　　　　　农村老年人的土地转出意愿

养老意愿			健康状况（农业劳动能力）					合计
			完全能够	能干大部分	能干少部分	几乎干不动	无法劳动	
您希望把您的土地承包给他人吗？	不愿意	行(%)	10.7	26.9	34.2	18.6	9.6	100.0
		列(%)	78.8	66.3	54.2	38.1	42.9	53.0
	愿意	行(%)	3.2	15.5	32.7	34.2	14.4	100.0
		列(%)	21.2	33.7	45.8	61.9	57.1	47.0
合计		行(%)	7.2	21.5	33.5	25.9	11.8	100.0
		列(%)	100.0	100.0	100.0	100.0	100.0	100.0

注：Pearson 卡方值 = 74.112，df = 4，$P < 0.001$。

[①] 李浩，余志刚. 基于北安市 145 户农民的土地流转意愿与规模化经营的实证研究 [J]. 经济研究导刊，2015（24）.

由于农业生产属于体力型劳动，老年人的土地转出意愿首先取决于他们的劳动能力。如果身体健康允许，他们往往会干到不能劳动为止[①]。因此，老年人的劳动能力对他们的土地转出意愿有直接影响。图9-1清晰地表明，随着劳动能力（重体力活）的下降，愿意转出土地的老年人所占比例呈明显增加趋势。而且卡方检验结果（P<0.001）表明，这种趋势在总体中是普遍存在的。这与Kalwij的研究结论相一致，即老年人劳动参与率随年龄增加而下降，本质上是因其健康状况下降引起的。

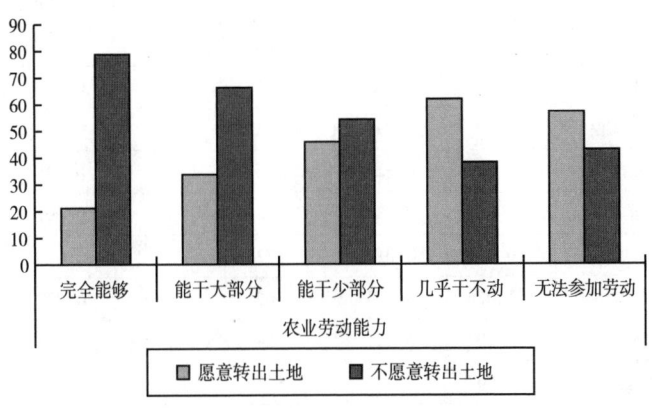

图9-1 农业劳动能力与土地转出意愿的关系

9.4.2 农村老年人土地转出意愿的影响因素

表9-4的模型估计结果表明，纳入模型的9个主要解释变量中，有6个指标通过了显著性检验，表明这6个变量对农村老年人的土地转出意愿有显著影响。在纳入模型的6个控制变量中，有4个指标通过了显著性检验。表明农村老年人的土地转出意愿存在显著的个体差异。主要解释变量和控制变量合计解释了因变量变异的63.8%，说明所选的这些变量对老年人土地转出意愿有非常显著（P<0.001）的重要影响。具体结果如表9-4所示。

---

① 乐章. 反贫困与社会发展：关于农村扶贫开发的一个实证分析［J］. 中南财经政法大学学报，2005（1）.

表 9-4　农村老年人土地转出意愿影响因素的 Logit 回归结果

变量类型	变量名称	B 值	标准误	Wals 值	自由度	显著水平	Exp (B) 值
控制变量	性别	2.024	0.947	4.566	1	0.033	7.568
	年龄	-0.020	0.064	0.097	1	0.756	0.980
	教育年限	0.063	0.081	0.598	1	0.439	1.065
	健康状况	0.843	0.487	2.996	1	0.083	2.324
	干部身份	-2.970	1.262	5.536	1	0.019	0.051
	所在地区	1.996	0.766	6.793	1	0.009	7.358
家庭保障变量	儿子数量	0.285	0.538	0.280	1	0.597	1.330
	女儿数量	-1.160	0.482	5.791	1	0.016	0.313
	家庭规模	-0.079	0.295	0.071	1	0.790	0.924
	家庭存款	0.134	0.320	0.176	1	0.675	1.143
	代际关系	1.985	0.733	7.328	1	0.007	7.282
土地收益与养老金变量	种植收入	-0.021	0.011	3.872	1	0.049	0.979
	转移收入	0.026	0.013	4.369	1	0.037	1.027
	流转价格	0.004	0.001	7.964	1	0.005	1.004
	养老金水平	-0.007	0.004	2.824	1	0.093	0.994
	常数项	4.306	4.465	0.930	1	0.335	74.117

注：-2 倍对数值 = 54.794；伪决定系数 = 0.366；调整后决定系数 = 0.638；模型显著性水平 = 0.000。

首先，从家庭保障变量看，女儿数量、代际关系两个变量对老年人土地转出意愿有显著影响。女儿数量越多，老年人越不愿转出土地。女儿数量每增加一个，老年人不愿意转出土地的概率发生比将增加 2.19 倍。这与假设 1 不符。但印证了农村这一现象，即 "386199" 部队。大量男性青壮农民外出，留守农村的是小孩、妇女和老人。女儿的留守，却可以在农忙季节为老年父母提供帮助，进而影响老年人转出土地的意愿。代际关系越差，老年人越愿意转出土地，代际关系每下降一个水平，老年人愿意转出土地的概率发生比将增加 6.3 倍。这与假设 2 相符。同时也说明，老年人虽然是农业生产的主力军，但在农忙时节他们需要子女的帮助。代际关系差，将降低他们获得子女帮助的可能性，这促进了他们转出土地的意愿。儿子数量、家庭规模、家庭存款对老年人土地转出意愿的影响，缺乏统计学意义。

其次，从土地收益变量和养老金水平看，种植收入、转移收入、土地流转价格和养老金水平四个变量均显著影响老年人的土地转出意愿。从影响方向看，种植收入每增加100元，老年人不愿意转出土地的概率发生比将增加2.2%。转移收入每增加100元，老年人愿意转出土地的概率发生比将增加2.7%。土地流转价格每增加100元，老年人愿意转出土地的概率发生比将增加4.0%。这与假设2相符。养老金水平越高，老年人越不愿意转出土地。这与假设2不符。可能的解释是，目前农村养老金水平普遍不高（87.1%的老年人养老金在100元以下），很难起到支撑老年人晚年生活的作用。但是养老金很可能起到了增进老年人健康的作用，进而限制了他们的土地转出意愿。栾文敬等[1]的研究表明，社会保障增进了农村老年人的健康状况，印证了这一解释的合理性。

最后，从控制变量看，性别、健康状况、干部身份和所在地区对老年人的土地转出意愿有显著影响。男性老年人愿意转出土地的概率发生比是女性老年人这一概率发生比的7.6倍；健康状况越差，老年人越愿意转出土地，健康状况每下降一个水平，老年人愿意转出土地的概率发生比将增加1.3倍；有干部身份的老年人，不愿意转出土地的概率发生比，是没有干部身份的老年人这一概率发生比的19.6倍。东部地区的老年人更愿意转出土地，东部地区老年人愿意转出土地的概率发生比是中西部地区老年人这一概率发生比的7.3倍。这与乐章[2]、叶男[3]的研究结论相一致。老年人土地转出意愿的年龄和教育年限差异，缺乏统计学意义。

9.4.3 农村老年人土地转出意愿的原因

为了更加完整地理解农村老年人的土地转出意愿，本章从愿意转出和不愿意转出土地两个方面，通过农村老年人对这些问题的主观解释，进一步考察他们土地转出意愿背后的深层原因，具体如表9-5所示。

---

[1] 栾文敬，李杨，李玉娇. 社会保障、收入水平、就医习惯与老年人自评健康[J]. 广西经济管理干部学院学报，2012（2）.

[2] 乐章. 农民土地流转意愿及解释——基于十省份千户农民调查数据的实证分析[J]. 农业经济问题，2010（2）.

[3] 叶男. 农民的土地流转意愿及其影响因素研究[J]. 统计与决策，2013（9）.

表 9–5　　　　　农村老年人土地转出意愿的主观解释

愿意转出土地的原因			不愿意转出土地的原因		
解释	观察值（个）	百分比（%）	解释	观察值（个）	备份比（%）
种不了那么多	556	59.5	要靠它吃饭	620	81.6
投资太高，种地亏本	553	20.3	承包费用太少	619	45.9
承包出去更划算	545	48.6	承包时间太长	619	13.9
其他（请注明）	556	5.9	耕地被破坏及其他	618	10.8

表 9–5 分析结果表明，农村老年人愿意转出土地的首要原因是"种不了那么多"（59.5%），其次是"承包出去更划算"（48.6%）。"种地亏本"并不是农村老年人转出土地的主要原因，这与调查中老年人回答"种地亏不了本，能赚一季"的说法相符。老年人不愿意转出土地的最主要原因，是他们"要靠它吃饭"（81.6%）。这印证了"土地是农民的命根子"的说法，也说明土地保障仍然是农村老年人基本生活保障的重要来源。其次，"承包费太少"也是农村老年人不愿意转出土地的重要原因。这与前文模型估计结果，即土地流转价格显著影响老年人土地转出意愿相一致。担心土地转出承包时间太长、耕地被破坏，不是阻碍老年人土地转出意愿的主要因素。

9.5　土地流转的反贫困效应：土地流出与流入的比较

适度规模经营的基本前提和基础是加快土地流转，而土地流转又包括土地流入和土地流出两个方面。从理论上来看，无论是土地流出还是土地流入，都应该具有显著的反贫困效应。因为农民之所以愿意流入土地，无非是以下三个方面的原因：一是该农户有较多的农业劳动力；二是自己的土地太少导致劳动力闲置；三是该农民拥有现代的农业技术，流入更多的土地，不仅不会带来土地闲置和浪费，还会带来规模经济效益，所以，有一部分农民愿意流转土地，而且一旦有更多的土地流入，对于该农户的增收效应是非常明显的。农民之所以愿意流出土地，也无非包括三个方面的原因：一是该农户没有足够的农业劳动力经营自己的土地；二是自己的土地相对而言太多了，导致土地资源的闲置和浪费；三是该农户忙于其他能够带来更多经济价值的工作，流出土地可以较

第9章 产业扶贫中的资源整合：土地规模经营及其反贫困

少产生不必要的机会成本损失，因此，对于这部分农户而言，流出土地也可以获得更多的经济收入，进而减少经济贫困的发生。基于上述分析，不难断言，土地流转应该具有显著的减贫效应。

理论上土地流转具有显著的减贫效应，那么经验研究结果是否也是如此呢？大量的经验研究证明，土地流转降低了贫困脆弱性。例如彭继权等的研究结果表明，土地转出能够显著降低农户的贫困脆弱性，并且随着土地流转面积的增加，农户的贫困脆弱性显著降低[1]。土地流转的反贫困效应具有明显的异质性特点，相对于旱田而言，水田的转出对降低贫困脆弱性的作用更大[2]。刘光英、王钊基于2014年中国家庭动态跟踪调查（CFPS）数据的研究结果表明，土地流转具有显著的多维减贫效应，土地流转的多维减贫困效应具有显著的类别差异，土地流出所带来的多维减贫效应明显强于土地流入的反贫困效应，从传导机制看，土地流转通过收入、生活和社会保障等中间环节影响贫困问题的发生概率[3]。也有研究表明，土地流转的反贫困效应是通过一个复杂的机制实现的，这个复杂的机制是：土地流转入股，扶贫资金和农村集体经济资产集体入股，新型农村合作社集体经济组织诞生，进而给贫困地区带来了"内生性"和"造血式"的反贫困效应[4]。

上述分析表明，土地流转理论上可能存在的反贫困效应得到了验证。那么，土地流转的实践效应是否与理论经验结果相一致呢，这也是值得进一步探讨的问题。李正图和李明忠比较了两个三十年时间的土地制度变迁所带来的农村贫困问题的消解问题。他们的研究结果表明，从新中国成立到党的十一届三中全会的农村经济体制改革，农村的生产经营体制经历了从互助组到合作社再到人民公社的制度变迁路径，不同的制度安排和制度变迁所带来的反贫困效应是不同的，人民公社时期的大锅饭政策和广大社员的道德风险问题，导致农业生产效率极端低下，该时期的土地制度安排不仅没有减少贫困问题，反而使得

---

[1][2] 彭继权，吴海涛，秦小迪．土地流转对农户贫困脆弱性的影响研究 [J]．中国土地科学，2019 (4)．

[3] 刘光英，王钊．多维贫困视角下土地流转的减贫效应及机制研究——基于中国家庭追踪调查 (CFPS) 微观数据的实证 [J]．农村经济，2020 (12)．

[4] 赵春雨．贫困地区土地流转与扶贫中集体经济组织发展——山西省余化乡扶贫实践探索 [J]．农业经济问题，2017 (8)．

广大农民生活在极端平均的绝对贫困之中；党的十一届三中全会之后的农村土地承包经营制度，即家庭联产承包责任制打破了计划经济时期的政社合一的土地管理制度，农村劳动力的道德风险问题得到根本性解决，农业生产效率大幅度提高，农村贫困问题出现超大规模性的减少[①]。两个三十年时间的土地制度变迁及其所带来的反贫困效应充分说明，合理的土地制度安排对农村地区的反贫困具有重要的实践价值。尽管当前中国广大农村地区实行"增人不增地，减人不减地"的土地制度，但进一步稳定承包权、盘活经营权，仍将对广大农村地区的反贫困具有重要的政策启示价值。

值得进一步讨论的问题是，在中国快速推进城市化进程的时代背景下，中国的土地流转面临一些新的问题，制约着土地制度变迁所带来的反贫困效应。其中，最为突出的问题是农村青壮年劳动力的大量流入甚至城市举家迁居问题。尽管中国农业机械化程度在快速提高，但是，土地耕种仍然是一个体力型劳动，而且是一个需要靠现代农业技术实现农业现代化的农业劳动。这就需要既有较强的体力型劳动力，又需要懂得使用现代农业高科技技术的现代农民。然而，城市化的快速推进，导致广大的农村地区老年人口成为主要的劳动力，"劳动力老龄化"正是这一问题的深刻反映。农村老年人不仅年老体衰，而且文化程度较低，无法适应现代农业技术对劳动力素质的基本要求，这进一步制约着农村土地制度变革反贫困效应的发挥。因此，在新的时代背景下，站在整合土地资源的角度来减少和防治贫困问题，最为迫切和关键的任务是如何培养现代职业农民，鼓励广大农民工返乡创业特别是绿色创业，可能是最为有效和长远的战略决策。

9.6　小结

本章利用2016年全国12个省36个县1185份农村调查数据，实证分析了农村老年人的土地转出意愿及其原因。研究结论与政策启示如下。

（1）农村老年人的土地转出愿意比较高。在土地自愿流转原则下，土地

---

① 李正图，李明忠．中国农村土地制度变迁与贫困的消除：两个三十年之比较［J］．学术月刊，2009（8）．

转出意愿是农村土地流转政策制定的重要依据,也是实现适度规模经营的重要前提。尽管当前不愿意转出土地的老年人仍占大多数(53.0%),但有47%的农村老年人愿意转出土地,说明他们的土地转出意愿已经比较高。与此形成鲜明对比的是,截至2016年全国农村土地流转比例只有35%。二者之间的差异,既折射出农业劳动力的"老龄化"问题,也反映出农村老年人的"过度劳动"问题,"种不了那么多"是他们意愿转出土地的首要原因也印证了这一点。老年本该是"颐养天年"的幸福时期,而农村老年人却不得不迫于生计从事自己并不"情愿"的繁重体力劳动。这不仅会带来农业生产的低效率,影响国家粮食安全,也伤害老年人的养老权益和健康权益,进而影响代际公平和"健康中国"战略进程。因此,积极鼓励土地流转、发展多种形式的适度规模经营,必将带来多方共赢的局面。

(2) 土地收益是影响农村老年人土地转出意愿的主要因素。家庭保障是当前农村的主要养老模式。但研究结果表明,反映家庭保障的核心指标,只有女儿数量和代际关系对农村老年人土地转出意愿有显著影响,而且女儿数量对老年人土地转出意愿并未起到正向激励作用。农村家庭保障功能弱化,也许是导致这一结果的重要原因。相反,种植收入、转移收入和土地流转价格三个变量皆对老年人土地转出意愿有显著影响。而且变量标准化之后,土地收益因素对农村老年人土地转出意愿的综合解释力,明显高于家庭保障因素对老年人土地转出意愿的解释力,这说明土地收益是农村老年人土地转出意愿的决定性因素。从家庭保障和土地收益因素对老年人土地转出意愿影响的方向看,改善农村代际关系、提高土地流转价格、增加老年人转移收入,将对农村土地流转起到积极作用。较低的养老金,还不是影响农村老年人土地转出意愿的重要因素。

(3) 基本生存保障的缺失和土地流转收益较低,是影响土地流转意愿背后的深层原因。农村老年人愿意转出土地最重要的两个原因是"种不了那么多"(生存理性)和"承包出去更划算"(经济理性);农村老年人不愿意转出土地最重要的两个原因是"要靠它吃饭"(生存理性)和"承包费太少"(经济理性)。这也就是说,生存理性和经济理性是老年人土地转出意愿背后的真正动机,其折射出的深层问题是农村老年人基本生存保障的缺失和土地流转收益偏低。它给我们的重要启示是:优先解决农村老年人的"基本生存"

问题,是促进农村老年人放弃土地经营权、实现适度规模经营的第一步,而提高农村老年人的土地流转收益,才能够让他们"心甘情愿"地放弃土地经营权。因此,加大农村现代社会保障建设力度,提高农村老年人的安全预期,建设规范的土地流转市场,提高农民土地流转收益,将有助于促进农村土地流转和适度规模经营的实现。

(4) 土地流转具有显著的反贫困效应,整合土地资源是防治农村地区返贫问题的重要抓手。土地是农民最宝贵的自然资源,土地的规模化经营可以带来规模效益,而土地的流转是必要前提。农村土地流转,对于希望流入土地的农民而言可以增加土地规模,通过土地规模效应减少贫困问题的发生,对于希望流出土地的农民而言可以减少了管理成本和资源浪费,通过减少机会成本和土地出租实现反贫困效应。整合农村土地资源的核心问题是"稳定土地承包权,盘活土地经营权",而"盘活土地经营权"的关键问题是加快农村土地有偿、有序流转,促进土地适度规模经营和规模效益。然而,快速推进的城市化又导致农村地区大量青壮年劳动力流入城市甚至举家在城市常年定居,大量文化程度较低且不懂现代农业技术和管理方法的老年人留守在农村,这就导致一个典型的悖论,即整合农村土地资源、促进土地适度规模经营,需要加强土地流转和现代农民,而城市化又把现代农民吸入城市,使得整合农村土地资源缺乏必要的人才支撑。本章的政策启示在于,站在整合农村土地资源的角度看,如何培养现代职业农民,是通过土地规模经营进而减少农村地区贫困问题发生的关键任务。因此,国家出台鼓励性的政策,鼓励农民工特别是那些在城市发展较好的农民工返乡创业,进而带动农民致富,可能是最为有效的农村反贫困路径和举措。

第10章　产业扶贫中的新使命：乡村振兴与治理模式变革

10.1　乡村振兴：产业扶贫的新环境与新使命

中国是一个农业大国，也是一个农民大国，中国的相对贫困在农村，中国人的相对贫困在农民。乡村的兴旺与衰败不仅对治理农村相对贫困问题具有重要的决定意义，也对中国的整体发展具有重要的决定性意义。"乡村振兴战略"是党的十九大提出的重大战略之一，乡村振兴战略的提出是中国宏观发展战略和微观社会经济发展方式的一次重大转向，即从新中国成立初期的"乡村支持城市，农民支持工人"转向现在的"城市反哺农村，工业反哺农业"的发展重点。乡村振兴战略所内含的发展方式转变，至少体现在两个方面：一是城乡融合机制与政策支持体系的重大改革；二是中国城市化发展战略的重大转变，即从过去的重视大城市发展到现在的重视中小城镇发展。

乡村振兴与乡村衰败是一对反义词，乡村振兴战略的提出，源于中国的快速发展以及城市化的加速进程中乡村社会不断衰败的客观现实。中国乡村社会衰败的重要表现包括两个方面：一是大批青壮年劳动力融入城市，甚至居家迁入城市，在城市实现定居。《2021年国民经济和社会发展统计公报》提供的数据显示，全国14.13亿人总人口，其中人户分离的人口为5.04亿人，流动人口为3.85亿人①。其中流动人口中，90%左右是从农村进入城市的农民工。二

---

① 国家统计局.2021年国民经济和社会发展的统计公报 [EB/OL]. http：//www.stats.gov.cn/，转引自青川县人民政府官网，http：//www.stats.gov.cn/http：//www.cnqc.gov.cn/NewDetail.aspx? id = 20220407111827442.

是大量农村数量的快速消亡。住建部《全国村庄调查报告》数据显示：1978—2012年，中国行政村总数从69万个减少到58.8万个，自然村总数从1984年的420万个减少到2012年的267万个，年均减少5.5万个①。

乡村社会衰败的影响因素众多，不同国家乡村社会衰败的模式并不相同。站在历史的角度看，西方国家乡村社会衰败的模式与中国乡村社会凋敝的模式存在明显的差异性，英国"圈地运动"以及工业革命引起的乡村衰败，可以称之为"英国羊吃人式"的乡村社会衰落，拉丁美洲国家快速城市化导致的"城市贫民窟"现象，是"拉美超前城市化式"的乡村社会衰落。中国乡村社会的兴盛时代为"唐宋时期"，而中国乡村社会的"衰落"则是元明清三个朝代较为典型的社会特征。元朝的游牧军事、明朝的专制集权、清朝的腐败政治和黑暗统治及其相应朝代的社会治理机制，是造成不同时代中国乡村社会衰落的典型原因。新中国成立之后的乡土社会衰落，则与封建社会乡土社会衰落的原因明显不同，始于1978年的农村经济体制改革，是中国乡村社会衰落的开始，而中国城乡壁垒的打破以及城市化进程的加快而导致的农民工大批进城务工，则是新中国乡村社会衰落的重要原因。

乡村社会衰败的模式不同，由乡村社会衰落导致的问题就会存在较大差异。但众多差异中也有共性之处，其中的共性之处在于乡村社会的衰落导致了乡村社会的结构性贫困问题。因此，为了消除乡村社会的结构性贫困，那么大力实施乡村振兴战略则是不同国家相同的战略决策。在中国，党的十九大提出的"乡村振兴战略"是与"科教兴国战略""人才强国战略""创新驱动发展战略""区域协调发展战略""可持续发展战略""军民融合发展战略"并列的国家未来发展的"七大战略"之一。

在中国，乡村振兴战略被划分为七大发展任务，这七大发展任务具体表现在：一是重塑城乡关系，走城乡融合发展之路；二是巩固和完善农村基本经营制度，走共同富裕之路；三是深化农业供给侧结构性改革，走质量兴农之路；四是坚持人与自然和谐共生，走乡村绿色发展之路；五是传承发展提升农耕文明，走乡村文化兴盛之路；六是创新乡村治理体系，走乡村善治之路；七是打

---

① 范建华. 乡村振兴战略的时代意义 [EB/OL]. 人民网-理论频道，http://theory.people.com.cn/n1/2018/0227/c40531-29837172.html.

好精准脱贫攻坚战，走中国特色减贫之路。从乡村振兴战略的主要任务看，核心问题之一就是消除农村的结构性贫困问题。而大力推动乡村产业振兴、乡村人才振兴、乡村文化振兴、乡村生态振兴、乡村组织振兴，又是推动乡村振兴战略的实践抓手和消除农村结构性贫困的重点任务。

10.2 基层社会治理逻辑：自律机制与他律机制

在基层治理秩序建构的过程中一直存在着双轨运行机制，即乡村社会内生的自律机制和政府主导的他律机制。值得进一步阐述的是，自律机制是通过内在激励的方式克服管理效率低下、提升社会治理效能的根本措施，自律机制很好地克服了基层治理中不同主体可能存在的"偷懒行为"（道德风险）问题[①]，而他律机制是一种监督管理，是通过外在压力来提升基层社会治理效能的常用手段。两种运行机制的协调互动是推进基层社会治理精准化、专业化、高效率进而实现乡村振兴战略的重要途径。在社会治理中作为行政治理主体，基层政府本身具有多样化的行动取向和目标，在与多元社会力量的互动过程中逐渐呈现出不同的治理模式，不同基层社会治理模式的形成又与治理秩序结构密切相关。

10.2.1 治理秩序结构的"双轨化"与基层社会治理逻辑

在乡村振兴背景下推进基层治理首先需要关注国家与社会之间的关系问题。恩格斯在《家庭、私有制和国家的起源》一书中指出，"国家是社会在一定发展阶段的产物，国家是表示这个社会陷入不可解决的自我矛盾，分裂为不可调和的对立面却又无法摆脱这些对立面。需要有一种表面上凌驾于社会之上的力量，把冲突保持在秩序范围内"[②]。依据马克思主义经典作家的论述推断，

---

① 道德风险是现代经济学和现代管理学的核心内容，是在信息不对称条件下代理人利用自身的信息优势而做出的对自己有利而对委托人不利的机会主义行为。从理论上说，克服道德风险的方法有很多，包括监管、自律和机制设计，其中，监管治标不治本，自律虽然治本但在个人声誉机制尚未建立的情况下，自律很难实现；机制设计是克服道德风险的"中间道路"。

② 马克思恩格斯选集第4卷 [M]. 北京：人民出版社，1972.

在基层治理秩序建构和完善中一直存在双重运行机制：一种是外在于乡村基层社会、由党和政府对乡村社会治理施加影响而形成的他律机制；另一种是内源于乡村基层社会、在多元主体互动博弈中维护基层社会秩序而衍生的自律机制。由此，在基层治理实践中乡村社会秩序结构呈现出"双轨化"特征。

关于自律机制与他律机制的关系，学术界有几种权威解释范式：公民社会、法团主义、行政吸纳社会和行政吸纳服务。公民社会范式主张国家与社会的冲突和对立，公民社会依托民间组织发展来反抗政治国家的侵害，这与中国大陆基层治理中政府与社会的协调不符。法团主义范式修正了公民社会范式中国家与社会零和博弈的假设，强调国家与利益集团的沟通和合作，以实现国家与社会的协同发展。然而，不同的学者对法团主义在中国社会中作用的看法存在不一致的观点。张静认为，法团主义包含了对权利分立的承认，而在我们的传统中这不仅不是讨论秩序的前提，而且可能被视为有悖于秩序建设的东西[1]。福斯特则指出，在中国，法团主义只是其形状，而没有其实质。因为大多数垄断性组织并没有代表组织成员的利益，而更多的是代表政府的利益[2]。贾西津认为，法团主义强调的国家与社会关系是建立在发达的利益集团博弈的基础上，这一基础在中国并不存在[3]。"行政吸纳社会"范式强调政府通过培育可控的民间组织体系，并利用它们满足社会需求，消除"自治"的民间组织存在的必要性，以避免社会中出现独立于政府的民间组织[4]。唐文玉修正了"行政吸纳社会"中过于强调"控制"的假说，围绕"支持"与"配合"提出了"行政吸纳服务"范式。所谓"支持"是指政府培育和促进民间组织发展，并为其提供场所、资金、技术和信息和合法性等资源。而"配合"则是作为"支持"的交换，民间组织需要配合政府的工作，响应政府的组织、号召[5]。

---

[1] 张静. 法团主义 [M]. 北京：中国社会科学出版社，2005.
[2] Foster K W. Embedded within state agencies: business association in Yan Tai [J]. The China Journal, 2002, 47 (1).
[3] 贾西津. 民间组织与政府的关系 [C] //王名. 中国民间组织 30 年——走向公民社会. 北京：中国社会科学出版社，2008.
[4] 康晓光，韩恒. 分类控制：当前中国大陆国家与社会关系研究 [J]. 社会学研究，2005 (6).
[5] 唐文玉. 行政吸纳服务——中国大陆国家与社会关系的一种新诠释 [J]. 公共管理学报，2010 (1).

显而易见,"行政吸纳服务"范式注意到了社会治理中国家与社会的融合趋势。但是,由于将视野停留在社会对国家的"依附性合作"层面,忽视了社会自主性能力对国家行动的支持作用。此外,上述诸多范式较多关注中观层次的社会组织与国家的关系,而忽略了非组织化的个体与国家如何互动的问题。基于此,本章提出新的解释框架,即"行政吸纳合作"解释框架。"行政吸纳合作"的核心互动机制是"支持""配合"与"互惠"。所谓支持是指政府为农村社会中分散的非组织个体和包括"村两委"、合作社在内的组织化力量提供资金、技术援助、信息、社会资源动员等方面的资源。所谓配合是指作为"支持"的交换,农村组织化与非组织化力量自觉主动与政府合作,支持政府政策的推行,响应政府的行动,提升政府政策的效能。所谓"互惠"是指基层政府与民间社会双方在互动中都会使彼此获益。基层政府得益于社会自主力量的合作而很快完成自上而下的科层制任务,而基层社会自主力量则在政府的帮扶下获得可持续发展能力。由此,基层社会自主力量配合政府行动能力的强度直接决定政府资源分配的走向和政策执行力度。

10.2.2 乡村振兴战略与基层社会治理逻辑的张力

对农村社会的单线控制思维曾经一直占据政府行动的核心位置。革命战争年代,中国共产党凭借对基层社会自治空间的整合来拓展自身的行动空间。一方面,党组织在强化基层组织建设的同时积极培育具有革命倾向的工会组织、农民协会、妇女组织等。"支部的工作不能仅限于教育党员和吸收党员,并且在无党群众中宣传,帮助他们建立俱乐部、劳动学校、互助会。"[1] 另一方面,党组织并没有排斥传统社会中存在的自治组织,而是以合作的形式与内生自治组织开展互动,以图将农村自治组织团结在党组织周围,发展农村生产。1926年《农民运动决议案》中提到"乡村中的迷信及宗族伦理道德关系,不可积极的反对,应该有办法的有步骤的去提高乡村文化程度"[2]。

---

[1] 中央档案馆,中共中央文献研究室. 对于组织问题之决议案 [C] //中共中央文件选集(第1册). 北京:人民出版社,2013.

[2] 中央档案馆,中共中央文献研究室. 农民运动决议案 [C] //中共中央文件选集(第2册). 北京:人民出版社,2013.

新中国成立后，中国共产党通过"党支部下乡"，迅速在全国建立起从中央到基层的组织结构体系，改变了农耕时代"皇权不下县"的社会治理定势。人民公社制度的确立标志着国家正式权力历史性地下沉到基层社会，土地集体所有制基础上的集体生产分配体制，使国家无需同分散的小农直接打交道，而是将其整合为上下一体的计划经济体制的一部分，以服务于国家工业化建设和应对恶劣的地缘政治局势。基层自律机制被压缩生存空间的同时，民间的需求逐渐让位于国家建设的政治目标。20世纪80年代的农村改革将农民从组织化的生活中释放出来，基层社会的自治空间逐渐扩大。但为了支援国家建设，国家权力依托乡镇一级和基层社会力量以村提留、乡统筹的形式继续从农村汲取资源。

政府农村工作思维由"控制"和"汲取"转变为"服务"和"输入"发生在农村税费改革之后。2006年全面取消农业税彻底改变了国家与农民之间的制度性关系，国家行政力量正式退出乡村社会，基层组织也从农民生产生活中退出，基层社会瞬间出现一片权力真空。为了维护基层社会的稳定，国家通过瞄准农户需求的精准补贴、项目制推进公共服务、向基层组织转移支付等途径来维护农村基层秩序结构的稳定。这些权宜之计在面对日益复杂化的乡村事务和原子化的个体时很快陷入困境。由于乡村社会自主治理能力长期被忽略，政府资源下沉反而促生了基层政府与乡村精英之间的"庇护结构"[①]、"选择性治理"和"精英俘获"等问题，其结果是政府政策的执行与民众需求实现之间形成巨大鸿沟，这与党和政府提倡的乡村振兴战略的目标背道而驰。

在乡村振兴的背景下提升基层治理的精准化水平，需要以习近平新时代中国特色社会主义思想为指引优化政府行动逻辑。首先，政府需在坚持乡村主体地位的前提下，以精准满足农村社会的公共需求为指向，提升基层治理的效能。一是要强化和培育农民的自主发展意识。习近平总书记强调，要"坚持农民主体地位。充分尊重农民意愿，切实发挥农民在乡村振兴中的主体作用"，并且坚持扶贫与扶志相结合，让贫困地区的民众树立"先飞""先富"的意识。二是乡村振兴战略的实施要在"培育新型农业经营主体，健全农村社会化服务体系"的同时，"培养造就一支懂农业、爱农村、爱农民的'三

---

① 李祖佩. 项目制基层实践困境及其解释——国家自主性的视角 [J]. 政治学研究, 2015 (5).

农'工作队伍"①。三是政府部门要紧密结合乡村实际条件和需求因时因地施策。其次,地方党委和政府要以有利于维护基层善治为导向来强化组织领导能力。一是消解个体化与组织化的张力。要整体优化和提升农村带头人队伍建设,积极吸纳村医、村教、大学生等进入基层党组织,强化党组织在基层社会的组织力和领导力,提升乡村的组织化水平以应对市场风险。二是明确界定政府与社会之间的行动边界,为乡村自主能力的培育提供空间。

基于基层政府与乡村社会多元力量合作的紧密度,由弱到强可以将基层治理实践归纳为政府主导的治理模式、弱合作治理模式及协同治理模式。政府主导的治理模式强调在农村社会自主治理能力非常低的条件下,基层政府单方面确定治理目标,并依托权力和资源下沉以促进基层社会治理有序化。弱合作治理模式强调在基层社会较高自主治理能力的条件下,农村社会力量依附于政府资源而与政府展开互动合作,政府则在获取基层社会需求信息的基础上确立治理目标。协同治理模式强调在党组织的全面领导下,基层政府、市场主体、农村社会组织和公民围绕公共事务,以广泛协商互动的方式就公共目标达成共识,并协同参与基层公共事务治理。

10.3 乡村振兴中基层社会治理的模式及运行机制

乡村振兴战略赋予基层治理的重要战略目标之一在于化解农村群众对美好生活的需求与不均衡、不充分发展之间的矛盾,提升乡村的自主发展能力,而政府与农村社会力量的协调行动是实现这一目标的关键。因此,在乡村振兴条件下优化基层治理既不能缺失政府的支持作用,也不能缺少农村自主力量的合作。

10.3.1 政府主导的治理模式及运行机制

(1) 个案介绍及意义。CY县地处湖北省幕阜山集中连片特困地区,属亚热带季风气候,是长江中游众多支流的发源地,水资源充足,但由于河流分

---

① 党的十九大报告学习辅导百问 [M]. 北京:党建读物出版社,学习出版社,2017.

散、流量多变，水资源的可利用率非常低。该县物产资源丰富，腊米、油茶、柑橘、意杨、楠竹、雷竹等非常有名，但由于产业发展的启动资金不足，加上没有龙头企业带头搞培育和研发，该县农产品一直处于低端层次，市场竞争力不足。此外，该县较为偏远的农村基础设施较差，大部分地区的水库、水渠和供水管网基本建立于20世纪六七十年代，由于缺乏资金常年失修，防洪、灌溉、抗旱等功能明显弱化。在国家将武陵山、秦巴山和大别山山区纳入区域发展与脱贫攻坚规划后，湖北省将该县所在幕阜山确定为省级连片特困区。CY县农村地区丰富的自然资源储备与孱弱的经济发展趋势形成的强烈反差不禁让人产生疑问：政府行动与该地区基层社会治理之间存在何种联系，其运行机制是什么？

（2）治理目标的外部嵌入。受经济发展环境的制约，CY县很多村庄青壮年几乎都去东部沿海务工，村两委班子成员只能从"矮子里面拔将军"，导致村两委班子的人才队伍储备严重不足。此外，这些流动的精英每年只会在春节期间短暂向老家回流，农村传统的关系网络和价值规范对他们的规约力逐渐下降。正因为如此，上述呈现个体化趋势的村庄的治理很容易陷入"怪圈"，即越穷的村庄精英流失越严重，精英的流失进一步降低"村两委"的领导能力和乡村自主发展的能力，加速乡村的凋敝。要摆脱这些"怪圈"，就需要政府扶持以激活乡村治理。

从基层治理行动的目的看，低组织化、低自主发展能力村庄的治理目标由政府基于乡村实际状况由外部嵌入。第一，不同的挂点帮扶单位对乡村治理进程的影响不同。县国土局从2015年开始定点帮扶GH镇A村，扶贫政策一开始国土局就为A村脱贫攻坚订立了产业发展计划。国土局不仅以土地规划整治为由设立专门项目为该村疏通了河道，加固了防洪岸堤，消除了每年一次的大洪水对村民生计的威胁，而且国土局还注资扶持村民创办养猪、蔬菜种植和花卉等农业合作社，鼓励村民入股参与合作社经营。不过，A村的扶贫发展却潜藏隐忧，即由于缺乏民众广泛的参与和脱离市场需求，该村的蔬菜、养猪项目并不为市场青睐。不得已该县国土局只能以单位名义将这些蔬菜和猪回购分销。与之相比，邻村B的扶贫效果就明显有些停滞不前了。该村的驻村帮扶单位是市公安局，除了每年过年会有工作人员例行慰问之外，平常很难看到有帮扶工作队工作人员进驻村庄。CY县虽然委托第三方评估组织对该县扶贫效果进行考核,但涉及 B 村的扶贫绩效考核却也显得无能为力,因为 CY 县无法对市公安局的帮扶工作进行监督。第二,压力型体制间接促发了驻村帮扶单位的应付行为。为了保证精准扶贫工作沿着党中央的政策设定目标发展和加强对政府官员政策执行行为的监督,党和政府将精准扶贫战略的实施纳入党的中心工作来考核从而实现自上而下的加压。CY 县政府部门日常事务本就很繁杂,还要抽调一大部分人力去定点帮扶村辅助发展生产,人力资源捉襟见肘。调查发现,部分驻村帮扶单位会临时抽调本部门即将要退休或者普通干部入驻村庄,然而由于这些驻村干部本就缺乏发展市场经济的能力,他们驻村的作用也仅限于应对上级和第三方扶贫考核小组的检查,对乡村长远的发展贡献非常有限。此外,逐层加压还会促使基层政府为短期内增加农民收入而出现"个体化扶贫"取向,增加了扶贫效果的脆弱性。第三,外部嵌入的脱贫标准与民众的现实需求之间存在很大张力。2017 年我国贫困标准为农民年人均可支配收入达到 3535 元,到 2020 年农民人均可支配收入达到 4000 元。虽然湖北省早在 2015 年就将贫困户标准提升至 4000 元,从表面上看该标准已明显超越了国家标准,但这一标准在基层却要面临另一种情景:现有标准忽略了农村因病致贫人口疾病属性对贫困的影响。现有农村合作医疗大病报销需要提供相应的住院就诊材料,但是很多贫困人口的致贫原因是慢性病,只能长年累月以吃药缓解病情,但这些在门诊或者在药材连锁超市购买的药品并不在报销范围之内。因此,不考虑疾病属性对贫困户生活的影响而确立的扶贫标准必然在基层社会遭遇困境,也不能根本上解决弱势群体可持续发展问题。此外,精准扶贫政策的实施一开始就以农村户籍为标准确立精准识别贫困户的依据。调查中了解到 CY 县拥有城镇户口人口中因病致贫、因学致贫和下岗职工低于扶贫标准线的不在少数,这些人群是否也应该被纳入扶贫范围目前尚未有相关政策出台。总体来看,无论是推进精准扶贫,还是大刀阔斧进行乡村振兴建设,其根本都是党和政府以政治压力的形式给政府自身自上而下加压。在政府部门缺乏培育乡村社会自主发展能力意识的条件下,单纯靠政治压力以驱动政府行动虽然可以在短期内看到农村产业遍地、扶贫项目层出不穷等热闹场景,但终究不可持续,一旦政治压力撤走,基层治理的成果可能不会持续。

从行动方式看,基层治理中政府主导的社会治理模式具有行政指令性的行动特征。在运动式治理的情境下,上级政府常以行政指令的形式将政策内容分解，并以量化指标来考核监督下级政府及官员，而基层官员为了向上表示自己的忠诚与服从则会严格按照文件要求贯彻落实上级指令，结果导致政策执行偏离社会真实需求。CY县山区村落交通闭塞，村民居住呈零星分布，村庄基础设施较差，加之青壮年大多涌向城市务工，留守村中的贫、病人口只得"傍山吃山，临水吃水"，根本无力发展新的产业模式。然而，现有扶贫政策规定被识别为重点贫困村的村庄要有支柱产业且利润要达到5万元，方可脱贫。为了保证被帮扶的贫困村尽快出列，村干部、驻村帮扶单位与乡镇"合谋"创办了一个个支柱产业。举例来说，TA村村民世代居住在深山峡谷中，饮用水主要以山泉水为主，青壮年基本常年外出务工，剩下的部分村民也已在临县就近买房，只有一部分村民留恋故土或者无劳动能力滞留大山中。为了能够完成考核任务，村干部、乡镇和驻村帮扶单位协议以村委会名义在山外租地养鱼，收效甚微。还有很多类似TA村的贫困村即使创建的支柱产业略有盈余，但利润却被截留在村集体，其目的不在于为乡村公共建设储备资金，而是为了应付上级和第三方评估机构的考核。

10.3.2 弱合作治理模式及其运行机制

（1）个案介绍及意义。HX村地处江西省西北国家级贫困县XS境内，位于东津水电站下游，紧邻白土村、游段村、山口段村，辖15个村民小组、612户、2712人。全村耕地面积1326亩、林地面积3000亩。HX村三面环山一面临水，拥有丰富的自然资源，是省级湿地保护地。尽管如此，昔日的HX村仍然是人迹罕见之地，外来游客寥寥无几，大部分民众散居于山坳之中，经济发展非常缓慢。在2009年之前，虽然SX县给予了该村大量补助，但政府的帮扶行动最终陷入"个体化扶贫"的窠臼中，加之"村两委"班子成员一直由本土出生村干部担任，组织结构涣散，发展乡村经济的领导能力和积极性皆不强，帮扶资源不能被有效用于发展生产，村级债务负债严重，村干部甚至四年多发不下工资。HX村经济发展状况伴随2009国际金融危机后大量体制外精英向乡村回流发生转变。回流乡村的精英在政府部门的支持和鼓励下担任"村两委"班子职务。在他们的带领下该村一方面寻找帮扶资金改善村庄基础设施，对深山坳的民众往开阔地搬迁安置，优化乡村投资环境。另一方面，发挥该村自然资源优势,利用政府和社会帮扶资金大力发展相关产业。截至2017年底,该村种植蚕桑800亩,公园式景观茶叶1500亩,蔬菜基地200亩,花卉苗木200亩。该村还建立了全省首个蚕种制种基地。2015年该村蚕桑产值增加到500多万元。全村人均纯收入由2013年的2730元增长到2016年底的4800元。该村前后两个时期发展轨迹的反差有力地印证了强化农村自主发展能力、促进他律机制与自律机制合作的价值。

(2)依附性合作:双重秩序结构互动机制。像HX村这样深处连片特困区的村落,由于受到自组织能力和自主发展水平较低的限制,依靠乡村本土力量来实现乡村振兴几乎是不可能做到的事情,此时就需要政府与乡村社会力量进行合作。第一,农村青壮年精英的外向流动会影响农村的治理能力。农民是乡村振兴的主体,而其中的乡村精英人才因占据丰富的人力资源和社会资源而在乡村振兴中发挥着更加重要的作用。2008年以前,由于村庄经济发展条件差,大量有知识、有经验的青壮年劳动力外出务工,农村精英群体向城市的单向流动造成乡村人力资源的匮乏,"村两委"班子干部储备面临青黄不接的窘境。全村1360多劳动力,超过900人选择外出打工,劳务输出成为村庄经济收入的主要来源。第二,村庄私性文化形式蔓延,留守村庄的劳动力沉迷于赌博、打麻将,弱化了村民发家致富的意识,也影响乡村秩序的稳定。2008年以前,该村麻将桌就有62张,每天将近300人在麻将中度过。有些村民甚至发展到不顾家、不干农活、不参与村集体活动。

在县乡政府与该村治理精英的合作下,该村治理秩序在2009年开始转变。首先,党和政府的政策扶持和资源下沉"撬动"乡村资本市场,促进乡村振兴扶持资源来源的多元化。一方面,政府政策扶持为村庄经济发展奠定基础。在HX村转型发展的过程中,先后获得政府移民扶贫、旧房屋改造等政策款项3000多万元,新建了一个接纳安置9个乡镇的深山与库区移民和本村整组易地搬迁建房户502户的中心村,其中2016年新建房屋的16户贫困户已全部入住;投资1685万余元新建休闲广场、便民服务中心、文化活动中心、弱势群体保障房等。在县乡政府的支持下,"村两委"带领群众先后硬化组级公路9公里,投资500万元新建黄溪大桥。政府的帮扶措施不仅改善了乡村的经济发展环境,也吸引社会资本参与乡村建设。HX村先后引进二级水电站、金樱子酒业等8家企业,引进资金上亿元,安排剩余劳动力就业近800人。另一方面，网络媒体的正向引导强化了村庄的良好形象，吸引外来资本向乡村流动。在 HX 村发展的起步阶段，诸如新华网、人民网、新浪网等媒体对该村做了大量宣传报道，增加了村庄与外部资本市场接触的机会。总体来讲，在连片特困区乡村振兴的过程中，在基础设施落后、自主发展能力不足等条件下，政府的政策扶持在"撬动"乡村资本市场、激发乡村发展活力中扮演了关键角色。其次，政府扶持政策的有效运行离不开乡村自组织力量的合作，只有二者合作才能够保证帮扶政策与社会需求的精准匹配。其一，村干部典型示范增加乡村社会的信任存量。该村村委会主任徐某为动员民众参与乡村振兴，不仅自己垫资为同村群众购买农业机械，还倡议其他村干部入股村庄发展项目。其二，资源结构重组提升乡村承接外部资源的能力。HX"村两委"不仅积极吸纳返乡创业精英进入乡村工作队伍，强化村庄领导力量，而且将重点放在如何利用这些治理精英的社会资本来吸引更多的社会资源。

个体化扶贫是指在压力型体制下，理性的基层政府为了尽快完成自上而下的绩效考核指标，短期内提升村民收入水平的行动偏好。强调将贫困户减少人数与帮扶干部工作绩效挂钩，将扶贫资金化整为零分散到个人[①]。

（3）有限合作条件下的治理资源供给。从行动目的看，政府帮扶部门与乡村治理精英存在"共赢"空间。在中国自上而下的科层制体制下，党和政府为了保证政策意图在基层得到贯彻落实，往往将政策目标进行量化，并以此设立基层政府及工作人员的绩效考核指标，有时甚至将政策目标纳入党的政治中心工作，以政治任务的方式自上而下地加压。面对如此巨大的考核压力，能否把有限的政府帮扶资源用来"办大事""办有效益的事"自然成为基层政府的选择。因此，那些乡村治理精英资源富集的村庄自然成为基层政府及干部重点关注的焦点。以 2015 年为例，XS 县在确定扶贫村的名单时进行了量化打分，相关文件规定量化指标为贫困发生率为 12 分，群众积极参与村庄整治及签名率为 40 分，贫困人户积极参与产业发展及签名率为 40 分，重点照顾老区、边远山区、少数民族和非重点移民村为 8 分。从上述数据看，贫困人口参与率高的村庄恰恰是自主发展能力较强的村庄。这些治理精英可以广泛调动社会资源

---

① 朱天义，张立荣. 个体化或集体经营：精准扶贫中基层政府的行动取向分析[J]. 马克思主义与现实，2017（6）.

来影响政府扶持资源的流向，HX 村前后两个发展时期的差异正印证了这一问题。从行动方式看，政府帮扶部门与乡村治理精英的互动存在衔接"缝隙"。HX 村获取政府帮扶资源的途径主要有两种，即来自民间自下而上向上诉求和来自政府自上而下的赋予。前者是乡村治理精英积极向政府部门反馈需求而获取的资源，更契合乡村社会的治理需求。后者则是政府部门单向度供给的资源，不免造成资源的浪费，如 HX 村同时是江西省财政厅、省委党校及市县多部门的定点帮扶单位，即使是该村发展富裕后，这些单位依然每年会采取各种形式对该村进行帮扶。

10.4 多元社会治理模式的失准问题及根源

乡村振兴情境下推进基层治理需要在以社会需求为导向的基础上，构建政府与社会协调配合的关系形态，只有如此才可以解决不平衡、不充分发展的问题。然而，政府与社会之间互动不畅等因素的影响，基层治理中政府的行动常常偏离社会需求，导致政府对基层社会整合能力下降。

10.4.1 社会自主治理能力弱化与治理失准

第一，精英流动：乡村治理中的人才结构缺失。社会资本理论认为，个人所具有的资源有两种类型，即社会资源和个人资源。前者是指个体从所嵌入的社会关系结构中可能获取的资源，后者则指物质、符号等的所有权。由于所处关系网类型及关系网中所占位置的差异，个体可获取的社会资源存在很大不同。乡村精英因自身掌控的丰富的人力资源和社会资源成为乡村治理的重要力量，乡村精英的流动直接影响到乡村自主治理能力的培育及乡土自律机制与他律机制的协同。在政府主导的社会治理模式的情境中，由于受到基础设施建设、乡村可容纳能力限制，大量乡村精英涌向城市，使得原本贫瘠的村庄既无强权威的组织队伍，也无动员社会资源来辅助乡村发展的能力。此种境遇下只能依靠政府扶持或将山坳的民众易地搬迁安置在开阔地，或以提供贷款的形式帮助村民发展生产，有些基层政府干脆直接以政府名义发展出某一产业，之后再交由村民自己经营。然而，后者终会因为普通民众经营能力和扶持资源承接能力不足收效甚微。在弱合作治理模式的情境中，政府资本撬动和返乡治理精英的协作推动乡村振兴战略的实施走向集约化、高效化。在基层治理过程中，HX 村的转型发展中，县乡政府不单纯依赖资本注入的方式来提升村民的收入水平，而是将重点放在如何促进乡村外流精英返乡创业、激发乡村精英创业积极性。在实践中政府与乡村精英合作推进基层治理进程虽提升了乡村社会的发展动力，盘活了乡村社会的资本市场，但也容易演变为个别治理精英独享利益而普通群众不能共享。比如部分合作社在政府政策出台之前就已成立，政府部门以为合作社提供贷款扶持为条件要求合作社吸纳村民参与并让村民在合作社务工以赚取劳务费。乡村精英不仅依托合作社赚取利润大部分，而且还获得政府诸多政策扶持，普通民众在其中获益有限。

第二，个体化小农与社会信任赤字复合降低了集体行动的能力。新时期随着中国社会结构的转型，农村社会由"熟人社会"向"半熟人社会"转变。大量的青壮年向城市流动，其中返乡的部分乡村精英又带来了新的价值理念和关系网络，整个乡村社会的异质化和多元化趋势在加强。如此一来，传统的社会关系结构及其价值规范对于村民行为的约束能力在下降。伴随村民从传统关系网络结构和价值规范的脱离，村民开始逐渐向更小单位意义上的核心家庭回归，村民对村庄意义上的公共责任意识出现下降势头，乡村难以仅靠乡村社会自律机制来实现和维护乡村社会运行的秩序。因此，需要以党和政府为主导的他律机制在乡村社会治理中发挥培育乡村自组织水平和自主发展能力的作用。在单向度治理模式的情境中，"村两委"组织结构的涣散和乡村精英的大量外流使得基层难以形成集体行动以承接政府扶持资源，县乡政府往往不得不单方面设定乡村发展的目标，或为贫困人口提供资助解决其生计问题，或由政府主导为该村庄设定一些乡村发展的项目。前者虽可解一时之困但终不长久；后者虽有长远发展规划但因没有良好的经营队伍，最终也难以走上可持续发展的道路。在弱合作治理模式的情景中，强有力的乡村经营队伍和完善的公共生活规则是基层治理善治的关键之所在。强有力的乡村经营队伍可将日益分散化的村庄重新聚合起来，在协商互动中促成集体行动，从而将政府扶持资源最大化利用。但强有力的乡村经营队伍中需有超凡魅力的领袖来引领，HS 村前后转型正是在村支部书记徐某这样的魅力型带头人的主导下完成的，但问题是如此魅力几乎不可复制，如何促进这种魅力在村干部代际传递就成为难题。此外，良好的乡村公共生活规则不仅可以惩戒和约束"搭便车"者，还可以弥补政府无法解决的村庄公益事业问题，但公共生活规则只有在获得民众广泛认可的前提下才有生存的空间。

10.4.2 科层化组织的治理逻辑与治理失准

第一，压力型体制下基层政府的选择性治理行动取向。在压力型体制下，上级政府为了保证基层政府有效执行其政策意图，往往将政策内容细化并制定严格的考核指标，有时甚至实行一票否决制。与之相应，基层政府的行动具有很强的权宜性、变通性和短期性，似乎一切有助于基层政府完成上级的指令和任务指标的手段、策略和方法都可以为之所用。在具体的治理实践中，基层政府为了尽快完成上级政府"发包"的任务和指标而采取选择性的治理行动。其中，形式主义和营造"面子工程"成为基层政府的重要选择，结果出现富裕村落资源富集而贫穷的村落无人问津的现象。在单向度治理模式的情景中，由于乡村自主治理能力低下，基层政府很难兼顾上级指令执行与基层治理善治的关系。精准扶贫政策推进以来，湖北省在中央确定的扶贫开发目标"两不愁、三保障"的基础上，提出了"九有"目标，其中一条就是贫困村出列必须要有支柱产业且盈利达到 5 万元。然而，CY 县很多农村地处大山深处，村民居住分散，加之村庄青壮年向城市流动，村庄的自主治理能力和承接政府扶贫资源的能力非常有限，根本无力兴办支柱产业。为了保证这些村落能够从贫困村名单出列，基层政府不得已实施应付行为，或者将村庄致富精英创办的合作社以集体资产的名义上报，或者干脆直接由政府部门出资来创办合作社再交给村集体，但后者往往忽略了对市场需求的关照而最终荒废。在合作治理模式的情景中，返乡回流的精英不仅带来了新的经营管理理念，而且将分散的村民凝聚在党组织周围，激活了政府与社会之间的互动机制。

第二，官本位与民众主体地位缺失：科层制逻辑延续的文化基础。官本位是指"官"在政治系统的核心位置，并将是否为官、官职大小作为衡量一个人社会地位高低的价值理念，民众在基层治理行动中扮演边缘角色，成为被动的客体。其一，官本位思想给予个别领导获取社会需求信息以过高期待。在纵向的权力结构运行体制下，自上而下看，权力逐渐缩小而责任愈大，所管辖事务也愈烦琐。基层政府部门及官员与群众有最广泛的联系，能够获取民众最真实的需求信息，但是限于其权限小且向上信息沟通不畅等缘故，社会需求信息不能尽被政府部门的决策所吸纳，才会导致政府决策与需求之间的脱节。在单向度治理模式中，上级政府部门会设计很多指标来考核和监督基层政府部门的工作，但由于不能最广泛获悉基层社会的需求，政府的决策既使得基层政府无力完成，也无法与社会需求接轨。在合作治理的模式中，虽然政府与社会力量并不常态化、无缝隙互动，但是社会需求信息的自上而下的反馈确实为政府部门决策的科学化奠定了基础。其二，"委托—代理"困境弱化了对基层干部行为的监督。在农民组织化低下、农民参与途径不畅通的条件下协调和整合多样化的民众需求需要很高的成本，为了尽快完成任务，一些基层政府部门及工作人员绕开民众直接决策，有些甚至向上传递虚假信息，以此蒙混过关。然而由于政府上下级之间、政府与社会之间信息的不对称性，上级政府部门和民众很难对这些行为进行有效监督和制约。这些行为虽然提高了政府政策的执行效率，却以政策的科学性、适应性和回应性损失为代价。

10.5　乡村振兴中社会治理模式的限度及优化

受政策运作逻辑和乡村社会条件的制约，政府在基层治理中的单向度治理模式和弱合作模式都存在一定的不足，未来需要构建党组织领导下的政府与社会、政府与个体之间无缝隙对接的协同治理模式。

10.5.1　基层社会治理模式的限度

第一，政府信息不完备与多样化社会需求之间的张力。乡村振兴中基层治理精准化的关键条件是信息，而信息不完备导致政府公共决策偏离社会需求。在科层化的官僚体制下，习惯于"自上而下"的公共服务供给逻辑，政府很难全面获取基层最真实的需求信息。同时，基层民众的低组织化也会影响民众与政府的互动,导致政府部门不能获取民众多元化的偏好。另外,公共服务的供给者、生产者和消费者的相互分离导致相互信息不对称。上述三者复合导致基层治理中自律机制与他律机制之间的不协调和冲突,不仅影响了基层治理的绩效,也降低了政府公共服务供给的效率。在单向度治理模式中,受到公共服务供给的科层化逻辑和乡村社会自主性低等因素的影响,基层政府部门和驻村帮扶单位并不能很好地获知各个村庄多样化的需求和民众多元化的偏好,而是将公共产品预设为同质化的,各村按照统一的标准、统一的要求来提供,有时甚至忽略了各个村庄自然环境、人文环境的差异,最终导致政府公共服务和产品的供给是低效的。在合作治理模式中,由于乡村治理精英较强的经营能力和社会资源动员能力,政府与乡村社会之间的互动是较频繁的,政府也更能获取基层社会的需求信息,政府公共产品的供给也更切合基层社会的实际。但是在诸如 HX 村类似的村庄,政府与社会的互动更多地体现为政府与少数治理精英的互动,政府对于基层社会需求的把控是从整体意义上而言的,而对微观层面上个体民众的需求偏好的掌控能力是有限的。因此,需要进一步提升农村社会的自组织水平,促进政府与公众更大范围、更深程度的互动。

第二,政府的选择性治理行动导致资源非均衡分布。自上而下的科层制压力和村庄的自主发展能力是乡村振兴中影响政府部门决策和资源分配的两种力量。一方面,在巨大的行政压力和激烈的府际竞争条件下,基层政府领导干部必须以有限的资源博取政绩,以求仕途获得晋升,资源如何能最大化取得效益是政府部门领导行动的重要偏好。另一方面,自主发展能力较强的村庄更契合政府部门"办高收益的事"的取向。在单向度治理模式的情境中,由于缺乏新型农村精英队伍和"村两委"组织结构涣散,外部注入的社会资源并不能够最大化被用于发展农村社会生产和公共事务治理,反而会流入消费领域。这类村庄在政府帮扶资源的分配中明显处于劣势。在合作治理模式的情境中,由于具备较强的自主发展能力和较高的组织化水平,这类村庄不仅与政府寻求政绩的偏好契合,而且村庄精英本身就具备很强的资源动员能力,可以通过政府和社会等多元化途径寻求支持。其最终结果就会出现富裕的村庄资源大量富集,而穷的村庄无人问津。

10.5.2 基层社会治理模式的优化

第一，强化农村基层社会的自主发展能力是基础。从微观层面看，需要提升民众的自主发展意识。习近平总书记强调，在推进乡村振兴的过程中需要坚持扶贫、扶志与扶智相结合。在大力推进乡村振兴的过程中，少数基层民众中存在着"等靠要"或者已经达到脱贫标准却不想"摘帽"的思想观念，究其原因是少数民众对未来生产生活中的不确定性感到恐惧，乡村振兴中要通过提升这些民众的经营管理能力和务工技能来增加他们的安全感。从中观层面看，需要强化村落的组织化水平，提升村庄的凝聚力。在上文两种典型案例中，村庄青壮年劳动力涌向城市，不仅带走了村落中最优越的人力资源，还消解了乡村社会的社会资本，促使乡村社会网络开始断裂，滞留村落的民众也失去了村落中原有的强社会网络。要推进基层社会的善治，提升基层社会的集体行动能力，吸引外出务工的乡村精英回流，培育乡村社会的经营管理队伍是关键所在。从宏观层面看，需要完善乡村社会的公共生活规则和秩序。随着中国社会由传统的熟人社会向半熟人社会转型，农村社会的个体化趋势越来越明显，加之农村人口向城市的转移导致多元文化价值的冲击，维持乡村社会的传统的价值规范对乡村社会秩序的作用越来越微弱。因此，在乡村振兴的背景下探索基层治理的道路需要在社会主义核心价值观和习近平新时代中国特色社会主义思想的指引下构建乡村社会的公共生活规则。

第二，提升农村基层党组织的领导能力和管理能力是保障。农村基层党组织作为领导乡村公共事务的核心和沟通政社关系的核心纽带在基层治理中发挥着关键作用。其一，以农村社会需求为导向调适基层党组织角色和功能。农村基层党组织发源于社会，天然地具有服务社会的属性。但是在现实中农村基层党组织往往肩负了来自县乡政府的行政事务，在某种意义上会导致政府科层制逻辑延伸到基层。为了重新激发农村基层党组织领导乡村经济社会事务发展、沟通政社关系的作用，需要在维护执政党组织结构整体完整的基础上鼓励基层党组织因地制宜、灵活定位其角色和功能。其二，协调基层党组织与上级党委之间的关系。基层党组织直接面对民众，对基层社会的需求也有最为深刻的感受，赋予基层党组织以自主的行动空间是激发党组织成员工作的重要条件，但是现有的组织管理制度对于基层的激励措施并不是很多。其三，要积极吸纳"懂农业、爱农村、爱农民"的乡村治理精英进入党组织，提升基层党组织的精英管理能力和社会资源动员能力，强化基层党组织的权威性。2018年全国"两会"期间习近平总书记参加山东代表团审议时强调："乡村振兴一方面要发挥好本土人才的作用；另一方面，要通过第一书记、大学生村官、农村工作队等形式筑牢基层党组织。"

第三，建立政府、市场与社会的协作机制。在乡村振兴过程中，无论是政府、市场还是社会都无法完全满足基层治理的所有需求。在村庄扶贫开发的过程中，国家自上而下确立了企事业单位对口帮扶、政府工作人员结对帮扶的机制，并创制相应的指标体系对上述主体的工作绩效进行考核。然而，调查发现无论是驻村帮扶工作队、"第一书记"，还是乡镇驻村干部基本缺乏化解乡村社会矛盾、引领乡村经济发展的能力。这些外部嵌入的主体要么自解腰包给被帮扶者以资助，要么所提供的帮扶措施与农户的需求相去甚远。有些驻村帮扶单位由于无法准确把握市场发展行情，虽然投入了大量资源来发展乡村经济，但是最终并不被市场所青睐。因此，在基层治理实践中政府应当践行专业化的工作思维：在经济发展领域，政府应当在向乡村注资盘活资本市场和改善乡村基础设施的基础上，吸引企业和社会资本进入村庄，发展乡村生产；在乡村公共事务治理和矛盾化解领域，除了要做强"村两委"班子，还需要政府以购买公共服务的形式吸纳社工组织等参与乡村治理。

第 11 章　研究结论与进一步讨论

11.1　基本结论

建立健全可持续的反贫困机制、有效解决贫困问题，不仅是全面建成小康社会的根本要求，也是乡村振兴伟大战略的重要基础。在中国特色的贫困治理体系中，产业扶贫作为脱贫的根本之策已经取得了有目共睹的成绩，然而其贫困治理仍然面临着诸多困境，尤其是在贫困治理和产业发展方面，一直存在着难以消解的张力，突出表现为产业扶贫中政府、企业、社会和农民四大主体之间的非均衡关系，即政府主导的、企业与社会参与不足的、农民组织化程度较低的产业扶贫模式。政府内部支配服从、政企竞争与博弈、政社行政控制与被动参与、企社自主组合、农民组织化程度低是产业扶贫中四大主体非均衡关系的具体表现，正是这种非均衡关系导致产业扶贫中政府内部治理碎片化、企业扶贫不可持续、社会主体参与不足以及企社利益矛盾与道德冲突。而破解产业扶贫效果不理想难题的关键在于使产业扶贫四大主体之间的非均衡关系转变为协同关系，本书基于 L 县的产业扶贫经验，从协同结构、协同过程、协同环境三个结构维度，具体从理念、制度、组织、技术四个层面要素，对破解产业扶贫参与不足的治理困境进行了多元主体协同治理模式的构建，初步形成了对实现政府内部的良性互动机制、政企合作共赢机制、政社有序参与机制以及企社的有效联动机制的系统讨论，有助于推动政府、企业、社会和农民协同治理的大扶贫格局建设。

11.1.1　理解产业扶贫困境的重要维度

产业扶贫中，由于政府、企业、社会和农民四大主体不同的行为逻辑

（政治性逻辑、市场性逻辑与社会性逻辑）造成四者之间的非均衡关系，这种非均衡关系严重影响了产业扶贫的治理效果。其一，政府内部的"支配服从"关系。产业扶贫中的政府内部在压力型体制下遵循科层制逻辑，围绕扶贫政策目标在上下级政府和同级政府之间形成一种"支配服从"的非均衡关系。在"支配服从"的政策执行逻辑，容易导致部门间政策执行的机械化，而在产业扶贫的实践运行中由于上下级部门之间或者同级部门之间的目标差异，以及产业政策的区域性制度环境差异，容易导致政策目标冲突和执行过程随意化与碎片化，尤其在产业扶贫实施中会导致扶贫政策机械化政策执行或者政策执行梗阻与偏差，而难以实现产业扶贫政策目标。其二，政企之间的"竞争与博弈"关系。在产业扶贫实践中，政府往往通过捕获市场精英、金融政策利诱、综合政策的帮扶等措施吸引涉农企业进行投资生产。政府主导的多元政策和措施的确有利于涉农企业的发展壮大，客观上为企业的发展提供了一系列优惠条件和契机。但是企业在参与扶贫的过程中，不得不承担企业的社会责任，将产业经营的部分利益分享给贫困地区及其人口，而这与企业的市场逻辑相违背。因此，企业在参与扶贫的过程中存在着竞争与博弈关系，政府希望企业承担更多社会责任，而企业为了生存和发展争取从扶贫中"退场"，造成产业扶贫的不可持续性。其三，政社之间的行政控制与参与不足。政府一元化的产业扶贫中，对农村社会的单线控制思维一直占据政府行动的核心位置，这也导致产业扶贫中社会主体的话语权和主体地位一直不够明显。因此，在农村产业扶贫推进中存在着双轨动力源机制：一种是行政主导的社会治理逻辑和基层社会自主治理逻辑，这两种运行逻辑的冲突与矛盾导致产业扶贫脆弱性与社会主体参与不足的弊端。其四，企社之间的利益竞争与道德冲突。产业扶贫中，市场性原则与社会道德的背离造成企业与社会各自为政的局面，这种各自为政既体现为相互围绕利益的竞争，更重要的是在利益与道德的抉择中呈现背离的倾向，当然，这种背离更多的是生成市场利益性对社会道德性的替代。与此同时，市场和社会不同主体之间也蕴含着多元张力，这种张力虽然在地方政府普遍的利益刺激之下都趋向于扶贫实践，但对各自利益的追求有可能产生分利倾向而不愿意在产业扶贫中进行有效的合作。

11.1.2 政府主导：实现中国协同治理理论创新的基本出发点

协同治理的理论起源于西方，它要求政府与企业、政府与社会组织不同主体之间，是平等合作的相互对等关系，其运行机制主要是对话协商，对象是公共事务的治理，目标是公共利益最大化。协同治理的行动者包括公民个体、组织化的群体、社会组织和政府组织等①。从理念上看，随着西方单一依靠市场和社会主导贫困治理出现的问题，政府成为扶贫中必不可少的因素。当前中外研究基本形成了共识：在贫困治理过程中，政府、企业和社会组织，包括个人，其治理过程中的身份和地位需要得到保护和尊重，即要形成治理的多样化的权威。权威的多样化能够使得各方优势得以发挥，但同时，不能忽视的是，它也是产业扶贫中主体冲突产生的根源。因此，当这一理论被应用到中国的具体实践中时，我们发现多元权威的确立并不能切实解决中国产业扶贫问题，反而使得自上而下的强力推动的扶贫政策出现利益冲突，甚至是无序竞争。中国特色社会主义的最大优势在于中国共产党的领导，贫困治理中政府是党的政策的忠实的执行者，这种制度优势通过政府作用的发挥充分体现。因此，中国政府成为脱贫攻坚的自主主体，来自党和政府的初心和宗旨。正如习近平总书记所指出的，"全面建成小康社会、实现第一个百年奋斗目标，最艰巨的任务是脱贫攻坚，这是一个最大的短板，也是一个标志性指标。我们中国共产党人从党成立之日起就确立了为天下劳苦人民谋幸福的目标。这就是我们的初心"②。因此，我们既要考虑到政府一元化控制下的产业扶贫产生的非均衡问题，但同时也要考虑到政府在协同治理中的主导作用。也就是说，对于中国的协同治理来说，问题的关键在于如何在政府主导下充分发挥市场型经营主体和社会型经营主体的作用。所以，就协商治理理论在中国的运用而言，产业扶贫过程中，政府的作用不仅是贯穿于三大主体之中的，而且对三者之间的均衡关系的确立有着举足轻重的影响。本书的分析也可以发现，我们在讨论政府、企业和社会

---

① 杨华锋. 协同治理的行动者结构及其动力机制 [J]. 学海，2014（5）.
② 《在中央政治局常委会会议审议〈关于二〇一六年省级常委和政府扶贫开发工作成效考核情况的汇报〉时的讲话》（2017年3月23日）.

三者协同关系的过程中,无论是政府内部协同关系的协调,政府对社会作用的引导,政府对企业"自利性"的制约还是企业与社会关系的规范都无不体现着政府核心的核心引导作用。因此,建立在中国扶贫实践上的协同创新理论,要注重对党领导下政府有效作用的考察,这是超越西方协同治理理论确立中国协商治理理论的基本出发点。

11.1.3 政民协同:产业扶贫的重要路径

产业扶贫的重点对象是贫困的农民或农户,农民的积极参与不仅影响产业扶贫的效果,也会影响产业扶贫的实现路径。农民参与产业扶贫的方式有多重选择,但是,在市场经济深入发展的大背景下,传统的"小农户"如何适应"大市场"以及如何在"大市场"中占据有利地位,是一个非常重要的问题。而农民组织化,正是解决"大市场"与"小农户"力量失衡的一个重要举措。因此,本部分站在农民组织化的角度来探讨产业扶贫的实践路径与实践效果。本部分在理论分析的基础上,利用来自全国10个省份875份农民的调查数据,采用因子分析法和二元Logistics回归模型,实证分析农民组织化的反贫困效应,并利用倾向得分匹配方法对结果的稳健性进行检验。结果表明:农民组织化取得了一定成效,但组织化的总体水平不高;农民组织化有显著的反贫困效应,但这种效应主要来自农民的组织参与广度,而不是组织参与深度;农民组织参与广度对农民贫困的影响,主要来自经济组织参与广度,而不是政治组织和社会组织参与广度。不同性别、年龄、教育年限、健康状况、所在地区以及村民互动情况的农民贫困概率,有显著差异。因此,有效治理农民贫困问题,应大力推进农民的组织化发展,而着力点应该在于各种专业经济组织;农村扶贫的重点人群是女性、30—59岁、健康状况较差、西部地区和村民互动情况较差地区的农民。

11.1.4 土地参与:产业扶贫的资源载体

土地是农村地区最宝贵的自然资源,整合农村土地资源是产业扶贫的重要资源载体。而整合农村土地资源的关键抓手是促进农村地区土地流转,土地流转是农业适度规模经营的前提和基础,在坚持土地自愿流转原则下,农村老年人的土地流转意愿对适度规模经营起着决定性作用。本部分基于 12 个省 36 个县 1185 份基层调查数据,从农村老年人土地转出意愿的角度,采用二元 Logistics 回归模型和描述性统计分析方法,实证考察了农村地区适度规模经营的可能性及其实现路径。实证研究结果表明,在农村人口老龄化加速发展背景下有,47% 的农村老年人愿意转出土地以及健康状况与农村老年人土地转出意愿的显著关系,预示着农村土地的适度规模经营不仅是可能的,而且是农村地区亟待解决的战略任务。优先解决农村老年人的"基本生存"问题,是促进农村老年人放弃土地经营权、实现适度规模经营的第一步,而提高农村老年人的土地流转收益,才能够让他们"心甘情愿"地放弃土地经营权。改善农村代际关系、提高土地流转价格、增加老年人转移收入,将对促进农村土地流转、实现适度规模经验起到积极作用。优先促进 70—79 岁和 80 岁以上农村老年人转出土地,积极促进东部地区和村庄距离较近农村老年人转出土地,将起到事半功倍的效果。

11.1.5　产业扶贫中的多元协同治理模式

基层产业扶贫政策的实施过程中,政府、企业、农户三股力量如何接洽?三者之间的协同运作机制如何实现?针对文章的这一基本问题,基于 L 县的实践经验,通过结构—过程—环境三个维度的具体分析,笔者总结了产业扶贫的多元协同的可能模式(见图 11-1)。

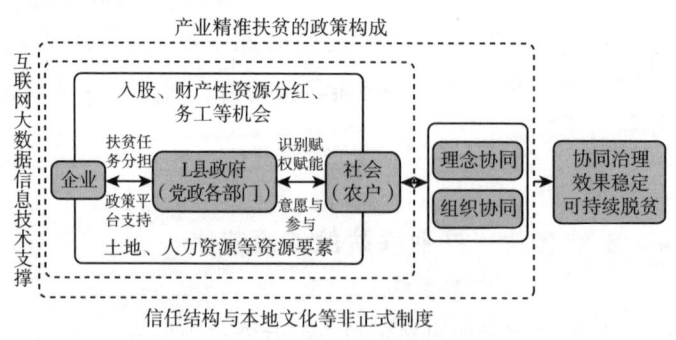

图 11-1　产业扶贫多元协同治理模式

由图 11-1 可以看出，在产业扶贫的协同实践中，L 县政府协调了党政关系，统筹了各个部门之间的关系，实现了由主导者角色向引导者、服务者与监管者的角色转变。一方面引导企业和贫困农户参与到产业发展中来，另一方面，也对企业和农户的行为进行规范和监管，确保农产品的市场规范与利益的有效分配，并最终统筹到产业发展与可持续脱贫致富的共同目标上来。而各合作企业在自利性动机驱使与社会道德责任两种逻辑下展开行为博弈，往往会在贫困地区的政策和资源优势的激励下，在权衡利益得失之后做出了一定程度的妥协，与农户关系实现了从利益争夺者到利益共享者的转变。而农户，尤其是贫困农户，在政府与企业帮扶的场域中，经过动员、培训以及身边人的示范效应，参与产业发展的意愿不断被激发，主动性也不断增强，实现了从被动脱贫到主动脱贫的观念转变和从成果共享者到协同共建者的角色转化。最终，在主体角色的嬗变基础上，"企业—政府—农户"三元主体形成了良性协作关系架构。

具体而言，通过对每一种协同结构状态的过程和环境要素分析，我们可以形成如下总结：首先，从协同环境来看，协同治理作为一种治理行为，其运行和维系都嵌套在特定的环境之中。产业扶贫的协同实践也发生在特定的政策和文化结构中。L 县的产业扶贫协同实践中，以"互联网+"为标识的信息技术为多主体协同提供了一个独特的场景，也同时构成了协同的技术条件。正是通过互联网平台的搭建，各主体之间才突破信息壁垒，更大程度上实现信息共享，而且，同为环境要素的正式制度安排与非正式规则，也通过信息技术被有效整合到平台上，植入产业扶贫实践的过程。换言之，正式的制度安排、非正式信任关系以及技术力量的嵌入共同构成了产业扶贫协同推进的社会网络环境。

其次，在协同过程方面，理念上，政府主体从管理为主转变为服务监管为主，树立服务型政府的理念；而企业主体则从利益竞争的理念中摆脱出来，合作共赢、利益分享的经营理念将促使企业发展更可持续，获得更为长远的回报；作为农户，理念上接纳企业，接纳新技术，贫困户能够破除等靠要思想，在政府的引导、宣传教育之下，能够树立贫困治理的主体理念，共建共享共赢，理念协同是协同过程顺利推进的重要基础。

最后，组织协同层面，政府需要有效整合其内部各部门的项目资源，精准识别贫困户,动员其组织起来,形成建设的基础底色,即把基本设施、基本服务的平台建起来,在进一步协调主体间利益和责任分担的基础上,引入企业,引导促成企业与贫困户及其所在社会经济组织的合作,实现企业获利、农户与基层社区获益,即企业通过政策优惠以及土地和劳动力资源的优势,在市场竞争中获利,而农户及所在社区由于实现了就业、资源入股分红等,也实现了稳定脱贫,政府则实现了其贫困治理的目标,形成了协同多赢的局面。当然,作为组织过程,要确保资源和利益的协同整合有序展开,监管机制是协同社会治理不可或缺的部分,监管的核心在于用人和事以及权力使用的制度化约束。产业扶贫是一个复杂的系统性工程,其实施推进涉及多主体、多环节,项目结构与协同过程都非常复杂,设计有效的监管制衡机制,对多主体协同推进产业项目的实施以及后续收益分红等环节进行约束和控制,以保证合力作用的充分发挥和协同过程的持续运行,显然是非常必要的。

11.2 研究发现的意义与政策启示

本书讨论了产业扶贫中政府内部、政企、政社、企社、政民五大关系,并基于理念、制度、组织、技术、土地五大要素,尝试构建了四大主体之间的协同治理机制。相应的研究发现具有如下四个方面的积极意义:

第一,提升了产业扶贫的内涵。首先,社会协同治理视角下的产业扶贫,不仅仅是暂时地解决贫困农户的现有经济困难,而是要在产业发展的内生性基础上,稳定可持续地实现贫困户的脱贫,这在返贫目标的层次上是一个提升;其次,协同治理理论内在强调在产业扶贫中的多主体协同,这就意味着产业扶贫突破了原有的单一化政府主导意涵,而在更为广泛的参与意义上实现包容性的发展;再次,产业扶贫的社会协同治理,还表达着社会治理的深层意义。社会治理意味着社会资源的创造与再分配,这与更为宏观的精准扶贫的深层次目标不谋而合。产业扶贫作为一项社会治理,也是对贫困地区资源的综合配置及管理能力的整体提升,达成贫困地区公平性认知与行动的一场社会变革。换言之,多主体协同的产业扶贫从根本意义上来讲不仅是发展产业,也同时建构一种更为合理的社会关系,协调不同区域、区域内不同地区、地区内不同群体的资源占有率，通过更加适应市场的方式整合资源，最终让贫困地区的民众共享改革发展的成果，实现社会公平。

第二，深化了对产业扶贫的认知。一方面，我国的贫困面大、贫困群体复杂、地区间差别大，形成了多个特点鲜明的集中连片特困区域，而且贫困治理至今，留下的都是难啃的硬骨头，传统的反贫困方式已然很难适应新的形势，更需要上下结合、内外互动、多方协调的方式激活内部活力，共同构建多主体参与的大扶贫格局。也就是说，既要广泛动员聚集各种资源介入扶贫事业，又要实现主体间的协调，避免急功近利，项目重复设置，造成资源浪费和参与不足以及企业争利等治理困境。另一方面，减贫对象的脱贫致富不仅需要外部的输血，更重要的是激活贫困群体的内源性发展动力，实现"主体+客体"的合作参与型贫困治理，实现"外助内应"式发展。

第三，拓展了产业扶贫研究的深度。产业扶贫问题涉及很多方面，产业扶贫不仅需要政府、企业、社会和农民四个主体的协同，深入研究四个主体之间的协同机制，还要深入分析产业扶贫的实践效果，本书不仅从农民组织化的角度，探讨了农民组织化的反贫困效应，还从典型案例入手，系统总结了中国产业扶贫典型案例的实践模式及其发展成效，以及产业扶贫发展中的实践困境，这不仅有助于全面了解产业扶贫相关问题，还将对有效提升产业扶贫的实践效果起到重要的积极作用。本书的研究，理论与实证相结合，不仅深化了产业扶贫问题的研究深度，还拓宽了产业扶贫问题的研究视域和内容。

第四，丰富了产业扶贫的研究视角。产业扶贫的实践效果，受到诸多因素的影响。本书站在协同治理的角度，审视产业扶贫的治理机制与治理效果。本书的协同治理，不是某两个主体的协同问题，而是站在农村土地的资源载体，把政府、企业、社会组织、农民四个主体之间的协同作为产业扶贫的重要治理机制来加以探讨。这不仅丰富了产业扶贫的研究视角，而且丰富了产业扶贫的研究内容，使得本书的研究内容更加全面、研究框架更加立体，为提升产业扶贫的效果提供了重要启发。

根据以上研究，本书认为要实现多主体协同的有效治理，需要遵循以下思路：第一，推动产业扶贫，要充分调动多元主体的有效参与，具体而言就是要充分发挥好各个主体的优势，同时又能制衡各自的不足。即依托政府的行政权威和政策支持，利用企业的市场运作功能，调动农户自身的能动力量，从而激发县域经济发展的内源性动力,实现可持续脱贫。第二,产业扶贫协同推进过程中,应充分重视推动政府、企业、农户三者角色的嬗变。政府由主导者变成引导者和协调监管者,市场由争利者变成利益共享者,而农户也由被动分享成果发展到主动参与建设。第三,要明确价值目标、逐步建立信任关系,为此就需要在资源的有效配置、利益的合理分配和监管的落实方面制度化和规范化。由此,推动社会政策环境变化,充分利用互联网平台实现高效的信息交互是非常必要的。第四,要提升农民的组织化程度。实证分析结果表明,农民的组织化具有显著的反贫困效应,提升农民的组织化程度,优化农民的组织化结构,对促进产业扶贫、提升产业扶贫效能意义重大。

11.3 进一步的讨论

在实践操作上,虽然基于 L 县产业扶贫协调治理的经验研究为其他连片特困地区产业扶贫提供了参考样本,但基于县域环境条件和经济社会发展的多样性和差异性,不同县域的产业发展会因不同的自然环境和社会资本的影响而有所不同,产业扶贫的协同推进仍需因地制宜,在实现多主体价值目标的协同过程中,不断创新和深化产业扶贫本土化的协同模式。另外,产业扶贫的协同治理模式如何与后续展开的乡村振兴伟大战略实践相统一,也是需要进一步探讨的重要问题。

在理论贡献上,社会协同治理理念在推动产业扶贫发展的同时,多主体参与也可以为产业发展提供更多的思路、承担更多的责任、发挥更为重要的作用,丰富了产业扶贫的实践形式和策略。作为一项研究,在理论研究层面上也取得了一定的进展:既有的研究主要从结构—过程维度加以认识,而本书引入了环境维度,并且在各维度的分析要素层面,深化了其构成。结构层面拓展讨论了政府内部的协同问题,在过程维度则总结了理念和组织的相关因素,比如在组织要素方面,具体结构化为资源整合与资源配置、利益联结与利益分配、监督管理与绩效考核三组对应范畴等。但整体上看,本书侧重于对协同组织系统内部结构方面的研究,而在结合中国的扶贫实践,从中西理论对比的角度,促进中国协同创新理论的系统化仍是需要进一步研究的课题。

在经验研究上，本书基于全国 10 个省份的调查数据，从农民组织化的角度，实证分析了农民组织化的反贫困效应，尽管这个分析并不全面，但是，产业扶贫中农民参与问题始终是一个绕不开的重要话题，而且农民的组织化参与也是传统小农应对现代大市场的必然选择。产业扶贫本身就是一个产业组织问题，而农民的组织化是产业组织问题的内核。从农民组织化的角度来反映产业扶贫某一方面的成效，具有一定的合理性。但是，产业扶贫的成效不应该仅仅局限于农民组织化的角度，还有很多其他角度有待挖掘，比如第一书记带领下的产业扶贫，乡村乡贤、农村精英带领下的产业扶贫等，这些都是值得深入探讨的议题，有待进一步完善。

在数据选取上，本书选取两个时点的调查数据，一是来自 2012 年全国 10 个省份所做的"农村劳动与社会保障问题"千户农民问卷调查，二是来自 2016 年由中南财经政法大学社会政策研究所组织的全国 12 个省 36 个县的"农村老年人养老保障现状与期望"问卷调查。尽管两次调查，都采取经验分层和系统随机抽样方法收集调查数据，并把调查地区较为合理地分布在东中西部三个地区，其中 2012 年的调查数据中，东部地区有三个省份（江苏、浙江、山东），中部地区四个省份（河南、湖北、湖南、安徽），西部地区三个省份（陕西、四川、贵州）；2016 年的调查，东部地区三个省份（山东、福建、江苏），中部地区五个省份（湖北、河南、山西、安徽、广西），西部地区四个省份（贵州、甘肃、四川、陕西）。这两个数据的抽样方式和样本地区分布，尽管已经考虑到调查数据的代表性问题，但是由于调查数据并不是严格按照随机抽样的方式进行的，那么，调查数据的代表性仍然会存在一定的问题，同时，调查时点不同，反映的问题也具有一定的时滞效应，本书"经验研究"部分的实证分析结果，仍需要后续的跟踪调查研究进一步验证、深化和完善。

参考文献

一、著作类文献

[1] [德] 马克斯·韦伯. 经济与社会（上卷）[M]. 林荣远, 译. 北京: 商务印书馆, 1997.

[2] [德] 赫尔曼·哈肯. 协同学: 大自然构成的奥秘 [M]. 凌复华, 译. 上海: 上海译文出版社, 2005.

[3] [德] 黑格尔. 法哲学原理 [M]. 范扬, 张企泰, 译. 北京: 商务印书馆, 2009.

[4] [德] 马克思恩格斯选集, 第1卷 [M]. 北京: 人民出版社, 1995.

[5] [德] 马克思恩格斯选集, 第3卷 [M]. 北京: 人民出版社, 2002.

[6] [德] 马克思恩格斯选集, 第4卷 [M]. 北京: 人民出版社, 1972.

[7] [德] 赫尔曼·哈肯. 协同学: 大自然构成的奥秘 [M]. 凌复华, 译. 上海: 上海世纪出版社, 2013.

[8] [美] 埃莉诺·奥斯特罗姆. 公共资源的未来——超越市场失灵和政府管制 [M]. 北京: 中国人民大学出版社, 2015.

[9] [美] 查尔斯·蒂利. 强制、资本和欧洲国家（公元990–1992年）[M]. 魏洪钟, 译. 上海: 上海人民出版社, 2007.

[10] [美] 詹姆斯·N·罗西瑙. 没有政府的治理 [M]. 张胜军, 刘小林, 译. 江西人民出版社, 2001.

[11] [美] 迈克尔·P·托达罗. 经济发展与第三世界 [M]. 印金强, 赵荣美, 译. 北京: 中国经济出版社, 1992.

[12] [印] 阿马蒂亚·森. 贫困与饥荒: 论权利与剥夺 [M]. 王宇, 王文玉, 译. 北京: 商务印书馆, 2001.

[13] [印] 阿马蒂亚·森. 以自由看待发展 [M]. 任赜, 于真, 译. 北京: 中国人民大学出版社, 2002.

[14] [英] 弗里德利希·冯·哈耶克. 自由秩序原理 [M]. 邓正来, 译. 上海: 三联书店, 1997.

[15] [英] 瓦尔·卡尔松等. 天涯成比邻 [M]. 北京: 中国对外翻译出版公司, 1995.

[16] [英] 卡尔·波兰尼. 大转型: 我们时代的政治与经济起源 [M]. 冯钢, 译. 杭州: 浙江人民出版社, 2007.

[17] [英] 格里·斯托克. 作为理论的治理: 五个论点 [J]. 国际社会科学 (中文版), 1999.

[18] 曹健, 张一方. 社会协同学 [M]. 北京: 科学出版社, 2000.

[19] 蔡拓. 全球治理概论 [M]. 北京: 北京大学出版社, 2016.

[20] 邓小平文选, 第3卷 [M]. 北京: 人民出版社, 1993.

[21] 费孝通. 乡土中国 [M]. 上海: 上海人民出版社, 2006.

[22] 陆汉文, 黄承伟. 中国精准扶贫发展报告 (2018). 稳定脱贫的深层挑战与有效途径 [M]. 北京: 社会科学文献出版社, 2018.

[23] 刘尔思. 创新产业扶贫机制——产业链建设与贫困地区经济发展研究 [M]. 北京: 中国财政经济出版社, 2007.

[24] 荣敬本, 崔之元等. 从压力型体制向民主合作体制的转变——县乡两级政治体制改革 [M]. 北京: 中央编译出版社, 1998.

[25] 宋惠昌. 当代意识形态研究 [M]. 北京: 中共中央党校出版社, 1993.

[26] 孙中一. 耗散结构论·协同论·突变论 [M]. 北京: 中国经济出版社, 1989.

[27] 山东大学政治经济学系政治经济学教研室资料室合编. 马克思主义关于无产阶级贫困化理论的部分论述 [M]. 1979.

[28] 吴毅. 小镇喧嚣: 一个乡镇政治运作的演绎与阐释 [M]. 上海: 生活·读书·新知三联书店, 2018.

[29] 张康之. 行政伦理的观念与视野 [M]. 北京: 中国人民大学出版社, 2008.

[30] 张静. 法团主义 [M]. 北京: 中国社会科学出版社, 2005.

[31] 张小劲, 景跃进. 比较政治学导论 [M]. 北京: 中国人民大学出版社, 2008.

[32] 王先明. 近代绅士 [M]. 天津: 天津人民出版社, 1997.

［33］十八大以来重要文献选编（中）［M］.北京：中央文献出版社，2016.

［34］十八大以来重要文献选编（下）［M］.北京：中央文献出版社，2018.

［35］习近平.在深度贫困地区脱贫攻坚座谈会上的讲话（2017年6月23日）［M］.人民出版社单行本，2017.

［36］俞可平.论国家治理现代化［M］.北京：社会科学文献出版社，2015.

［37］俞可平.治理与善治［M］.社会科学文献出版社，2000.

［38］中共中央党史和文献研究室.习近平扶贫论述摘编［M］.北京：中央文献出版社，2018：50，58，83.

二、期刊类文献

［1］Michael Carter，姚洋.工业化、土地市场和农业投资［J］.经济学（季刊），2004（3）.

［2］包宗顺，徐志明，高珊等.农村土地流转的区域差异与影响因素［J］.中国农村经济，2009（4）.

［3］曹建华，王红英，黄小梅.农村土地流转的供求意愿及其流转效率的评价研究［J］.中国土地科学，2007（5）.

［4］陈成文，陈建平.社会组织与贫困治理：国外的典型模式及其政策启示［J］.山东社会科学，2018（3）.

［5］陈成文，赵锦山.农村社会阶层的土地流转意愿与行为选择研究［J］.湖北社会科学，2008（10）.

［6］陈恩.产业扶贫为什么容易失败？——基于贫困户增能的结构性困境分析［J］.西北农林科技大学学报（社会科学版），2019（4）.

［7］陈会广，张耀宇.农村妇女职业分化对家庭土地流转意愿的影响研究——基于妇女留守务农与外出务工的比较［J］.南京农业大学学报（社会科学版），2014（4）.

［8］陈建甫.全球化下的新乡村权力关系：乡村治理的内涵与行动策略［R］台北：台湾乡村社会学会九十二年年会，2003.

［9］陈剑波.农地制度：所有权问题还是委托—代理问题？［J］.经济研

究，2006（7）.

[10] 陈娜. 论思想共识凝聚的本质［J］. 思想理论教育，2018（12）.

[11] 陈思. 产业扶贫为什么容易失败［J］. 西北农林科技大学学报（社会科学版），2019（4）.

[12] 陈忠言. 产业扶贫典型模式的比较研究——基于云南深度贫困地区产业扶贫的实践［J］. 兰州学刊，2019（5）.

[13] 程同顺，黄晓燕. 中国农民组织化问题研究：共识与分歧［J］. 教学与研究，2003（3）.

[14] 邓维杰. 精准扶贫的难点、对策与路径选择［J］. 农村经济，2014（6）.

[15] 方劲. 合作博弈：乡村贫困治理中政府与社会组织的互动关系——基于社会互构论的阐释［J］. 华中农业大学学报（社会科学版），2018（3）.

[16] 冯朝睿. 多中心协同反贫困治理体系研究——以滇西北边境山区为例［J］. 西北人口，2016（4）.

[17] 葛志军，邢成举. 精准扶贫：内涵、实践困境及其原因阐释——基于宁夏银川两个村庄的调查［J］. 贵州社会科学，2015（5）.

[18] 官留记. 政府主导下市场化扶贫机制的构建与创新模式研究——基于精准扶贫视角［J］. 中国软科学，2016（5）.

[19] 顾昕. 贫困度量的国际探索与中国贫困线的确定［J］. 天津社会科学，2011（1）.

[20] 郭晓鸣，廖祖君，张耀文. 产业链嵌入式扶贫：企业参与扶贫的一个选择——来自铁骑力士集团"1+8"扶贫实践的例证［J］. 农村经济，2018（7）.

[21] 何国俊，徐冲. 城郊农户土地流转意愿分析——基于北京郊区6村的实证研究［J］. 经济科学，2007（5）.

[22] 何吉多，田杰. 公共危机协同治理中的社会资本研究［J］. 行政与法，2008（1）.

[23] 何凌霄，南永清，张忠根. 农业劳动力老龄化是否必然导致家庭农业经营收益下降？——基于村公共品供给的视角［J］. 南京农业大学学报（社会科学版），2016（2）.

[24] 何植民, 陈齐铭. 精准扶贫的"碎片化"及其整合：整体性治理的视角 [J]. 中国行政管理, 2017 (10).

[25] 贺林波, 谢美娟. 产业精准扶贫的剩余控制权冲突及治理 [J]. 华南农业大学学报（社会科学版）, 2019 (4).

[26] 贺雪峰. 保护小农的农业现代化道路探索——兼论射阳的实践 [J]. 思想战线, 2017 (2).

[27] 贺雪峰. 论农地经营的规模——以安徽繁昌调研为基础的讨论 [J]. 南京农业大学学报（社会科学版）, 2011 (2).

[28] 胡鸣铎. 政府部门与非政府部门贫困治理合作机制研究——以社会主义新农村为视角 [J]. 河北经贸大学学报, 2013 (4).

[29] 胡守勇. 共享发展视角下产业扶贫的问题及长效机制建设 [J]. 湖南社会科学, 2018 (2).

[30] 胡振光, 向德平. 参与式治理视角下产业扶贫的发展瓶颈与完善路径 [J]. 学习与实践, 2014 (4).

[31] 黄承伟, 邹英等. 产业精准扶贫：实践困境和深化路径——兼论产业精准扶贫的印江经验 [J]. 贵州社会科学, 2017 (9).

[32] 黄春蕾. 我国生态环境公私合作治理机制创新研究——"协议保护"的经验与启示 [J]. 理论与改革, 2011 (5).

[33] 黄德林, 陈宏波. 协同治理：创新节能减排参与机制的新思路 [J]. 中国行政管理, 2012 (1).

[34] 黄冬娅. 企业家如何影响地方政策过程：基于国家中心的案例分析和类型建构 [J]. 社会学研究, 2013 (5).

[35] 江远山, 郝宇青. 政企关系，地方性共生与中国的经济奇迹 [J]. 华东师范大学学报（哲学社会科学版）, 2018 (1).

[36] 蒋永甫, 龚丽华, 疏春晓. 产业扶贫：在政府行为与市场逻辑之间 [J]. 贵州社会科学, 2018 (2).

[37] 焦玉良. 鲁中传统农业区农户土地流转意愿的实证研究 [J]. 山东农业大学学报（社会科学版）, 2005 (1).

[38] 解亚红. "协同政府"：新公共管理改革的新阶段 [J]. 中国行政管理, 2004 (5).

[39] 金江峰. 产业扶贫何以容易出现"精准偏差"——基于地方政府能力视角 [J]. 兰州学刊, 2019 (2).

[40] 金媛, 王世尧. 政府脱贫目标与农户行为选择偏差——理论与产业扶贫项目的经验证据 [J]. 财经研究, 2019 (6).

[41] 康晓光, 韩恒. 分类控制: 当前中国大陆国家与社会关系研究 [J]. 社会学研究, 2005 (6).

[42] 乐章, 刘二鹏. 家庭禀赋、社会福利与农村老年贫困研究 [J]. 农业经济问题, 2016 (8).

[43] 乐章, 许汉石. 小农组织化与农户组织参与程度研究 [J]. 中国人口·资源与环境, 2011 (1).

[44] 乐章. 反贫困与社会发展: 关于农村扶贫开发的一个实证分析 [J]. 中南财经政法大学学报, 2005 (1).

[45] 乐章. 农民土地流转意愿及解释——基于十省份千户农民调查数据的实证分析 [J]. 农业经济问题, 2010 (2).

[46] 李博, 左停. 精准扶贫视角下农村产业化扶贫政策执行逻辑的探讨——以Y村大棚蔬菜产业扶贫为例 [J]. 西南大学学报 (社会科学版), 2016 (4).

[47] 李放, 赵光. 现阶段农村养老保险制度能有效提高农民土地流转意愿吗？——来自江苏沭阳县30镇49村的初步证据 [J]. 南京农业大学学报 (社会科学版), 2012 (4).

[48] 李汉卿. 协同治理理论探析 [J]. 理论月刊, 2014 (1).

[49] 李浩, 余志刚. 基于北安市145户农民的土地流转意愿与规模化经营的实证研究 [J]. 经济研究导刊, 2015 (24).

[50] 李金龙, 周宏骞, 史文立等. 多中心治理视角下的长株潭区域合作治理 [J]. 经济地理, 2008 (3).

[51] 李鹍, 叶兴建. 农村精准扶贫: 理论基础与实践情势探析——兼论复合型扶贫治理体系的建构 [J]. 福建行政学院学报, 2015 (2).

[52] 李小云, 唐丽霞, 许汉泽. 论我国的扶贫治理: 基于扶贫资源瞄准和传递的分析 [J]. 吉林大学社会科学学报, 2015 (4).

[53] 李小云. 我国农村扶贫战略实施的治理问题 [J]. 贵州社会科学,

2013 (7).

[54] 李雨, 王全忠, 周宏. 产业帮扶对农户脱贫及减贫效果稳定性的影响研究 [J]. 经济地理, 2019 (4).

[55] 李正图, 李明忠. 中国农村土地制度变迁与贫困的消除: 两个三十年之比较 [J]. 学术月刊, 2009 (8).

[56] 李志萌, 张宜红. 革命老区产业扶贫模式, 存在问题及破解路径——以赣南老区为例 [J]. 江西社会科学, 2016 (7).

[57] 李志平. "送猪崽"与"折现金": 我国产业精准扶贫的路径分析与政策模拟研究 [J]. 财经研究, 2017 (4).

[58] 梁晨. 产业扶贫项目的运作机制与地方政府的角色 [J]. 北京工业大学学报 (社会科学版), 2015 (5).

[59] 梁栋, 吴惠芳. 农业产业扶贫的实践困境、内在机理与可行路径——基于江西林镇及所辖李村的调查 [J]. 南京农业大学学报 (社会科学版), 2019 (1).

[60] 林闽钢, 陶鹏. 中国贫困治理三十年回顾与前瞻 [J]. 甘肃行政学院学报, 2008 (6).

[61] 林善浪, 张丽华. 农村土地转入意愿和转出意愿的影响因素分析——基于福建农村的调查 [J]. 财贸研究, 2009 (4).

[62] 刘风, 向德平. 贫困治理中政府与社会组织关系的变迁及走向 [J]. 中国农业大学学报 (社会科学版), 2017 (5).

[63] 刘光英, 王钊. 多维贫困视角下土地流转的减贫效应及机制研究——基于中国家庭追踪调查 (CFPS) 微观数据的实证 [J]. 农村经济, 2020 (12).

[64] 刘军强, 鲁宇, 李振. 积极的惰性——基层政府产业结构调整的运作机制分析 [J]. 社会学研究, 2017 (5).

[65] 刘娜, 骆欣庆. 政府与企业协同扶贫机制研究 [J]. 经济纵横, 2007 (9).

[66] 刘清春, 王铮. 中国区域经济差异形成的三次地理要素 [J]. 地理研究, 2009 (2).

[67] 刘生龙, 李军. 健康、劳动参与及中国农村老年贫困 [J]. 中国农

村经济，2012（1）．

[68] 刘同山，牛立腾．农户分化、土地退出意愿与农民的选择偏好[J]．中国人口·资源与环境，2014（6）．

[69] 刘彦随，周扬等．中国农村贫困化地域分异特征及其精准扶贫策略[J]．中国科学院院刊，2016（3）．

[70] 陆远权，蔡文波．产业扶贫的多方协同治理研究[J]．重庆社会科学，2020（1）．

[71] 鹿斌，周定财．国内协同治理问题研究述评与展望[J]．行政管理，2014（1）．

[72] 罗必良，李尚蒲．农地流转的交易费用：威廉姆森分析范式及广东的证据[J]．农业经济问题，2010（12）．

[73] 罗良文，杨起城．慢性贫困问题研究新进展[J]．经济学动态，2021（10）．

[74] 罗志刚．中国城乡社会协同治理的逻辑进路[J]．江汉论坛，2018（2）．

[75] 吕方，梅琳．"复杂政策"与国家治理——基于国家连片开发扶贫项目的讨论[J]．社会学研究，2017（3）．

[76] 马尚云．精准扶贫的困难与对策[J]．学习月刊，2014（10）．

[77] 孟宪昌，戴毅．论企业的社会责任[J]．理论与改革，1999（2）．

[78] 倪星，王锐．权责分立与基层避责：一种理论解释[J]．中国社会科学，2018（5）．

[79] 庞庆明，周方．产业扶贫时代意义、内在矛盾及其保障体系构建[J]．贵州社会科学，2019（1）．

[80] 彭继权，吴海涛，秦小迪．土地流转对农户贫困脆弱性的影响研究[J]．中国土地科学，2019（4）．

[81] 彭云，韩鑫，顾昕．社会扶贫中多方协作的互动式治理——一个乡村创客项目的案例研究[J]．河北学刊，2019（3）．

[82] 钱文荣，张忠明．农户土地意愿经营规模影响因素实证研究——基于长江中下游区域的调查分析[J]．农业经济问题，2007（5）．

[83] 钱文荣．浙北传统粮区农户土地流转意愿与行为的实证研究[J]．

中国农村经济，2002（7）．

［84］钱忠好．农地承包经营权市场流转：理论与实证分析——基于农户层面的经济分析［J］．经济研究，2003（2）．

［85］秦光远，谭淑豪．农户风险认知对其土地流转意愿的影响［J］．西北农林科技大学学报（社会科学版），2013（4）．

［86］沙勇忠，解志元．论公共危机的协同治理［J］．中国行政管理，2010（4）．

［87］沈荣华，周定财．公共危机治理中政企协同研究［J］．行政论坛，2017（3）．

［88］石智雷，邹蔚然．库区农户的多维贫困及致贫机理分析［J］．农业经济问题，2013（6）．

［89］史清华，徐翠萍．农户家庭农地流转行为的变迁和形成根源——1986—2005年长三角15村调查［J］．华南农业大学学报（社会科学版），2007（3）．

［90］孙兆霞．脱嵌的产业扶贫——以贵州为案例［J］．中共福建省委党校学报，2015（3）．

［91］覃志敏．民间组织参与我国贫困治理的角色及行动策略［J］．中国农业大学学报（社会科学版），2016（5）．

［92］唐文玉．行政吸纳服务——中国大陆国家与社会关系的一种新诠释［J］．公共管理学报，2010（1）．

［93］唐贤兴．政策工具的选择与政府的社会动员能力——对"运动式治理"的一个解释［J］．学习与探索，2009（3）．

［94］田培杰．协同治理概念考辨［J］．上海大学学报（社会科学版），2014（1）．

［95］汪锦军．构建公共服务的协同机制：一个界定性框架［J］．中国行政管理，2012（1）．

［96］汪三贵，曾小溪．从区域扶贫开发到精准扶贫——改革开放40年中国扶贫政策的演进及脱贫攻坚的难点和对策［J］．农业经济问题，2018（8）．

［97］王爱云．1978—1985年的农村扶贫开发［J］．当代中国史研究，2017（3）．

[98] 王宏波, 张小溪. 关中——天水经济区地方政府间跨区域合作治理问题探析 [J]. 西北农林科技大学学报, 2011 (4).

[99] 王景新. 我国乡村新型合作经济组织的类型、特征和发展趋势 [J]. 农村工作通讯, 2005 (7).

[100] 王娟. 农村社会学研究领域的公民社会思潮省思——基于理论、历史与现实三个维度的分析 [J]. 中国农村观察, 2018 (6).

[101] 王仁贵. 以"军令状"督战脱贫攻坚 [J]. 瞭望, 2015 (48).

[102] 王桐岳, 李果, 吴洪凯. 组织化水平与规模效益——农民组织化与"三农"问题的解决 [J]. 社会科学论坛, 2012 (11).

[103] 王晓晖, 颜安. 农村精准扶贫：政策内涵, 实践困境及政策建议 [J]. 贵州民族大学学报, 2017 (2).

[104] 魏娜, 郭彬彬, 张乾瑾. 协同治理视角下基金会开展儿童医疗救助研究——基于Z基金会J项目的案例分析 [J]. 中国行政管理, 2017 (3).

[105] 吴建平. 理解法团主义——兼论其在中国国家与社会关系研究中的适用性 [J]. 社会学研究, 2012 (1).

[106] 吴理财, 瞿奴春. 反贫困中的政府, 企业与贫困户的利益耦合机制 [J]. 西北农林科技大学学报（社会科学版）, 2018 (3).

[107] 吴明华, 顾建光. 公共政策执行梗阻及其纠正 [J]. 理论探讨, 2015 (5).

[108] 吴映雪. 精准扶贫的多元协同治理：现状、困境与出路——基层治理现代化视角下的考察 [J]. 青海社会科学, 2018 (3).

[109] 夏志强. 公共危机治理多元主体的功能耦合机制探析 [J]. 中国行政管理, 2009 (5).

[110] 向德平, 向凯. 多元与发展：相对贫困的内涵及治理 [J]. 华中科技大学学报（社会科学版）, 2020 (2).

[111] 肖金成, 孙宝臣. 对当前反贫困政策的反思 [J]. 经济学动态, 2005 (10).

[112] 邢成举, 李小云. 精英俘获与财政扶贫项目目标偏离的研究 [J]. 中国行政管理, 2013 (9).

[113] 邢成举. 压力型体制下的"扶贫军令状"与贫困治理中的政府失

灵[J]. 南京农业大学学报（社会科学版），2016（16）.

[114] 徐美银. 农民阶层分化、产权偏好差异与土地流转意愿[J]. 社会科学，2013（1）.

[115] 许汉泽，李小云."精准扶贫"的地方实践困境及乡土逻辑——以云南玉村实地调查为讨论中心[J]. 河北学刊，2016（6）.

[116] 许汉泽. 贫困治理转型与治理型贫困的兴起——以滇南南县调查为讨论中心[J]. 中国延安干部学院学报，2016（3）.

[117] 许汉泽. 行政主导型扶贫治理研究：以武陵山区茶乡精准扶贫实践为例[J]. 中国农业大学（社会科学版），2018（6）.

[118] 许旭红. 我国从产业扶贫到精准产业扶贫的变迁与创新实践[J]. 福建论坛（人文社会科学版），2019（7）.

[119] 杨华锋. 贫困治理行政主导与社会协同的合作之路[J]. 河南社会科学，2017（9）.

[120] 杨华锋. 协同治理的行动者结构及其动力机制[J]. 学海，2014（5）.

[121] 杨秋意，高阳，李苏. 金融扶贫改变卢氏——河南省卢氏县金融扶贫实践纪实[J]. 农村农业农民（B版），2018（10）.

[122] 杨文军. 跨行政区划政府协同扶贫攻坚初探[J]. 国家行政学院学报，2014（2）.

[123] 杨雪冬. 压力型体制：一个概念的简明史[J]. 社会科学，2012（11）.

[124] 杨雪英. 协同治理视角下的农村精准扶贫工作机制探析[J]. 广东行政学院学报，2017（5）.

[125] 杨永伟，陆汉文. 多重制度逻辑与产业扶贫项目的异化——组织场域的视角[J]. 中国农业大学学报（社会科学版），2018（1）.

[126] 姚冬琴. 整合扶贫资金办大事，审计署在扶贫实践中出新招[J]. 中国经济周刊，2016（2）.

[127] 叶大凤. 协同治理：政策冲突治理模式的新探索[J]. 管理世界，2015（6）.

[128] 叶剑平，蒋妍，丰雷. 中国农村农地流转市场的调查研究——基

于2005年17省调查的分析和建议[J].中国农村观察,2006(4).

[129] 叶托,李金珊,杨喜平.碎片化政府:理论分析与中国实际[J].中共宁波市委党校学报,2011(2).

[130] 殷志扬,程培埋,王艳,袁小慧.计划行为理论视角下农户土地流转意愿分析——基于江苏省3市15村303户的调查数据[J].湖南农业大学学报(社会科学版),2012(3).

[131] 俞可平.治理和善治引论[J].马克思主义与现实,1999(5).

[132] 俞可平.中国公民社会:概念、分类与制度环境[J]中国社会科学,2006(1).

[133] 郁建兴,任泽涛.当代中国社会建设中的协同治理——一个分析框架[J].学术月刊,2012(8).

[134] 袁明宝.压力型体制,生计模式与产业扶贫中的目标失灵——以黔西南L村为例[J].北京工业大学学报(社会科学版),2018(4).

[135] 张春敏.产业扶贫中政府角色的政治经济学分析[J].云南社会科学,2017(6).

[136] 张海鹏.制度优势,市场导向与产业扶贫[J].社会科学战线,2018(6).

[137] 张磊等.农业产业发展扶贫的效益及影响因素分析——以我国彩票公益金整村推进项目为例[J].改革与战略,2016(2).

[138] 张梦琳,舒帮荣.农民分化、福利认同与宅基地流转意愿[J].经济体制改革,2017(3).

[139] 张旭."协同政府":公共管理改革的新趋势[J].中共福建省委党校学报,2018(8).

[140] 张玉明,邢超.企业参与产业精准扶贫投入绩效转化效果及机制分析——来自中国A股市场的经验证据[J].商业研究,2019(5).

[141] 张兆曙,王建.城乡关系,空间差序与农户增收,社会学研究,2017(40).

[142] 张兆曙.城乡关系,市场结构与精准扶贫[J].社会科学,2018(8).

[143] 张兆曙.中国城乡关系的"中间地带"及其"双重扩差机制"

[J]. 兰州大学学报（社会科学版），2016（50）.

[144] 张振波. 论协同治理的生成逻辑与建构路径 [J]. 中国行政管理，2015（1）.

[145] 张仲涛，周蓉. 我国协同治理理论研究现状与展望 [J]. 社会治理，2016（3）.

[146] 赵春雨. 贫困地区土地流转与扶贫中集体经济组织发展——山西省余化乡扶贫实践探索 [J]. 农业经济问题，2017（8）.

[147] 赵晓峰，邢成举. 农民合作社与精准扶贫协同发展机制构建：理论逻辑与实践路径 [J]. 农业经济问题，2016（4）.

[148] 赵阳. 城镇化背景下的农地产权制度及其相关问题 [J]. 经济社会体制比较，2011（2）.

[149] 赵玉. 多维透视扶贫治理主体合作难问题 [J]. 调研世界，2011（10）.

[150] 折晓叶，陈婴婴. 项目制的分级运作机制和治理逻辑——对"项目进村"案例的社会学分析 [J]. 中国社会科学，2011（4）.

[151] 郑瑞强，曹国庆. 基于大数据思维的精准扶贫机制研究 [J]. 贵州社会科学，2015（8）.

[152] 周晶晶，朱力. 精准扶贫视野下的农村社会治理研究 [J]. 云南民族大学学报（哲学社会科学版），2018（5）.

[153] 周妮笛，李明贤. 城市郊区农户土地流转意愿及其影响因素——基于长沙市8乡镇农户调查数据 [J]. 湖南农业大学学报（社会科学版），2013（6）.

[154] 朱静辉，朱巧燕. 温和的理性——当代浙江家庭代际关系研究 [J]. 浙江社会科学，2013（10）.

[155] 朱战辉. 精英俘获：村庄结构变迁背景下扶贫项目"内卷化"分析——基于黔西南N村产业扶贫的调查研究 [J]. 天津行政学院学报，2017（9）.

[156] 左停，杨雨鑫，钟玲. 精准扶贫：技术靶向、理论解析和现实挑战 [J]. 贵州社会科学，2015（8）.

三、外文类文献

［1］Albert. I. , Ferring. D. &Michels. T. Intergenerational Family Relations in Luxembourg: Family Values and Intergenerational Solidarity in Portuguese Immigrant and Luxembourgish Families ［J］. European Psychologist, 2013, 18 (1): 59 - 69.

［2］Alcock, P. Understanding Poverty ［M］. New York: Palgrave Macmillan, 2006: 82 - 85.

［3］Alilian H, Kirkpatrick C. Financial Development and Poverty Reduction in Developing Countries ［R］. IDPM Working Paper, 2001.

［4］Ann, Maric, Thomson, and James L. Perry. Collaboration Processes Inside the Black Box ［J］. Public Administration Review, 2006 (12).

［5］Ansell, Chris, and Alison Gash. Collaborative Governance in Theory and Practice ［J］. Journal of Public Administration Research and Theory, 2007 (18): 543 - 571.

［6］Barbara Gray. Collaborating: Finding Common Ground for Multipart Problems ［M］. San Francisco: Jossey - Bass, 1989: 5.

［7］Berdegué, J. Learning to beat Cochrane' streadmill: Public Policy, Markets and Social earning in Chile's Small - Scale Agriculture ［M］. In: Leeuwis and Pyburn (eds.). Wheel barrows Full of Frogs: Social Learning in Rural Resource Management. International Research and Reflection, University of Wageningen, Holland, 2001: 333 - 348.

［8］Christopher Hood. Paradoxes of public - sect or manager, old public management and public service bargains ［J］. International Pblic Management Journal, 2000 (3).

［9］Chung Jae Ho. Central Control and Local Discretion in China: Leadership and Implementation during Post - Mao De collectivization ［M］. New York: Oxford University Press, 2000.

［10］Commission on Global Governance, Our Global Neighbourhood ［M］. Oxford University Press, 1995: 2 - 3.

［11］Erik W. Johnston, Darrin Hicks, Ning Nan, Jennifer C. Auer. Managing the Inclusion Process in Collaborative Governance [J]. Journal of Public Administration Research and Theory, 2011: 699 – 721.

[12] Evans Peter B. Embedded Autonomy: States andIndustrial Transformation [M]. Princeton: Princeton University Press, 1995.

[13] Foster J E. What is poverty and who are the poor? Redefinition for the United States in the 1990s [J]. The American Economic Review, 1998, 88 (2): 335 – 341.

[14] FOSTER K W. Embedded within state agencies: business association in Yan Tai [J]. The China Journal, 2002, 47 (1): 41 – 65.

[15] Garcia – Diaz, R. & D. Prudencio, A Shapley decomposition of Multidimensional Chronic Poverty in Agentina [J]. Bulletin of Economic Research, 2017, 69 (1): 23 – 41.

[16] Gustafsson, Bjorn, and Ding Sai. Temporary and Persistent Poverty among Ethnic Minorities and the Majority in Rural China [J]. Review of Income and Wealth, 2009, 55 (1): 588 – 606.

[17] Helen M. Coble Diana L. Gantt Brent Mallinckrodt [M]. Attachment, Social Competency and the Capacity to Use Social Support. In Handbook of Social Support and the Family, 1996: 141 – 172.

[18] Hellin, J & Higman, S. Feeding the market: South American Farmers, Trade and Globalization. London [M]. UK: ITDG Publishing and Latin American Bureau, 2003: 1 – 10.

[19] Hermann Haken Synergelics: The Mystery of Constituting Nature. Trans. by Ling Fuhua. Shanghai: Shanghai Translation Publish House, 2001. Preface.

[20] Huxhamt Chris. Theorizing Collaboration Practice [J]. Public Management Review. 2003: 401 – 423.

[21] Imperial, Mark T. Using Collaboration as a Governance Strategy: Lessons from Six Watershed Management Programs [J]. Administration and Society, 2005, 37 (3): 281 – 320.

[22] Jeni, K. A Sour – book for Poverty Reduction Strategies [M]. Washington. D. C: The World Bank, 2002: 30 – 32.

[23] Lin. J. P. , &Yi. C. C. Filial Norms and Intergenerational Support to Ag-

ing Parents in China and Taiwan [J]. International Journal of Social Welfares, 2011, 20 (s1): S109 - S120.

[24] Lowntree S. Poverty: A study of town life [M]. London: Macmillan, 1901.

[25] Philippe Moreau Defer ges. La governance. Que saisje No. 3676 [M]. PUF. 2003.

[26] R. Rhodes, The New Governance: Governing Without Government [M]. Political Studies, XLIV, 1996.

[27] Ravallion M, Chen S. China's (uneven) Progress Against Poverty [J]. Journal of Development Economics, 2007, 82 (1): 1 - 42.

[28] Robert Bates. Contra Contractarianism: Some Reflections on the New Institutionalism [J]. Politics and Society, 2016.

[29] Robert Leach and Janie Percy - Smith, Local Governance in Britain, New York: Palgrave, 2001 (6).

[30] Security Research: The Definition and Measurement of Poverty, HMSO, 1979.

[31] Sivramkrishna, S. & Jyotishi, A. Monopsonistic Exploitation in Contract Farming: Articulating a Strategy for Grower Cooperation [J]. Journal of International Development, 2008, 20 (3).

[32] Smith, J. A. & Todd, P. E. Does Matching Overcome LaLonde's Critique of no Experimental Estimators [J]. Journal of Econometrics, 2005, 125 (12).

[33] Tan R, Beckmann V, Qu F, et al. Governing Farmland Conversion for Urban Development from the Perspective of Transaction Cost Economics [J]. Urban Studies, 2012, 49 (10): 2265 - 2283.

[34] Townsend P. The International Analysis of Poverty [J]. The British Journal of Sociology, 1995, 46 (1).

[35] Townsend P. The Development of Research on Poverty. in Department of Health and Social Security. Social.

[36] Wang, H. C. , Androws, K. The Third Way and the Third World: Poverty Reduction and Social Inclusion in the Rise of Inclusive Liberalism [J]. Study of Finance & Economics, 2012 (16): 440 - 471.

[37] WELSS J A. Pathways to Cooperation among Public Agencies [J]. Journal of Policy Analysis and Management, 1987, 7 (1): 94 – 117.

[38] World Bank. World Development Report [M]. New York: Oxford University Press, 1981.

[39] World Bank. World Development Report [M]. New York: Oxford University Press, 1990.

四、其他类文献

[1] 边晓慧. 构建协同政府超越碎片化治理 [N]. 光明日报, 2013 (14).

[2] 付灿亮. "精准扶贫" 政策执行中的碎片化及其整体性治理研究 [D]. 华中师范大学, 2017.

[3] 改革开放与中国扶贫国际论坛在京隆重举行 [EB/OL]. 中国扶贫开发协会网, http://www.zgfpkf.org.cn/article/724.html.

[4] 韩长赋. 土地流转和适度规模经营发展已成趋势 [N]. 经济日报, 2016 – 11 – 24.

[5] 贾西津. 民间组织与政府的关系 [C]//王名. 中国民间组织30年——走向公民社会. 北京: 中国社会科学出版社, 2008: 199.

[6] 刘光容. 政府协同治理: 机制、实施与效率分析 [D]. 华中师范大学, 2008.

[7] 李婧. 习近平提 "精准扶贫" 的内涵和意义是什么 [EB/OL]. 中国经济网, http://www.ce.cn/xwzx/gnsz/szyw/201508/04/t20150804_6121868.shtml.

[8] 田培杰. 协同治理: 理论研究框架与分析模型 [D]. 上海: 上海交通大学, 2013.

[9] 我国精准扶贫实施五年来取得历史性成就 [EB/OL]. 中国经济网, http://www.ce.cn/xwzx/gnsz/gdxw/201811/04/t20181104_30698520.shtml.

[10] 习近平的 "扶贫观": 因地制宜 "真扶贫, 扶真贫" [EB/OL]. 人民网, http://politics.people.com.cn/n/2014/1017/c1001 – 25854660.html.

[11] 习近平. 共担时代责任共促全球发展 [N]. 人民日报, 2017 – 01 – 18.

[12] 习近平: 在河北省阜平县考察扶贫开发工作时的讲话 [C]//做焦裕禄式的县委书记, 北京: 中央文献出版社, 2015.

［13］用绣花功夫扶贫山沟里飞来"雅美琳"［EB/OL］. http：//www. lushixian. gov. cn/show－229－11175－1html.

［14］中共中央文献研究室. 中共中央关于广东党的工作的决议案［C］//建党以来重要文献选编（第7册）. 北京：中央文献出版社，2011.

［15］中央档案馆，中共中央文献研究室. 对于组织问题之决议案［C］//中共中央文件选集（第1册）. 北京：人民出版社，2013.

［16］中共中央文献研究室. 中共中央给赣东北省委的信［C］//建党以来重要文献选编（第9册）. 北京：中央文献出版社，2011.

［17］中央档案馆，中共中央文献研究室. 农民运动决议案［C］//中共中央文件选集（第2册）. 北京：人民出版社，2013.

［18］在中央政治局常委会会议审议《关于二〇一六年省级常委和政府扶贫开发工作成效考核情况的汇报》时的讲话，（2017年3月23日）.

附录：调研提纲

精准扶贫是新时代国家实施的一项重大民生工程，而产业扶贫是脱贫攻坚的根本之策。政府、企业、社会组织则是产业扶贫中的三大主体，这三大主体之间的协同合作事关扶贫政策的落实及其最终效果。因此，本作者多次到（L县）进行调研，调研主题皆围绕产业扶贫过程中政府内部协同问题，政府与企业之间的协同问题、政府与社会（农户）之间的协同问题及企业与社会（农户）协同问题展开调研。重点了解关于这三大主体间参与产业扶贫的典型案例与实践经验，并搜集相关政策文件以及具体数据等资料。

一、调研任务

本作者通过参加（L县）产业扶贫座谈会、相邀干部访谈、收集以及走访调查典型案例等多种形式，掌握产业扶贫过程中三大主体协同治理的基本情况、实践经验及问题，完成典型案例的摸底调查，并收集相关的资料与数据，为后续项目研究、撰写调研报告及博士毕业论文等提供基础支撑。

二、调研内容

（一）座谈与对接会

（1）座谈会。本作者多次参与产业扶贫统筹协调部门、关键部门及人员召开的座谈会，与相关科室业务骨干积极探讨相关情况和问题。主要了解产业扶贫过程中政府、企业与社会组织三大主体之间的基本情况、主要做法及经验、存在问题及解决途径、总体运行机制、利益分配方式等内容。

（2）遴选典型案例。典型案例包括三类：一是产业扶贫的统筹协调部门，对扶贫政策执行过程中企业、社会组织如何参与扶贫工作较为熟悉。二是行政部门与企业合作进行在定点帮扶村扶贫开发的案例，最好是比较成熟的大中型企业在贫困村注资开办新企业，且有一年以上运行的案例。能够找到一个已经过了单纯的投入阶段而开始有回报的项目更好，最好不要找那种完全是有名无实的企业帮扶项目。三是社会组织参与产业扶贫的典型案例，如合作社、社会工作机构、慈善组织等。

（3）收集相关资料。为后期总结提炼调研点的操作流程、经验做法、存在问题、解决途径等内容，撰写调查、研究报告及博士论文，需收集相关资料与数据，资料清单见下表。

附录表　调研所需的资料清单

资料类型	资料内容
基础材料	• 企业、社会组织参与产业扶贫的相关政策文件； • 参与产业扶贫的企业、社会组织的名单及数量；
案例材料	• 典型案例（包括企业、社会组织）的名单、项目名称； • 项目过程、项目结果； • 案例相关数据等。
其他材料	• 企业、社会组织参与产业扶贫的总体介绍性材料； • 其他相关材料。

（二）典型案例实地调查

对选取的政府单位、企业、社会（农户）参与产业扶贫的典型案例进行实地调查，主要关注典型案例的经验做法、运行模式、综合效益、利益分配、存在问题、政策诉求与支持等方面。

政府：1. 收集对目标明确产业扶贫行过程中，纵向部门之间的支配服从关系正反两个案例，提炼上下协调能达到有效治理结论；2. 搜集横向部门之间政策执行差异的正反两个案例，提炼横向协调才能达到治理效果；3. 搜集涉及上下纵横关系的扶贫政策执行案例，提炼统一与灵活的协调治理效果。

企业：1. 当地扶贫对产业与收入的要求；2. 帮扶单位主要帮扶负责人的帮扶过程；3. 企业相关人员在整个过程中与政府的互动过程和事件；4. 新建项目的运行情况；5. 行政部门、企业、村三方围绕着企业的投资建设的互动；6. 企业对贫困村和贫困户的影响。

社会：1. 社会（农户）参与产业扶贫的相关政策文件；2. 当地社会（农户）参与产业扶贫的类型、数量、名称等；3. 社会（农户）参与产业扶贫相关项目的材料、数据等；4. 社会（农户）参与产业扶贫典型案例的详细材料、数据等。